Matemática em minutos

Autora

Sharon MacDonald
Formada em Letras pela Delta State Teachers College, Cleveland, Mississippi, USA. Mestre em Educação pela Pan American University, Brownsville, Texas, USA. Consultora sobre educação infantil.

M135m MacDonald, Sharon.
　　　　　Matemática em minutos : atividades fáceis para crianças de 4 a 8 anos / Sharon MacDonald ; tradução Adriano Moraes Migliavacca. – Porto Alegre : Artmed, 2009.

224 p. ; 25 cm.

ISBN 978-85-363-1640-6

1. Matemática. 2. Educação. 3. Matemática – Jogos Pedagógicos. I. Título.

CDU 51:37-053.4/.5

Catalogação na publicação: Renata de Souza Borges CRB-10/Prov-021/08

Matemática em minutos

Atividades fáceis para crianças de 4 a 8 anos

Sharon MacDonald

Tradução
Adriano Moraes Migliavaca

Consultoria, supervisão e revisão técnica desta edição
Kátia Cristina Stocco Smole
*Coordenadora do Grupo Mathema de Formação e Pesquisa.
Doutora em Educação, Área de Ciências e Matemática pela FEUSP.
Mestre em Matemática pela FEUSP.*

2009

Obra originalmente publicada sob o título
Math in Minutes: easy activities for children ages 4-8

ISBN 978-0-87659-057-7

© 2007 Sharon MaDonald
Gryphon House, Inc.

Capa
Ângela Fayet Programação Visual

Preparação do original
Edna Calil

Leitura final
Lara Frichenbruder Kengeriski

Supervisão editorial
Mônica Ballejo Canto

Projeto gráfico
Editoração eletrônica
DG & D – Departamento de Design Gráfico e Digital

Reservados todos os direitos de publicação, em língua portuguesa, à
ARTMED® EDITORA S.A.
Av. Jerônimo de Ornelas, 670 - Santana
90040-340 Porto Alegre RS
Fone (51) 3027-7000 Fax (51) 3027-7070

É proibida a duplicação ou reprodução deste volume, no todo ou em parte, sob quaisquer formas ou por quaisquer meios (eletrônico, mecânico, gravação, fotocópia, distribuição na Web e outros), sem permissão expressa da Editora.

SÃO PAULO
Av. Angélica, 1091 - Higienópolis
01227-100 São Paulo SP
Fone (11) 3665-1100 Fax (11) 3667-1333

SAC 0800 703-3444

IMPRESSO NO BRASIL
PRINTED IN BRAZIL

Sumário

CAPÍTULO 1 • Ensinar matemática? Eu? 11

O que é matemática? 12
Letramento e o programa *No Child Left Behind* (Nenhuma criança deixada para trás – NCLB) 13
Matemática e letramento 16
Parâmetros em matemática 17
Pontos focais do currículo 18
Como usar este livro 19

CAPÍTULO 2 • Senso numérico e numeração 21

O que é um número? 21
O que é senso numérico? 21
O que é numeração? 21
Os níveis desenvolvimentais da contagem 21
Padrões do NAEYC e do NCTM 22
Atividades para se ensinar senso numérico e numeração 23
"Folhas caem" 23
"Folhas caem" – quadro interativo 24
Saco de números 25
Associação numeral/sacola numerada 26
Colagem com calendário 27
Espirais numéricos 28
Lançamento de balão 28
Braceletes numéricos 29
Livro *Eu vejo números* 30
Garrafa de números 31
Dias de calendário – antes e depois 31
Contagem de pompons 32
Associação de pompom com ponto 33
Arremesso de pompom 34
Aqui está tão quentinho 35
Cartões de arrumação de blocos 35
Jogo de cartas com números 36
Números de cabides 36
Números que faltam 37
Jogo de cartas 38
Contagem ordinal 39
"Ely e os cinco porquinhos" 40

CAPÍTULO 3 • Cálculo e estimativa 43

O que é cálculo? 43
O que é subtração? 43
O que é adição? 43
O que é estimativa? 44
Atividades para se ensinar cálculo 45
Adição de contas 45

Sumário

Despejando botões 46
Somando pontos de dominó 47
Somando um dado dentro do outro 48
Um amor de confusão 49
Adição de anéis 49
Sacola-livro de números 50
Adição em abas 51
Cartões de construção de blocos 52
Matemática em envelopes 53
Bracelete de sentenças numéricas 54
Adição com cartas de baralho 55
Matemática com placas de carro 56
"Cinco abóboras redondinhas" 57
Atividades para se ensinar estimativa 58
Modelo de Estação de estimativa 58
Ideias para a Estação de Estimativa 59
Estação de Estimativa 60
Estimativas ao longo do dia 61
Pega-tampinha 62
Caixa ou pote de estimativa 62

CAPÍTULO 4 • Medida, seriação, tempo e dinheiro 64

O que é medir? 64
O que é seriação? 64
O que é tempo? 64
Algumas palavras sobre relógios 66
O vocabulário do tempo 66
O que é dinheiro? 67
Estágios de desenvolvimento de medida 67
Atividades para se ensinar medida 69
Fita métrica 69
Temperatura do dia 70
Registrar o tempo 71
Balança de cozinha 73
Classificando o peso das crianças 74
Medindo a altura das crianças 74
Medindo com tampinhas 75
Atividades para se ensinar seriação 77
Seriando cartões de catálogo de cores 77
Seriação de pompons 78
Atividades para se ensinar sobre o tempo 78
A lista do "um minuto" 78
Usando um cronômetro para medir o tempo de eventos 79
Linha do tempo de eventos escolares importantes 80
Relógio de anúncios 81
Agendamento dos eventos diários 83
Horário do relógio despertador 83
O livro do "O que acontece ao longo do tempo" 84
Caderno de compromissos 84
Cartaz do despertar 85
Atividades para se ensinar sobre dinheiro 87
Celebração dos 100 dias 87
Cartão de progressão moeda-data 88
"Tilintam no meu bolso" 89

"Tilintam no meu bolso" – Cartaz 90
"Tilintam no meu bolso" – Cartões 90
Contagem de moedas em cofre de porquinho 91
Quebra-cabeças com moedas 91
Caçar, contar e comprar 92
Moedas ao redor do mundo 93
Linha temporal da moeda 94

CAPÍTULO 5 • Geometria e senso espacial 95

O que é geometria? 95
O que é senso espacial? 96
Atividades para se ensinar as formas básicas 97
Caça à forma geométrica 97
Dê um nome ao bloco! 98
Geometria do gel 98
Geometria esponjosa 99
Pintando sobre formas 99
Qual é a forma? 100
Formas em alto-relevo 101
Sentindo formas em uma sacola 101
Geometria da caixa de CDs 102
Formas geométricas na arquitetura 103
Passeio pelo bairro 104
Passeio pelo bairro – Fichário 104
Formas no bairro 105
Que formas você vê? 106
Brincando de "Eu vejo formas" 107
Como comer geometria 109
Fôrmas de biscoito 109
Fôrmas em canudo e limpador de cachimbo 110
Fazendo naipes de baralho 110
Geoplanos 111
Brincadeira de "Emoldure uma forma" 112
Atividades para se ensinar senso espacial 113
Construir em uma caixa 113
Quebra-cabeça de fotografias da sala de aula 113
"Em cima e embaixo" 114
Palavras geométricas em construção de blocos 115
Percurso com obstáculos 116
Mobília de brinquedo no centro de blocos 117
Onde está você? 117
"Mexe, dobra, escorrega e ondula" 118

CAPÍTULO 6 • Separação, classificação, construção de gráfico, análise de dados e probabilidade 119

O que é separar? 119
O que é classificar? 119
O que é um atributo? 119
O que é construção de gráfico? 120
O que é análise de dados? 121
O que é probabilidade? 121
Atividades para se ensinar separação, classificação, construção de gráficos, análise
  de dados e probabilidade 122
Quais sapatos você escolhe? 122

Sumário

"Os sapatos de quem anda descalço" 123
Separação de tampinhas 125
A caixa de botões 126
Gráfico de botões 127
Gráfico em barras para cores de lápis 128
Gráfico do tempo 129
Gráfico do corpo inteiro 129
Foto-gráficos 130
Gráfico do "meu cubo" 131
Empacote um gráfico 132
Gráfico de sacola do sim e não 133
Um ano de gráficos 135
Diagrama de Venn para classificação de sapatos 135
Tabulação de lançamento de moeda 137
Tabulação de garrafa 138

CAPÍTULO 7 • Padrões e relações entre números 141

O que são padrões? 141
Por que é importante reconhecer padrões? 141
O que são relações entre números? 141
Buscando padrões 142
Níveis de habilidades de reconhecimento de padrões 143
Atividades para se ensinar habilidades de padronização e relações entre números 144
Estala, bate palma, estala, bate palma 144
Jogo do padrão "menino, menina, menino, menina" 145
Padrões de fora 146
Padrões de dentro 147
Padrões de calendário 147
Padrões no geoplano 148
Cartões padrão para blocos 149
Jogo do "complete o padrão" 150
Jogo do padrão em cartas de baralho 151
Padrões de fotografias 152
Padrões com botões 153
Padrões com esponjas 154
Padrões em "Bate-copo" 155
Simetria e blocos 156
Simetria e espelhos de papel laminado 157
Simetria de pintura com barbante 158
Quebra-cabeça da simetria 159
Reflexões sobre simetria 159

CAPÍTULO 8 • Resolução de problemas e raciocínio 161

O que é resolução de problemas? 161
O que é raciocínio? 161
O processo de resolução de problemas 162
Atividades para se ensinar resolução de problemas e raciocínio 164
A plantinha que conseguiu 164
Quantos vão almoçar? 165
Como se faz um sanduíche de geleia com uma fatia de pão? 167
Onde está Sarah? 168
Quantas balançadas fazem uma volta? 169

Quantas latas e caixas? 171
O que está perto, o que está longe? 172
Quantos dias até o dia de Ação de Graças? 174

CAPÍTULO 9 • Juntando tudo: uma unidade de estudo de *pizza* 177

"Cinco *pizzas* redondinhas" 178
Bordas de *pizza* 179
Pesquisa sobre *pizzas* 180
Gráfico de *pizzas* 181
Como se faz *pizza*? 181
O que há em uma cara de *pizza*? 182
Pizza de feltro? 183
Festa da *pizza* 185
Ferramentas para *pizza* 186

APÊNDICE 189

Ilustrações e gráficos 189
Parâmetros do NTCM 213
Sugestões de literatura infanto-juvenil para utilizar em aula – Língua inglesa 215
Sites de matemática para professores 216
Sugestões de literatura infanto-juvenil para utilizar em aula – Língua portuguesa 217

ÍNDICE 219

Ensinar matemática? Eu?

Eu nunca gostei de matemática, e é por isso que queria escrever este livro. Eu era uma criança ativa, e matemática era difícil para mim. Francamente, muitas vezes ela me fazia sentir estúpida, esmagada e frustrada. Ao longo de anos de ensino, aprendi que muitos professores também se sentem assim.

Quando me tornei professora de educação infantil, fiquei com medo de que o diretor descobrisse a verdade sobre minhas habilidades matemáticas e concluísse que eu não era capaz de ensinar matemática para crianças. Eu tinha medo até de perder o emprego! Então Cammi chegou na minha turma e mudou minha vida e minha forma de ver a matemática.

Cammi adorava pedras. Todos os dias ela levava um punhado delas para compartilhar com a turma. Nós medíamos, agrupávamos, pesávamos, contávamos e fazíamos gráficos a partir de suas pedras durante o Trabalho em Grupo da manhã. Foi um sucesso. À medida que o tempo passava, o interesse das outras crianças pelas pedras diminuiu, mas Cammi continuou a levá-las, todos os dias, um punhado por vez. Chegou um momento em que decidi deixar Cammi fazer projetos independentes com suas pedras enquanto o resto das crianças se ocupava das atividades usuais do Trabalho em Grupo da manhã. Pensei em deixar Cammi trabalhando com as pedras no Centro de Matemática*; depois ela relataria seus achados para a turma.

No Centro de Matemática, Cammi tinha várias opções de atividades para praticar com suas pedras. Havia um diagrama de Venn em branco, um gráfico em branco, linhas numéricas, várias bandejas para classificação e um rolo inteiro de fita de máquina registradora pendurado em um gancho (para medir o comprimento de várias coisas).

Enquanto o resto da turma ficava no Trabalho em Grupo, eu ficava de olho em Cammi, que trabalhava no Centro de Matemática durante a manhã inteira. Quando terminava o Trabalho em Grupo para as outras crianças, elas passavam para outros centros, Cammi gritava: "Se alguém precisar de uma reta numerada, pode usar a minha." Eu ia ver o que ela tinha feito. É evidente que Cammi não conseguia achar a cesta com as retas numeradas, por isso ela fez uma própria.

Ensinando Matemática

Usar pedras como ferramenta para ensinar matemática funcionou com Cammi porque ela se interessava por pedras. Ela adquiriu novas habilidades matemáticas e atingiu objetivos acadêmicos importantes porque gostava dos materiais. Estabelecer esse interesse atrai a curiosidade natural das crianças, o que pode levar à aprendizagem como ocorreu com Cammi. Cammi me ensinou que, para crianças pequenas, a matemática não é trabalho de aula; ela precisa estar relacionada a acontecimentos do dia a dia na vida das crianças para fazer sentido. A maioria dos nossos dias está cheia de problemas matemáticos que as crianças conseguem resolver.

---

*N. de R.T. Centro de Matemática se refere ao local destinado para matemática na organização das salas de aulas de educação infantil onde a autora trabalha.

Cammi escreveu os números ascendentes em uma tira de fita de máquina registradora e colocou uma pedra em cada número como um meio de contá-las. Cammi aprendeu que "7" era o total de suas pedras e as contou racionalmente.

Uau! Fiquei impressionada.

O que é...?

Contagem racional significa associar números a uma série de objetos em um grupo, assim como Cammi fazia com as pedras. Contagem de rotina, por sua vez, é quando a criança conta os números só com a memória: "Um, dois, três, quatro, cinco, seis, sete, oito, nove, dez."

O que é matemática?

Afinal o que é a **matemática**? A matemática diz respeito a relações – relações entre números, eventos, objetos, sistemas e ciclos; também diz respeito, é óbvio, a cálculos; e, ainda, a descobrir coisas de forma organizada.

Cammi aprendeu muitas coisas durante essa atividade:

- que uma reta numerada é uma ferramenta;
- como fazer uma correspondência de um para um e contagem racional;
- que os números crescem na reta numerada, da esquerda para a direita; e
- como escrever os numerais de 1 a 7.

Cammi também atingiu os objetivos estipulados pelo *National Council of Teachers of Mathematics* (NCTM – Conselho Nacional dos Professores de Matemática) para estudantes na educação infantil ao aprender a:

- dar valor à matemática;
- ter confiança em sua habilidade matemática;
- tornar-se uma solucionadora de problemas matemáticos;
- comunicar-se matematicamente, usando números, símbolos e palavras;
- e raciocinar matematicamente.

Cammi atingiu cada um desses objetivos do currículo sozinha, brincando e explorando com suas pedras.

Abaixo há um exemplo de como se colocar problemas matemáticos simples para crianças, assim como de fornecer-lhes um meio interativo de usar ferramentas matemáticas para resolver tais problemas. Leva apenas alguns minutos e é um bom exemplo do que as crianças podem fazer com algumas instruções do professor. Elas podem resolver problemas!*

1. **Qual é o problema (pergunta)?**
   "Quantas maçãs precisamos para o lanche? Cada pessoa pode comer metade de uma maçã."

Rabiscar

Apesar de rabiscos não fazerem parte da matemática, eles ajudam as pessoas a relaxar e descobrir soluções para problemas. O cérebro gosta de rabiscar, porque quando você usa seu polegar e seus dedos para manipular um lápis, exige por volta de um terço da capacidade de processamento do cérebro, e isso realmente aciona os circuitos neurais. Da próxima vez que precisar resolver um problema, pegue um lápis – é o jeito mais rápido de ligar sua criatividade à sua capacidade de calcular!

---

*N. de R.T. Há outras propostas de trabalho no Brasil que desenvolvem ações baseadas em resolução de problemas sem se basear em etapas previamente definidas. A esse respeito ver Smole, K.S. e Diniz, M.F. (org.) *Ler, escrever e resolver problemas*. Artmed 2001.

2. **Como encontramos a resposta?**
"Talvez o que precisemos fazer é juntar as duas pessoas que vão dividir a maçã. O que você acha?"
3. **Como vamos executar o plano?**
"Devemos contar as maçãs que serão divididas?"
4. **Qual é o resultado?**
"Quantas maçãs? Onze?"

Esse exemplo coloca um problema matemático do dia a dia e inclui os passos intermediários que permitem que as crianças cheguem à solução. Pode levar mais tempo e esforço mental que um problema de adição simples, mas vale o investimento de ambos.

Os passos intermediários podem ser omitidos sem maiores problemas, pois os adultos os fazem de cabeça. Mas verbalizar esses passos torna mais fácil para as crianças descobrir a respostas por si próprias. O exemplo acima usa os passos de 1 *até* o 4, e não 1 *depois* o 4.

Letramento e o programa *No Child Left Behind* (Nenhuma criança deixada para trás – NCLB)*

Com a ênfase da lei NCLB em leitura, escrita, fala, escuta e testagem, eu sabia que precisaria de aulas rápidas e fáceis de se usar para atingir os padrões estabelecidos para matemática. Eu queria também que as crianças se sentissem estimuladas pela matemática e desenvolvessem suas habilidades. Concluí que a única maneira de abordar o problema seria construir padrões para a matemática dentro dos pequenos eventos e atividades que ocorriam na sala de aula durante o dia. Fiz o seguinte:

1. Coloquei uma lista dos parâmetros do NCTM no Centro de Matemática (ver página 213). Também havia uma cópia no meu caderno de planejamento de aulas.
2. Estudei as idades e estágios do desenvolvimento matemático de forma que pudesse observar criteriosamente as mudanças que aconteciam com cada criança e o que esperar enquanto elas desenvolviam suas habilidades (veja Estágios do Desenvolvimento Matemático a seguir).

---

*N. de T. Legislação dos Estados Unidos que busca melhorar os padrões de confiabilidade e responsabilidade das escolas e distritos escolares e dar aos pais maior flexibilidade na escolha das escolas em que querem matricular seus filhos. A ênfase da legislação no uso de testes como critério de avaliação das escolas é polêmica e amplamente discutida.

3. Baseada em observações, descobri meios de se usar atividades diárias de sala de aula para ensinar matemática.
4. Eu incorporei os parâmetros do NTCM no meu currículo de matemática.

Estágio Um* (2 a 3 anos)

As crianças:

- usam os números na medida em que ouvem outras pessoas usando-os;
- exploram ativamente objetos e jogos como quebra-cabeças com peças grandes;
- usam palavras que evocam relações e direções, como *ligado* e *desligado, aqui* e *ali, em cima* e *embaixo*;
- reconhecem um círculo;
- colocam até três itens em sequência.

Estágio Dois (3 a 4 anos)

As crianças:

- reconhecem e expressam quantidades usando palavras como *um pouco, mais, um monte* e *outro(a)*;
- mostram o surgimento de um senso temporal;
- reconhecem formas geométricas no ambiente;
- agrupam objetos por característica;
- fazem a contagem de rotina até cinco;
- percebem e comparam semelhanças e diferenças;
- reconhecem padrões simples;
- usam palavras para descrever quantidades e tamanhos como *curto, comprido, alto, um monte, um pouco* e *grande*.

Estágio Três (4 a 5 anos)

As crianças:

- fazem jogos que envolvem números com compreensão;
- contam objetos de 1 a 10 ou de 1 a 20;
- identificam o maior entre dois números;
- respondem perguntas simples que requerem lógica;
- entendem correspondência de um para um até 10;

---

*N. de R.T. Não há equivalente a esses estágios em estudos sobre a matemática na educação infantil no Brasil, por isso não podem ser transpostos diretamente para a nossa realidade.

- reconhecem uma moeda de um centavo e uma de cinco;*
- associam números inteiros até 10;
- fazem estimativas e predições em situações da vida real;
- reconhecem padrões mais complexos;
- usam palavras relacionadas à posição;
- agrupam figuras segundo a forma;
- agrupam objetos a partir de um ou dois atributos;
- identificam um círculo, um quadrado, um triângulo e um retângulo;
- comparam os tamanhos de objetos familiares que não estão à vista;
- trabalham com quebra-cabeças de várias peças.

Estágio Quatro
(5 a 6 anos)

As crianças:

- compreendem conceitos representados de forma simbólica;
- fazem combinações de conjuntos simples;
- começam a somar números pequenos de cabeça;
- fazem a contagem de rotina até 100 com pouca confusão;
- contam objetos até 20 ou mais;
- entendem que os números são símbolos para o total de coisas concretas;
- entendem a correspondência de um a um;
- reconhecem que duas partes formam um todo;
- contam de cinco em cinco e de 10 em 10 até 100;
- contam regressivamente a partir de 10;
- usam ferramentas de mensuração padrão ou não-padrão;
- reconhecem, descrevem, estendem e criam uma variedade de padrões;
- usam padrões para predizer o que virá a seguir;
- separam e classificam objetos ou figuras reais a partir de vários atributos;
- e decidem que número vem antes e depois de um objeto numerado.

---

*N. de R.T. No Brasil, essas moedas são muito pouco utilizadas, sendo mais fácil as crianças reconhecerem as de um real e de cinquenta centavos.

Este livro oferece diversão, atividades simples que você pode fazer com seus alunos, usando materiais que já existem em sala de aula. Você ainda terá um tempo estruturado para desenvolver habilidades matemáticas, à medida que a necessidade aumenta naturalmente, tais como anotar o número de letras dos nomes deles ou criar linhas de tempo para registrar o crescimento de uma planta, mas a aplicação prática surgirá ao longo do dia quando você aplicar conceitos matemáticos a atividades cotidianas.

Matemática e letramento

A matemática ajuda a desenvolver habilidades de leitura e escrita, e juntar as duas coisas é mais fácil do que você imagina. A matemática oferece várias palavras novas com as quais as crianças podem expandir o vocabulário, de palavras simples como *pequeno, ontem, primeiro, mesmo, longe* e *quadrado* a termos mais específicos da matemática como os listados abaixo. Use o vocabulário com as crianças. Introduza um dicionário para aulas de matemática inventado por você e o pendure na parede da sala de aula para lembrar as crianças de usar as palavras. Adicione palavras novas à lista à medida que surgem nas experiências matemáticas do dia a dia (veja um exemplo de dicionário matemático a seguir).

A = adição	B = barra	C = circunferência/centímetro
D = dinheiro	E = estimativa	F = fração
G = gráfico	H = habilidade	I = ímpar
J = justificar	K = Kg (quilograma)	L = linha
M = massa	N = número	O = original
P = padrão	Q = quarto	R = régua
S = subtração	T = tentativa	U = unidade
V = Venn (diagrama de)	X = x (eixo do)	Y = y (eixo do)
Z = zero		

Parâmetros em matemática

Os parâmetros do *National Council of Teachers of Mathematics* (NCTM) enfatizam três áreas do letramento: comunicação, conexões e raciocínio.

Comunicação diz respeito às crianças usarem palavras matemáticas para descrever ideias. Por exemplo: *dois, menos, ontem, longo, primeiro, mais, para, mesmo, em, quadrado, longe, velho, grande, quantos?, quando?, tempo, dia, mais rápido, bocado* e *medida*.

Fazer conexões diz respeito às crianças usarem as habilidades e as palavras matemáticas e o que aprenderam em outros tópicos de aula e no dia a dia. Alguns exemplos:

- medir o crescimento de uma planta ao fazer um projeto de ciências;
- estimar a quantidade de passas em um saquinho na hora do lanche;
- trabalhar com um quebra-cabeça de 10 peças;
- quicar uma bola 10 vezes enquanto brinca na hora do recreio;
- ler um livro de contagem;
- comparar os tamanhos de sapatos;
- contar quantas pessoas podem jogar o jogo da memória;
- encontrar uma peça quadrada que caiba em uma caixa;
- colocar os pedaços de uma colagem *em cima, embaixo* ou *ao lado* um do outro;
- e usar dinheiro de brinquedo em uma loja de conveniências de brincadeira.

Raciocínio diz respeito ao fato de as crianças conseguirem chegar a conclusões a partir de um certo conjunto de fatos ou circunstâncias e explica os eventos, os métodos e as técnicas usados para compilar e comunicar informações. Informalmente, elas podem fazer observações usando processos de pensamento tais como "se quero saber isso, faço aquilo" e "mostro isso aos outros assim, porque é o melhor jeito entre as escolhas que tenho."

Aqui temos exemplos de atividades independentes feitas por diferentes crianças em uma sala de aula que mostram suas habilidades de raciocínio:

Situação: Peça à criança para fazer um gráfico com folhas de árvore e explicar o que a folha representa no gráfico.
Relatório da criança: "Existe apenas uma folha pontuda, cinco redondas e oito compridas e finas."

Situação: Peça à criança para desenhar um quadrado em volta de números diferentes com características semelhantes e explicar por quê.

Relatório da criança: "Eu fiz o quadrado em volta do 1, do 4 e do 7 porque eles são parecidos e são feitos de tracinhos como o 'k' e o 't'. Eu fiz um quadrado em volta do 2, do 6 e do 9 porque eles têm curvas. Eu fiz um quadrado em volta do 3 e do 5 porque eles têm calombos."

Situação: Peça à criança para medir a altura de seu amigo.

Solução da criança: Ele pede ao amigo que deite no chão e então coloca blocos com as pontas encostadas ao lado do amigo, da cabeça aos dedos dos pés. Então, eles contam os blocos.

Enquanto eu viajava e participava de *workshops* e conferências nos Estados Unidos, falei com professores sobre o que eles fazem para ensinar matemática aderindo às diretrizes do programa do NCLB. Os professores com frequência dizem que, embora eles passem muito tempo criando atividades matemáticas, as crianças as resolvem em dois minutos. Não é um bom retorno para o tempo que eles usam inventando as atividades. Muitas atividades que os professores criam têm apenas uma **resposta certa**, assim como um quebra-cabeça. Uma vez que as crianças as terminam pela primeira vez, raramente as atividades são usadas de novo. Atividades com final aberto, por outro lado, oferecem às crianças a chance de fazer e refazer a atividade assim como diferentes níveis de dificuldade para crianças com habilidades em níveis diferentes. Com atividades com finais abertos, os professores sentem que o tempo deles é mais bem utilizado, porque as crianças vão usá-las várias vezes.

Algumas das atividades neste livro têm uma resposta certa, porque as crianças precisam construir habilidades específicas – ferramentas para serem usadas por elas ao longo de suas vidas. As atividades de final aberto e resolução de problemas aparecem mais adiante no livro. Este é um padrão que vemos no aprendizado: atividades para a construção de habilidades levam a aplicações mais abertas do conhecimento. Estamos construindo uma base de aprendizagem que será expandida mais adiante.

Pontos focais do currículo

O NTCM recentemente identificou e descreveu três pontos focais curriculares que ajudam a definir objetivos instrucionais e expectativas de aprendizagem para a matemática na educação infantil. Sua intenção é desenvolver continuamente o entendimento e a competência matemática em todas as crianças, incluindo:

1. o uso da matemática para resolver problemas;
2. a aplicação de raciocínio lógico para justificar procedimentos e soluções;
3. e o desenvolvimento e a análise de métodos usados para encontrar respostas, usar técnicas (como contagem, gráfico e agrupamento), e representar informações com precisão e comunicar as respostas de outros.

O Capítulo 8 deste livro, "Resolução de problemas e raciocínio", lida extensivamente com exemplos e atividades que incorporam essas atividades na sala de aula.

Como usar este livro

Os capítulos deste livro correspondem a diferentes objetivos matemáticos. Os parâmetros variam de Estado para Estado, mas os elementos centrais são essencialmente os mesmos. Olhe os parâmetros para o seu Estado e vai descobrir que eles geralmente estão alinhados com os "Objetivos matemáticos para satisfazer os parâmetros" que aparecem no início de cada atividade deste livro.

As atividades foram projetadas para desenvolver habilidades, ou para revisar ou praticar uma habilidade recém-adquirida. Com frequência se pode usar uma atividade para uma criança que está pronta para trabalhar independentemente ou em um nível levemente superior. Muitas das atividades, por exemplo, podem ser colocadas no Centro de Matemática para trabalho independente. Quando uma atividade pode ser usada de diferentes maneiras, dependendo das necessidades de crianças específicas, é mais fácil para o professor diferenciar a instrução para as crianças em uma turma na qual estão trabalhando em níveis de habilidade diversos.

As atividades em cada capítulo estão em ordem, da mais fácil à mais difícil. Qualquer atividade, no entanto, pode se tornar mais desafiadora ou mais fácil dependendo de como você a usa com crianças específicas.

Onde começamos? Sugiro que você comece com ideias que se baseiam em atividades matemáticas que já fez com as crianças, e então prossiga a partir daí. Este livro é uma introdução básica para a matemática da educação infantil. Introduz os conceitos matemáticos básicos, que crianças pequenas precisam aprender, aos professores, estudantes universitários, professores assistentes e pais.

Você encontrará modos de tornar as atividades mais desafiadoras para crianças ao usar as seções **Aumente um nível** em cada capítulo. **Além disso** amplia os tópicos de modos interessantes e mostra como se deve entender a matemática de uma maneira diferente ou fornecer informações sobre um tópico relacionado à matemática.

Conte com isto contém informações úteis que usei ao longo de minha carreira como professora. É em parte filosofia, em parte psicologia e boa prática de ensino. Tudo isso me ajudou. Talvez lhe ajude também.

Uma lista de livros úteis se encontra no final do livro.

CAPÍTULO 2

Senso numérico e numeração

O que é...?

Um **número** é um símbolo que representa quantidades. Outro nome para número é *numeral*. A palavra *numeral* descreve a versão escrita de um número. Por exemplo: "Havia 11 pessoas na ilha" ("11", neste caso, é um numeral). No entanto, quando escrevemos sobre numerais, nós os chamamos de *números*. Por exemplo, "Onze é o *número* de pessoas na ilha."

O que é...?

Senso numérico é a consciência de que os números nos ajudam a organizar nossas vidas cotidianas, para realizar o que queremos. É sempre bom, por exemplo, ter dois sapatos – um para cada pé – quando você se veste para ir à escola, e dois biscoitos, em vez de um, especialmente se você está com fome na hora do lanche.

O que é...?

Numeração é só uma palavra grande para dizer "contagem".

Os níveis desenvolvimentais da contagem

Existem níveis desenvolvimentais de contagem. Se observamos o que as crianças fazem em idades diferentes, e se sabemos o que estamos procurando, podemos descobrir quão efetivamente elas desenvolvem habilidades matemáticas. Entender os níveis de desenvolvimento de crianças em idades diferentes nos oferece algum senso do que é normal se esperar que uma criança de 3 anos saiba fazer em vez de uma de 5 anos. Essa consciência também ajuda os professores a reconhecer os problemas desenvolvimentais potenciais antes que haja impactos no aprendizado futuro.

Nível 1 (2 a 3 anos)

A criança movimenta objetos aleatoriamente. Não é feito esforço, por exemplo, para agrupá-los, sequenciá-los ou organizá-los segundo alguma noção mental ou plano de organização adotado pela criança. Por exemplo, no centro de blocos, perguntei a Justin: "Uau, quantos blocos você usou para fazer essa estrutura?". Ele apontou e sorriu, tocou alguns dos blocos, mas não todos.

Nível 2 (3 a 4 anos)

Quando formulam perguntas sobre numerais, as crianças fazem suposições bastante simples. Por exemplo, uma criança conta "1, 5, 10, 22, 7, 100". Do mesmo modo, uma vez perguntei a uma criança "Quantos anos você acha que eu tenho?", "Oh", disse Jeremy, "Você não é muito velha... mais ou menos, uns 153."

Nunca pedi a Jeremy para adivinhar (estimar) minha idade de novo.

Nível 3 (4 a 6 anos)

As crianças usam correspondência um a um para resolver problemas. Por exemplo, enquanto colocava a mesa no centro de convivência, Sarah disse: "O Jason pega um prato, a Susie pega um prato, A. J. pega um prato, e eu pego um prato. São um, dois, três, quatro pratos." Sarah estava fazendo uma *contagem racional, informal*. Contagem racional quer dizer ligar números em ordem a uma série de objetos em um grupo, em contraste com a contagem de rotina, que é quando a criança fala a ordem dos números de memória: "Um, dois, três, quatro, cinco, seis, sete, oito, nove, dez".

Nível 4 (5 a 7 anos)

As crianças contam números iguais em grupos de itens separados. Por exemplo, LaKeisha disse: "Eu tenho 15 botões, então preciso de 15 adesivos circulares". Ela colocou os 15 adesivos em uma folha de papel e depois colou os 15 botões em cima de cada um.

Os níveis desenvolvimentais da contagem foram adaptados das seguintes fontes:

> Schiller, P. (1997). *Practices in the Early Childhood Classroom (The DLM Early Childhood Professional Library 1)*. Worthington, OH: SRA/MacMillan/McGraw-Hill.
> Miller, K. (2001). *Ages and Stages Revised*. West Palm Beach, FL: Telshare Publishing Co., Inc.
> Charlesworth, R. and K. K. Lind. (1995). *Math Science for Young Children, 2nd edition*. Albany, NY: Delmar Publishers.

Parâmetros do NAEYC e do NCTM

As informações contidas nesses livros foram filtradas pelas minhas experiências e observações pessoais como professora e orientadora de professoras para chegar ao formato que apresento neste livro.

Atividades para se ensinar senso numérico e numeração

Objetivos em matemática para satisfazer os parâmetros

As crianças aprenderão a:
1. contar por múltiplos de 1, 2, 5 e 10.
2. praticar a correspondência de um para um.

Folhas estão caindo
(adaptado da canção "Are You Sleeping?", do CD *Watermelon Pie and Other Tunes*, de Sharon MacDonald)

Folhas caem
Um, dois, três
Uma por vez.
Quatro, cinco, seis,
Caem no chão.
Sete, oito, nove,
Dez folhas caem
Cobrindo o chão

Como fazer

- Esta canção ajuda a ensinar senso numérico e numeração. Tudo de que você precisa são crianças e folhas!
- Leve as crianças para fora. Escolha 10 delas e peça que cada uma recolha uma folha do chão (se não houver folhas, use recortes de papelão).
- Quando as crianças estiverem com as folhas, peça a elas que as juntem em uma pilha, contando em ordem enquanto as vão colocando. Assim, vão entender que a pilha contém 10 folhas.
- Após fazer a pilha, peça às crianças para recolher suas folhas e ficar de pé sobre um dos números na reta numerada.
- Peça a elas que contem de 1 a 10 para que cada criança saiba sobre que número está parada.
- Junto com todas as crianças, cante a canção, com cada criança deixando uma folha cair quando é dito o número sobre o qual ela está.

Aumente um nível

Quando as crianças estiverem prontas para algo mais difícil, mude a letra da canção para contar múltiplos de 2, 5 ou 10 e cante de novo.

"Folhas caem"

Materiais

Dez folhas

Reta numerada (com os números separados por 5 cm), ou quadrados numerados de 1 a 10 com giz

Conte com isto

Organize uma cesta de atividades para dias chuvosos. Colecione folhas artificiais e coloque-as na cesta junto com outras atividades que você possa fazer dentro da sala em dias chuvosos.

Além disso

As crianças vão adorar se você levar um guarda-chuva em cores vibrantes quando as folhas estiverem caindo. Abra com um floreio e peça às crianças que sigam o guarda-chuva enquanto procuram folhas.

"Folhas caem" – Quadro Interativo

Materiais
Oito tiras de papel com frases escritas
Trinta fichas de arquivo
Pincéis atômicos
Cesta
Pequeno fichário (*pocket chart*)

Conte com isto
Ofereça variações da atividade com diferentes níveis de dificuldade, de forma que as crianças possam ter sucesso de acordo com suas habilidades. As crianças começarão a trabalhar no ponto em que se sentirem mais confortáveis, e à medida que elas têm sucesso, provavelmente passarão a atividades mais difíceis. Experiências bem-sucedidas levarão mais crianças a assumir maiores desafios.

Objetivos em matemática para satisfazer os parâmetros
As crianças aprenderão a:
1. reconhecer números.
2. ligar números com palavras numéricas.
3. ligar palavras numéricas entre si.
4. identificar a quantidade de objetos que o número representa.
5. entender que os números sempre representam a mesma quantidade.
6. praticar a correspondência de um a um.

Como fazer
◆ Coloque esta atividade em prática em um centro com um quadro interativo ou no Centro de Música.
◆ Escreva cada uma das frases da canção "Folhas caem" (ver página anterior) em uma das oito tiras de papel e coloque as tiras em um pequeno fichário (*pocket chart*).
◆ Escreva as palavras numéricas (*um, dois, três* e assim por diante), os numerais (*1, 2, 3* e assim por diante), desenhos dos números das folhas (uma folha em um cartão, duas folhas no segundo cartão e assim por diante) e os números que designam as quantidades das folhas em palavras (*uma folha, duas folhas, três folhas* e daí por diante) nas fichas de arquivo e coloque-as na cesta ao lado do fichário (*pocket chart*).
◆ Desafie as crianças a associar as diferentes versões dos números umas com as outras. (Cada versão diferente representa um nível de dificuldade em si.) Por exemplo, as crianças podem ligar os numerais às palavras numéricas, as palavras numéricas referentes às folhas, os desenhos das folhas numeradas e a palavra que representa esse número e assim por diante.
◆ Após cada criança ter dominado a atividade neste nível, retire as tiras com as frases do fichário e coloque-as na cesta sem os cartões.
◆ Desafie as crianças a reorganizar a canção na ordem certa.

Aumente um nível
À medida que as crianças se tornam mais proficientes nesta atividade, desafie-as a contar por múltiplos de 2, 5 e 10.

O que é...?
Interativo quer dizer que as crianças fazem algo com os materiais; estão diretamente envolvidas com a atividade.

Objetivos em matemática para satisfazer os parâmetros

As crianças aprenderão a:

1. reconhecer que cada número é um símbolo para uma coleção de objetos que podem ser contados individualmente. Por exemplo, "4" representa o total de quatro objetos que se pode contar ou aceitar como correto.
2. praticar a correspondência de um para um.
3. comparar números de objetos.

Como fazer

- Escreva os números de 1 a 10 na frente de cada saco.
- Atrás de cada saco desenhe o mesmo número em pontos (por exemplo, dois pontos na sacola que tem um "2" marcado na frente, seis pontos na que tem um "6").
- Em diferentes momentos do dia, desafie os grupos de 10 crianças a selecionar uma sacola cada e, então, à medida que o dia vai passando, colocar o número correto de objetos em cada sacola (por exemplo, uma criança deve colocar 5 lápis de cor na sacola de número cinco).
- Se uma das crianças não reconhecer o número em sua sacola, deixe que ela peça a um amigo para ajudá-la a identificá-lo.
- Encoraje as crianças que têm dificuldade em associar os numerais às quantidades que eles representam a usar os pontos nas sacolas para fazer correspondência de um a um, ligando cada um dos objetos que elas põem na sacola com um dos pontos atrás da sacola.
- Prepare uma reta numerada.
- Quando as crianças terminarem de encher as sacolas, faça com que as coloquem nos números corretos; então, passe à outra atividade.
- De tempos em tempos, pegue uma sacola e pergunte: "Quem encheu a sacola número 5?". A criança que a encheu virá direto a você! Peça a ela que conte os objetos para você. Você pode fazer isso durante a atividade de Trabalho em Grupo, mas sugiro que faça individualmente para avaliar o que elas sabem.
- Pode levar alguns dias para todas as crianças contarem os objetos nas sacolas.

Aumente um Nível

Substitua os números pelas palavras numéricas (por exemplo, "cinco" substitui "5") e diga às crianças que procurem coisas para colocar nas sacolas.

Saco de Números

Materiais

Dez sacos de papel pardo

Pincel atômico

Reta numerada (use fita de máquina registradora e escreva os números de 1 a 10 separados uns dos outros por 10 cm na fita)

Conte com isto

Crianças pequenas não têm muita paciência, então explique a elas que cada uma terá a sua vez de fazer a atividade. Faça uma lista que mostre quais crianças já tiveram sua vez e quais são as próximas. Se uma criança perguntar quando será sua vez, diga para ela consultar a lista. Isso vai fazer você ganhar tempo!

O que é...?

Inclusão numérica se refere ao número *total* de crianças. Por exemplo, você está praticando inclusão numérica quando diz "cinco crianças" em vez de "quinta criança". Então, quando você diz "Eu estou com cinco crianças", é um grupo. Dizer que você está "com a quinta criança", por outro lado, significa que você está com uma só – e isso não é bem um grupo!

Associação Numeral/Sacola Numerada

Materiais

Dez sacolas de papel pardo

Objetos para contar, como: pedras, botões ou clipes de papel

Espiral de caderno

Conte com isto

As crianças têm boas relações com verdades simples. Por exemplo: "Se a sacola em que estava o meu almoço arrebentar embaixo, o que tinha dentro era pesado demais!" Algumas coisas elas aprendem melhor se as vivenciarem. Contanto que não haja risco, deixe-a ter experiências!

Objetivos em matemática para satisfazer os parâmetros

As crianças aprenderão a:

1. praticar correspondência de um para um.
2. reconhecer os números de 1 a 10.
3. ler palavras numéricas de *um* até *dez*.
4. entender que um número é o total de objetos que ele representa.

Como fazer

◆ Escreva o número *1* embaixo de uma sacola e a palavra *um* na frente.
◆ Dobre o fundo da sacola, expondo-o, e desenhe um ponto. (Ver ilustração a seguir).
◆ Repita a operação com todas as 10 sacolas, aumentando o numeral, a palavra numérica e o número de pontos a cada vez.
◆ Faça um buraco no canto superior esquerdo da dobra de cada sacola e introduza um anel de espiral de caderno nele.
◆ Encoraje as crianças a colocar o número correto de objetos a serem contados em cada sacola.

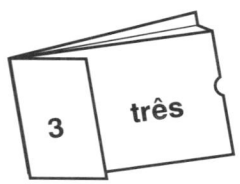  

Objetivos em matemática para satisfazer os parâmetros

As crianças aprenderão a:

1. contar e identificar os números de 1 a 31.
2. reconhecer que um número representa uma quantidade.

Como fazer

- ◆ Faça essa atividade no Centro de Artes.
- ◆ Coloque páginas de calendários em uma cesta com tesouras, papel e colas de bastão.
- ◆ Convide as crianças a cortar os quadrados do calendário e colá-los em um pedaço de papelão. Diga que não precisam cortar um quadrado por vez. Elas podem cortar vários quadrados, ou cortá-los em formas diferentes.
- ◆ Encoraje as crianças a cobrir todo o pedaço de papel com quadrados numerados, recortados do calendário. É pura diversão, bem livre! As crianças adoram e ajuda a desenvolver habilidades de motricidade fina.
- ◆ Exiba as colagens na parede à altura dos olhos das crianças.
- ◆ Sempre que tiver alguns minutos, peça a uma criança para ler os números em sua colagem.

Aumente um nível

Quando as colagens das crianças tiverem secado, peça a elas que escrevam as palavras correspondentes a todos os números da colagem que conseguirem.

Além disso

Quando o ano representado no calendário estiver terminando, vá a lojas que vendem calendário e peça a elas que doem os do ano que está terminando para a sua escola. Tente fazer isso antes que elas enviem os calendários de volta aos fabricantes.

O que é...?

Uma **colagem** é uma junção de pedaços de papel ou tecido geralmente colados à superfície de uma folha de papel espesso ou de uma prancha, chamadas de *base*.

Colagem com Calendário

Materiais

Calendários antigos
Tesoura
Colas de bastão
Pedaços de papelão de 22,5 x 30 cm

Conte com isto

As crianças adoram calendários simplesmente porque você e outros adultos importantes em suas vidas trabalham com eles. Use o seu todos os dias. (Comece o turno da manhã perguntando "que dia é hoje?" às crianças.)

Espirais Numéricos

Materiais

Três ou quatro anéis de um espiral de caderno

Três ou quatro conjuntos de fichas de arquivo

Adesivos circulares

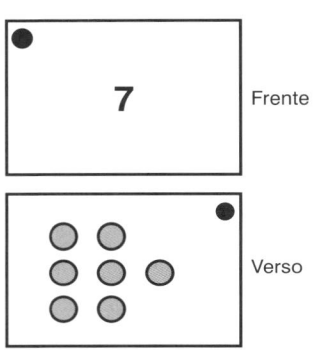

Objetivos em matemática para satisfazer os parâmetros

As crianças aprenderão a:

1. reconhecer numerais de 1 a 0.
2. contar os números de 1 a 10.
3. praticar correspondência de um a um.

Como fazer

- Faça esta atividade no Centro de Matemática.
- Escreva os números de 1 a 0 nas fichas, um número em cada uma.
- Coloque o mesmo número de adesivos no verso de cada cartão (por exemplo, coloque nove adesivos no verso do cartão de número 9).
- Faça um buraco em um canto de cada cartão e passe um anel de espiral por todos os buracos (ver ilustração).
- Convide as crianças a usar o anel para contar na ordem normal ou de trás para a frente. Eles também podem associar itens aos números, ou objetos aos pontos do verso das fichas.
- Faça dois ou três anéis numéricos. Use os cartões para contar em múltiplos também.
- Você também pode estender a numeração até 20 ou mais, dependendo do nível de aptidão das crianças.

Lançamento de Balão

Materiais

Balão em forma de linguiça

Canudo

Barbante de 37,5 a 50 cm

Fita

Objetivos em matemática para satisfazer os parâmetros

As crianças aprenderão a:

1. contar de trás para a frente, de 10 a 1.

Como fazer

- Estenda um barbante diagonalmente, de uma parede a outra, ao longo do canto da sala de aula, acima das cabeças das crianças, passando o canu-

do por uma das pontas do barbante antes de prendê-la na parede.
- Encha o balão e pressione a saída de ar com os dedos, de modo que o ar não saia. Peça a uma criança para prender com fita o balão ao canudo, de um lado do balão a outro (ver ilustração).
- Com as crianças, conte de 10 a 1 e então solte a boca do balão.
- Veja o balão voar pela sala no barbante. Esta é uma das atividades mais populares que uso em sala de aula, então, prepare-se para colocá-la em prática sempre que tiver alguns minutos livres.

Nota de segurança: Deixe o balão fora do alcance das crianças. Se ele estourar, certifique-se de que recolheu todos os pedaços. Balões vazios e pedaços de balões são um grande perigo.

Conte com isto

Explique e reveja as habilidades com demonstrações ou figuras. Isso reduz pela metade o tempo necessário para ensinar as crianças.

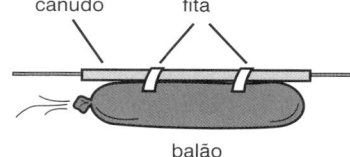

Além disso

Tenha um velho controle remoto de TV à mão para as crianças poderem conferir os números enquanto esperam que o balão seja lançado.

Braceletes Numéricos

Objetivos em matemática para satisfazer os parâmetros

As crianças aprenderão a:

1. reconhecer os números de 1 a 10 e colocá-los em ordem.
2. reconhecer e identificar os numerais.
3. contar de 1 a 10 em voz alta.

Como fazer

- Realize esta atividade no Centro de Matemática.
- Prenda 10 rolos de fita crepe vazios com fita crepe colorida ou cubra-os com papel adesivo.
- Escreva os números de 1 a 10 nos rolos, um por rolo.
- Cole o mesmo número de adesivos circulares no lado oposto de cada rolo.
- Encoraje as crianças a colocar os "braceletes numéricos" em volta de seus braços em ordem numérica (ver ilustração).

Além disso

Vá até os correios com uma caixa vazia e peça para enchê-la com rolos vazios. Não vai demorar muito até você ter o suficiente para esta atividade.

Materiais

Dez rolos de fita crepe vazios
Fita crepe ou papel adesivo coloridos
Adesivos circulares

Conte com isto

Reciclar ajuda a economizar dinheiro. Você pode usar o dinheiro economizado para comprar algo que não possa reciclar ou fazer.

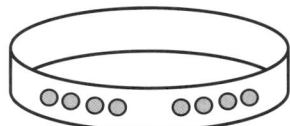

Livro
Eu vejo números

Materiais

Seção colorida de anúncios de revistas e jornais

Tesoura

Seis folhas de papelão de 22,5 x 30 cm

Conte com isto

Quando as crianças fazem algo por si mesmas, elas "investem" na atividade e têm mais facilidade de lembrar o que aprenderam.

Objetivos em matemática para satisfazer os parâmetros

As crianças aprenderão a:

1. contar objetos em voz alta.
2. reconhecer números.

Como fazer

- Antes de pôr esta atividade em prática, segure um pedaço de papel verticalmente e desenhe um quadrado de 5 x 5 cm no canto superior esquerdo de cinco folhas de papel.
- Escreva os números de 1 a 5 nos quadrados, um número em cada página (a sexta folha será usada como capa). Faça cópias das páginas para todas as crianças.
- Encoraje as crianças em grupo a recortar numerais e outras figuras das revistas e jornais, indicando certos números de objetos (1 a 5) e organize-os em pilhas, um para cada número.
- Divida as crianças em grupos de cinco. Dê a cada grupo seis páginas (as numeradas e a capa). Cada criança faz uma colagem de numerais em uma página do livro, composta de figuras de que gostam e figuras que tenham numerais, colando as figuras e os numerais recortados correspondentes na sua página. À medida que vão criando cada uma das páginas do livro, desafie as crianças a "esconder" as figuras de numerais entre as figuras em suas páginas.
- Deixe as páginas secando.
- Encoraje cada grupo a ajudar a desenhar a capa para o livro.
- Quando estiver tudo feito, grampeie as páginas de cada livro juntas e deixe-as no Centro de Matemática ou na biblioteca. Esses livros com frequência se tornam muito populares nas aulas, pois as crianças adoram ler e rever seus próprios trabalhos. Os livros são intitulados *Eu vejo números*. As crianças leem o livro ao buscar o numeral no canto superior esquerdo (por exemplo, o 2) e então encontram todos os "dois" na página. Elas dizem "Eu vejo o 2" e apontam o numeral cada vez que o veem.

Aumente um nível

Encoraje as crianças a procurar figuras e numerais em anúncios publicitários de revistas e jornais, e cada uma a fazer o seu próprio livro. Se as crianças puderem, desafie-as a fazer livros de colagem com mais de 10 ou 20 páginas.

Objetivos em matemática para satisfazer os parâmetros

As crianças aprenderão a:

1. contar objetos de 1 a 10 em voz alta.
2. selecionar e associar os números de 1 a 10.
3. reconhecer os números.

Como fazer

- ◆ Limpe e seque a garrafa. Encha três quartos com areia.
- ◆ Adicione um conjunto de contas numeradas de 1 a 10, depois coloque as conchas, contas esféricas, pedrinhas e as estrelinhas. Coloque a tampa, feche novamente e teste a garrafa sacudindo-a, certificando-se de que as contas numeradas estejam visíveis. Cole o topo com uma pistola de cola quente (isso deve ser feito apenas por adultos).
- ◆ Coloque o segundo conjunto de contas numeradas na tigela de plástico.
- ◆ Faça uma reta numerada escrevendo os numerais de 1 a 10 em um pedaço de fita de máquina registradora de mais ou menos 45 a 60 cm de comprimento e cole em papel adesivo para ter durabilidade.
- ◆ Guarde a garrafa dos números e a reta numerada na sala de matemática.
- ◆ Convide as crianças a sacudir a garrafa, uma de cada vez, e procurar um número.
- ◆ Quando a criança encontrar um número (por exemplo, o 8), peça a ela que encontre a conta de número 8 correspondente na tigela e recolha-a para, então, associar a conta ao 8 da reta numerada.

Garrafa de números

Materiais

Garrafas vazias de refrigerante de plástico, de qualquer tamanho

Areia

Dois conjuntos de contas numeradas de 1 a 10

Conchas, contas esféricas, pedras e estrelinhas

Pistola de cola quente (para ser usada apenas por adultos) e cola de bastão

Tigela de plástico pequena

Fita de máquina registradora

Papel adesivo

Além disso

Se não tiver areia, use confete. Se fizer assim, substitua as contas por números feitos em papel (as contas vão cair para o fundo da garrafa se você usar confete, pois são muito pesadas).

Objetivos em matemática para satisfazer os parâmetros

As crianças aprenderão a:

1. reconhecer os números de 1 a 10 e colocá-los em ordem.
2. identificar os números que vêm antes e depois de um objeto numerado.

Dias de Calendário – Antes e Depois

Materiais

Calendário escolar da turma

Adesivos tipo *post-it* que caibam nos quadrados do calendário utilizado no Trabalho em Grupo

Como fazer

- Durante o período escolar, traga o calendário e coloque um *post-it* sobre um dos quadrados com datas do calendário, o sexto, por exemplo.
- Pergunte às crianças: "Que número vem depois do 5 e antes do 7?".
- Escolha uma criança para ir até o calendário e escrever a resposta no *post-it*.
- Após ter terminado, levante o *post-it* para ver se a resposta está correta.
- Faça com qualquer número, de 1 a 31.

Aumente um nível

Use os *post-its* anotados para cobrir uma sequência contínua de números (por exemplo, 6, 7, 8). Peça à criança para falar em voz alta os outros números e dizer quais estão cobertos.

O que é...?

Um **objeto numerado** no calendário é o dia que a professora quer destacar na atividade. Nesta atividade, o "6" é o objeto numerado, pois se perguntou às crianças: "O que vem depois do 5 e antes do 7?".

Contagem de Pompons

Materiais

Dez copos plásticos transparentes de 200 ml

Caneta de retroprojetor preta

Corda de varal (1,20 m)

Ganchos pequenos ou fitas adesivas removíveis

Dez prendedores de roupa grandes

Cinquenta e cinco pompons

Objetivos em matemática para satisfazer os parâmetros

As crianças aprenderão a:

1. contar objetos de 1 a 10 em voz alta.
2. praticar correspondência de um para um.
3. associar números de objetos a números escritos.

Como fazer

- Use um canto da sala pouco movimentado para esta atividade.
- Escreva os números de 1 a 10 nos copos de plástico transparentes com a caneta para retroprojetor preta, de forma que cada copo tenha um número.
- Na parede oposta à do canto em que você fará a atividade, e a uma altura que as crianças possam alcançar, prenda a corda de varal com ganchos ou fita adesiva.
- Coloque os copos e pompons em uma cesta abaixo da corda (ver ilustração).

- ◆ Desafie as crianças a prenderem os copos de plástico em ordem numérica correta usando os prendedores de roupa.
- ◆ Mais adiante, desafie as crianças a colocarem a quantidade correta de pompons em cada copo. Explique a elas enquanto contam os pompons que o último número que vão contar será o total de pompons para aquele copo.

Além disso

O incomum recebe atenção! Usar prendedores de roupas e uma corda de varal é mais divertido e estimulante que apenas alinhar os copos sobre uma mesa. As crianças vão se entusiasmar mais com esta atividade.

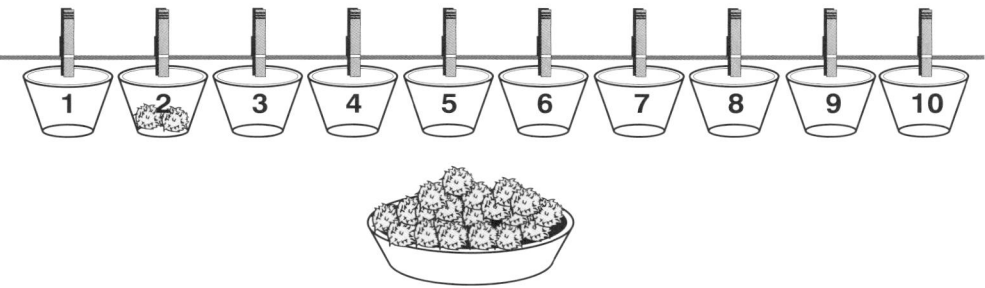

Objetivos em matemática para satisfazer os parâmetros

As crianças aprenderão a:

1. comparar uma certa quantidade de objetos.
2. contar de 1 a 10 em voz alta.
3. selecionar números associados.
4. reconhecer números.

Como fazer

- ◆ Abra uma pasta de arquivo e desenhe vários compartimentos e pontos nela para fazer o tabuleiro, como mostrado na ilustração.
- ◆ Coloque os pompons na pequena tigela ao lado da pasta e convide as crianças a depositar a quantidade certa de pompons nos pontos nas seções corretas do tabuleiro.

Associação de Pompom com Ponto

Materiais

Pompons de diferentes tamanhos e cores*

Pequena tigela

Pasta de arquivo

Conte com isto

A cor gera entusiasmo. E também acelera as coisas. Seja colorido!! Pesquisas neurológicas mostraram que a cor melhora o recuperação de informações de onde é armazenada. Cor é novidade, então, atrai o olho para a atividade.

---

*N. de R.T. Os pompons podem ser substituídos por outro material, como tampinhas de garrafa, por exemplo.

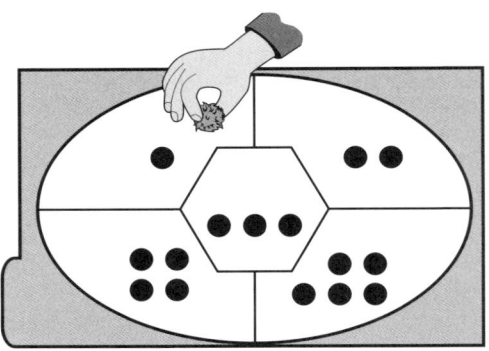

Arremesso de Pompom

Materiais

Adesivos pequenos numerados
Pompons (de um único tamanho)
Forma de gelo ou caixa de ovos
Pequeno recipiente

Objetivos em matemática para satisfazer os parâmetros

As crianças aprenderão a:

1. contar objeto de 1 a 12.
2. praticar correspondência de um para um.
3. entender que um mesmo número sempre representa a mesma quantidade.

Como fazer

- Primeiro faça uma demonstração desta atividade para todas as crianças; depois, passe-a para o Centro de Matemática.
- Cole um adesivo numerado (1 a 12) em cada compartimento da forma de gelo ou caixa de ovos, em ordem numérica ou arbitrária. (ver ilustração.)
- Coloque os pompons no pequeno recipiente.
- Encoraje as crianças a arremessar os pompons na forma de uma distância de 60 a 90 cm.
- Quando um pompom aterrissa em um dos compartimentos da bandeja, desafie a criança que o arremessou a identificar o número dele.
- Faça isso até que haja um pompom em cada compartimento e que as crianças tenham identificado cada número.

Objetivos em matemática para satisfazer os parâmetros

As crianças aprenderão a:

1. contar de 1 a 10 em voz alta.
2. praticar correspondência de um para um.

Como fazer

- *Aqui está tão quentinho*, é um ótimo livro para ser lido durante a hora do conto, e as crianças vão querer lê-lo várias vezes com você.
- Na reda de leitura leia *Aqui está quentinho* para as crianças.
- Encoraje-as a adivinhar, página por página, onde o bicho se abrigará do frio.
- Explore com elas onde pode ter ido parar o Ogro.
- Convide as crianças a contar os bichos de cada página e a dizer o que fazer quando estão com muito frio.
- Continue lendo o livro e encorajando as crianças a adivinhar o final da história.

Aumente um nível

Com as crianças, componha uma história com números, semelhante a *Aqui está tão quentinho*.

Aqui está tão quentinho

Materiais

Aqui está tão quentinho de Jang Seon Hye e Chaimin-Ho, ed. Collins

---

Objetivos em matemática para satisfazer os parâmetros

As crianças aprenderão a:

1. contar objetos em voz alta.
2. associar a quantidade de objetos a um número.
3. reconhecer números.

Como fazer

- Esta é uma atividade para a arrumação do Centro de Blocos.
- Faça alguns "cartões de arrumação", escrevendo uma instrução e fazendo um desenho em cada um.

Cartões de Arrumação de Blocos

Materiais

Blocos com formas geométricas

Fichas de arquivo grandes 20 x 30 cm ou papel-cartão cortado nesse tamanho

Pincéis atômicos

Cesta grande

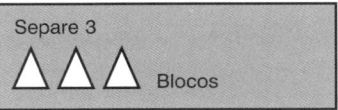

Por exemplo, escreva "separe 5" e desenhe cinco blocos de uma certa forma geométrica (triangular, quadrada ou tubular) (ver ilustração).
- Certifique-se de que os blocos desenhados tenham exatamente o mesmo tamanho dos blocos reais, pois algumas crianças vão querer colocar os blocos sobre as formas nos cartões para ver se combinam.
- Coloque os cartões de cabeça para baixo na cesta. Tente não deixar as crianças espiarem os cartões.
- Convide cada criança a escolher um cartão e peça que ela siga as instruções, pegando a quantidade indicada do tipo de bloco desenhado no cartão.

Jogo de Cartas com Números

Materiais

Baralho (retire os ases, os reis, as rainhas, os valetes e os coringas)

Cesta

Dez fichas de arquivo 7,5 x 12,5 cm

Além disso

Desafie as crianças a unir clipes de papel, dizendo em voz alta o número de cada um que associam; também as desafie a contar botões, lápis de cor ou dias no ano antes de um feriado importante, como o Natal; ou então conte pedras ou folhas, agrupando-as com base em diferentes características de cada uma.

Objetivos em matemática para satisfazer os parâmetros

As crianças aprenderão a:

1. contar objetos de 2 a 10.
2. associar números.
3. reconhecer números.
4. associar numerais com palavras numéricas.

Como fazer

- Faça esta atividade no Centro de Matemática.
- De um baralho, separe as cartas de 2 a 10 de um único tipo (espadas, por exemplo).
- Escreva as palavras que correspondem aos números de cada carta em fichas diferentes e coloque-as na cesta.
- Convide as crianças a colocar as cartas em ordem de 2 a 10 (se tiver tempo, fale sobre as cartas que faltam do baralho e por que você não as está usando).
- Quando as crianças estiverem com as cartas em ordem, desafie-as a associar os numerais nas cartas aos números nos cartões.

Números de cabides

Materiais

Fichas de arquivo

Pincéis atômicos

Anéis de uma espiral de caderno

Dez cabides de arame

Várias dúzias de prendedores de roupa

Objetivos em matemática para satisfazer os parâmetros

As crianças aprenderão a:

1. praticar correspondência de um para um.
2. associar um número de objetos ao mesmo número.
3. reconhecer os números de 1 a 10.

Como fazer

◆ Escreva os números de 1 a 10 nas fichas, um número para cada ficha, e ligue-as, uma em cada cabide, com os anéis da espiral.
◆ Pendure os cabides pela sala, certificando-se de que podem ser alcançados pelas crianças com facilidade.
◆ Disponha uma cesta de prendedores de roupas em um local central.
◆ Quando tiver alguns minutos, separe as crianças em grupos de três e peça a cada grupo para procurar um determinado cabide e pendurar a quantidade de prendedores que corresponde ao número no cabide (por exemplo, se elas encontrarem o número 5 no cabide, devem pendurar cinco prendedores de roupa nele).

Conte com isto

Sempre que tiver tempo, desafie as crianças a contar de 1 a 10 e de 10 a 1.

Objetivos em matemática para satisfazer os parâmetros

As crianças aprenderão a:

1. reconhecer a ordem numérica de 1 a 20.
2. identificar números que faltam em uma sequência e números que vêm antes e depois de uma sequência.
3. entender e usar vocabulário matemático.

Como fazer

◆ Faça esta atividade no Centro de Matemática.
◆ Com uma caneta de retroprojetor, escreva os números de 1 a 20 ao redor da borda da toalha. Omita cinco ou seis números quando os escrever, deixando em branco o espaço que ocupariam (ver ilustração).

Números que Faltam

Materiais

Toalha de mesa oval de plástico ou borracha

Caneta de retroprojetor

Dez prendedores de roupa

Além disso

Você pode achar toalhas de mesa de plástico ou espuma em muitas lojas de 1,99. Não são caras. Toalhas ovais simples são uma boa escolha para esta atividade.

- ◆ Escreva *Início* ao lado do 1 e *Fim* ao lado do 20.
- ◆ Escreva os cinco ou seis números omitidos da borda da toalha nas extremidades fechadas dos prendedores de roupa.
- ◆ Escreva também vários outros números nos prendedores e disponha-os no centro da toalha.
- ◆ Convide as crianças a ligar os prendedores de roupa corretos nos locais onde faltam os números.

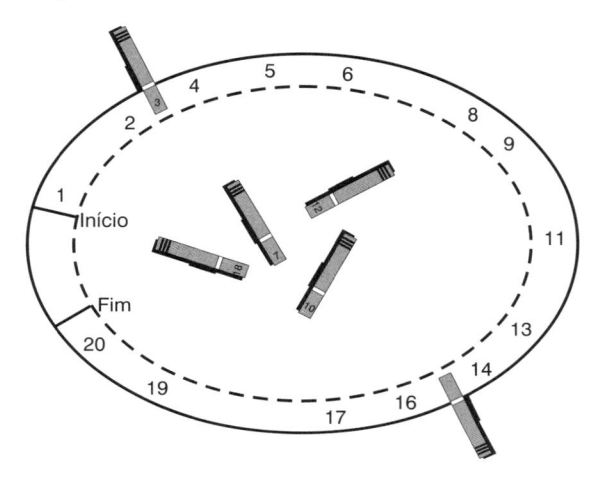

O que é...?

Contagem ordinal descreve posições em uma série (por exemplo, quinto ou sexto). Ao longo do dia, quando a atividade chegar a um ponto em que os objetos ou as crianças estiverem em posições ordinais diferentes, faça perguntas como: "Qual/quem veio primeiro? O segundo? O sexto?", "Quem é a quinta pessoa na fila?", "O que vem depois do primeiro?", "O que o terceiro porquinho estava fazendo?".

Jogo de cartas

Materiais

Corda de varal
Cartas
Cola
Papel-cartão
Prendedores de roupa
Cesta

Objetivos em matemática para satisfazer os parâmetros

As crianças aprenderão a:

1. reconhecer os numerais de 1 a 10.
2. usar números para descrever números dos objetos em um conjunto.

Como fazer

- ◆ Pendure a corda de varal entre as duas paredes de um canto pouco movimentado da sala.

- ◆ Retire todas as cartas com o naipe de espadas numeradas de um baralho (2 a 10) e coloque-as na cesta abaixo da corda.
- ◆ Antes de as crianças chegarem na sala, ligue algumas cartas à linha usando prendedores de roupa. Por exemplo, coloque o 2, o 6 e o 10, deixando espaços grandes o bastante para que as cartas que ainda não estão na corda se encaixem na ordem.
- ◆ Deixe todas as espadas que sobrarem na cesta.
- ◆ Desafie as crianças a preencher os números que faltam na corda com as cartas da cesta.

Aumente um nível

Após as crianças terem preenchido os espaços com os números que faltam, mude o naipe para paus ou ouros. Depois, disponha todas as cartas numeradas dos naipes na cesta e convide as crianças a concluir em qual o naipe a ser usado e colocar as cartas em ordem de 2 a 10 ou 10 a 2.

Contagem Ordinal

Objetivos em matemática para satisfazer os parâmetros

As crianças aprenderão a:

1. Usar e entender termos de contagem ordinal como "primeiro" até "quinto" para descrever posições relativas em uma sequência.

Materiais

Não são necessários

Como fazer

- ◆ Faça esta atividade quando todas as crianças estiverem em grupo, como quando estão em fila para sair da sala.
- ◆ Peça às crianças que façam uma fila olhando para dentro da sala (e não para a porta) e desafie-as a nomear as primeiras cinco crianças da fila, dizendo, por exemplo: "Sarah é a primeira, Nathan é o segundo, Carrie é a terceira, Ti é o quarto, e Casey é o quinto."
- ◆ Encoraje as crianças a se voltar, ficar de frente para a porta e repetir o processo de numeração. Uma vez que tiverem entendido a ordem correta, passe para a próxima atividade!

Aumente um nível

Tente fazer variações nesta atividade. Peça a um grupo de crianças, por exemplo, para se enfileirar de acordo com a altura, do mais baixo ao mais alto, e pergunte a elas quem é o primeiro, o segundo, o terceiro, o quarto e o quinto. Outra variação é pedir às crianças para ordenarem-se de acordo com as principais cores que estiverem vestindo. Por exemplo: o vermelho é o primeiro, o azul é o segundo, o verde é o terceiro, o amarelo é o quarto e o branco é o quinto. Também desafie a primeira e a terceira crianças a se curvarem diante uma da outra, então a segunda e a quarta e, finalmente, peça à quinta criança para se curvar diante das outras.

"Ely e os Cinco Porquinhos"

Materiais

Fotografias ou desenhos de porquinhos

Conte com isto

Associe um padrão rítmico (som/silêncio, curto/comprido) a qualquer texto. Batidas são padrões. Reconhecer padrões é essencial para se aprender a ler.

Objetivos em matemática para satisfazer os parâmetros

As crianças aprenderão a:

1. usar as palavras da contagem ordinal de "primeiro" a "quinto" para descrever posições relativas em uma sequência.
2. identificar o *primeiro,* o *do meio,* e o *último* em uma série.

Como fazer

◆ Faça esta atividade quando eles estiverem em fila na sala, no pátio ou no ônibus para uma saída de campo.
◆ Com as crianças, recite o seguinte poema. (Recitar associa um padrão rítmico ao poema, tal como palmas.)
◆ Mostre às crianças as figuras dos porquinhos e fale sobre o que eles comem. Compare-os a bebês humanos, de forma que as crianças entendam que os porquinhos também precisam de leite até que estejam prontos para comer alimentos sólidos sozinhos.

Ely e os cinco porquinhos, (adaptado de *Ely and the Five Little Piglets,* de Sharon MacDonald)

Lá na fazenda, brincando estão
Cinco porquinhos, cavando o chão.
O primeiro porquinho diz "Estou com fome."
O segundo quer cenouras, é isso que ele come.

"Ah, isso eu não quero" é o que o terceiro diz
O quarto roncou, "vou cheirar com meu nariz (ronca)."
O quinto falou: "Mamãe está chamando!"
O quarto diz: "lá vem o ônibus, vamos andando?"

O porco três gemeu, "ah, ônibus é chato."
O dois concordou, "é chato mesmo, exato!"
O porco um berrou "Pro chiqueiro! Vamos andar!"
"Não", disse Ely, "eu já vou te explicar:"

"No chiqueiro ia chegar, bem ligeiro, num piscar... se soubesse voar."

Quem é esse Ely, que acaba de chegar?

Perto do chiqueiro, ele veio morar,
E sempre diz que porcos podem voar.
Sim, pelo chiqueiro ele veio morar,
E acha que porco voa, se tentar.

Este é Ely, vou te apresentar.

Ele é quem diz "no chiqueiro ia chegar, bem ligeiro, num piscar, se soubesse voar."

Aumente um nível

- ◆ Para um projeto individual, dê às crianças folhas de papel de construção e vários lápis de cor, pincéis atômicos e assim por diante, e convide-as a desenhar a resposta para a pergunta "Quem é Ely?".
- ◆ Ajude as crianças a desenhar máscaras de porcos em folhas de papel; em seguida, levante-as como se estivessem interpretando as diferentes partes do poema. (Não se esqueça: o objetivo continua sendo contagem ordinal e reconhecer posição relativa.)

CAPÍTULO 3

Cálculo e estimativa

O que é...?

Cálculo aqui significa encontrar respostas usando as regras da adição e da subtração. Crianças pequenas começam contando objetos concretos e associando-os a um número. Usando as regras do cálculo, as crianças aprendem que uma só operação, como a subtração, responde perguntas como: "Se eu tenho três biscoitos e como dois deles, quantos sobram?"

Desafie as crianças a usar a subtração para responder perguntas do tipo "quantas sobram se eu tirar tantas". Você pode responder outras perguntas colocadas dessa maneira usando as mesmas regras.

O que é...?

Subtração significa retirar um número de outro – usando números naturais você acaba com menos do que tinha quando começou. Às vezes isso é difícil de ser aceito pelas crianças. Por essa razão, as crianças pequenas com frequência preferem a adição.

O que é...?

Adição significa somar um número a outro. Utilizando números naturais, você tem mais no final do que tinha no início. É inverso da subtração. Quase todo mundo gosta de adição.

Aprender operações matemáticas, como subtração e adição, mostra às crianças que trabalhar com números é uma habilidade útil e cotidiana.

As crianças adquirem habilidades em cálculo por meio de um entendimento básico de conjuntos. Conjuntos são grupos de coisas que ficam juntas porque têm alguma característica comum, tal como cor ou forma. Por exemplo: "Eu tenho duas contas redondas vermelhas e quatro contas quadradas verdes. Um conjunto de contas vermelhas e um de verdes. Se somar os dois, tenho seis contas".

Em uma perspectiva desenvolvimental, as crianças que reconhecem conjuntos com mais facilidade, estão prontas para usar símbolos: (+) para adição, (-) para subtração e o sinal de igual (=). Elas podem escrever sentenças simples, tais como $5 + 2 = 7$ ou $5 - 2 = 3$.

O que é...?

Estimativa é fazer uma aproximação, ou uma hipótese aproximada, baseada em informações limitadas ou imprecisas. As estimativas estão sujeitas à mudança à medida que mais informações sobre o assunto ficam disponíveis. Quando vamos a um supermercado, por exemplo, formulamos uma hipótese aproximada de quanto dinheiro vamos gastar. Digamos que estimamos que vamos gastar R$80,00 e acabamos gastando R$76,00. A estimativa foi maior do que de fato gastamos, mas ela foi útil, pois pudemos ir ao supermercado sabendo aproximadamente o que íamos gastar. Nossa estimativa foi confiável.

Estimativas são com frequência mais altas que os números exatos, para que nos poupem tempo e nos salvem de situações constrangedoras. Afinal, não queremos ir ao supermercado e não ter dinheiro suficiente para pagar todos os itens que colocamos sobre o balcão. Seria constrangedor ter que devolver algumas das compras à prateleira e fazer outras pessoas na fila esperarem ainda mais. A estimativa é uma ferramenta útil e eficiente, pois nos habilita a agir quando temos apenas um conjunto limitado de informações, em vez de esperar que tenhamos informações exatas antes de proceder.

Fazer boas estimativas é um dos mais importantes objetivos da educação inicial. Crianças pequenas devem decidir se uma resposta é razoável e, se for, agir.

Uma palavra ligada à estimativa é **predição**. Qual é a diferença? A predição olha um evento ou problema futuro e tenta solucioná-lo com base em observações atuais. Estimativas, por outro lado, buscam fornecer uma resposta a um problema que já existe.

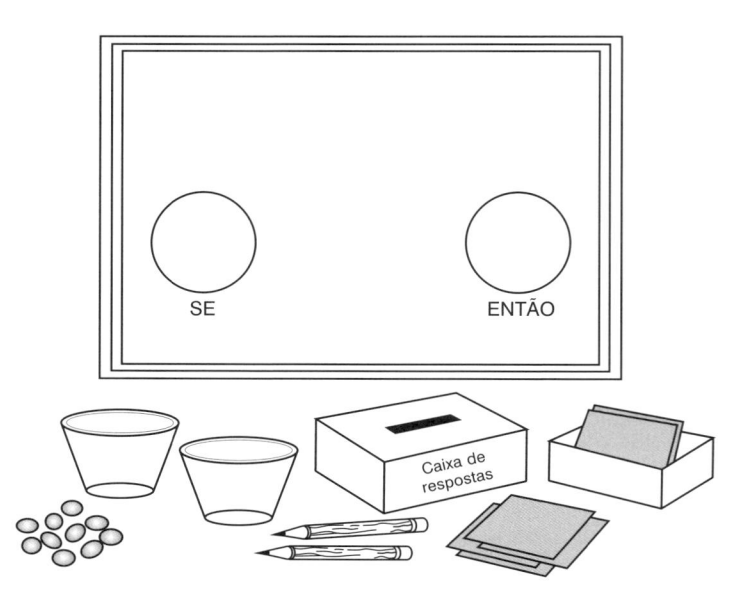

Atividades para se ensinar cálculo

Objetivos em matemática para satisfazer os parâmetros

As crianças aprenderão a:

1. somar e subtrair números de 1 a 10 usando objetos concretos.
2. combinar grupos de objetos para criar um novo grupo.

Como fazer

- ◆ Demonstre a atividade no Trabalho em Grupo e então vá para o Centro de Matemática ou de Jogos.
- ◆ Ainda durante o Trabalho em Grupo, mostre o cotovelo de PVC às crianças.
- ◆ Retire a tampa de rosca.
- ◆ Coloque um copo de plástico transparente abaixo do escoadouro.
- ◆ Peça a uma criança para ficar de um lado, segurando três contas vermelhas, e a outra para ficar do outro lado, segurando duas contas verdes.
- ◆ Diga às crianças para largarem suas contas dentro de cada lado do cotovelo ao mesmo tempo (ver ilustração).
- ◆ As contas deslizam pelo escoadouro como um único conjunto de verdes e vermelhas.
- ◆ Retire as contas do copo plástico e conte-as.

Adição de contas

Materiais

Cotovelo de PVC com escoadouro e rosca para tapar o escoadouro

Contas de plástico pequenas, de várias cores

Copo de plástico transparente

Conte com isto

Crianças adoram ferramentas de adultos! Dê uma olhada em casa para ver o que pode usar para ensinar matemática (uma velha fita métrica, régua de carpinteiro, porcas, pinos, anilhas e botões).

Além disso

Lojas de materiais de construção podem encomendar um cotovelo de PVC com escoadouro e tampa de rosca, se não tiverem no estoque.

Aumente um nível

Cole as contas em um cartão de papelão espesso de 7,5 x 15cm. Escreva uma sentença de adição (por exemplo: *3 + 2 = __*), deixando a lacuna da resposta em branco. Peça às crianças para escreverem a resposta. Depois que elas entenderem como funciona a atividade, peça que façam seus próprios cartões de adição.

Despejando Botões

Materiais

Sacola para presentes

Saco de papel pardo pequeno

Pincel atômico

Dez botões (com diferenças na frente e verso)

Tinta de spray, se necessário (para ser manejada apenas por adultos)

Bandeja

Tesoura

Cola

Conte com isto

Agrupe objetos semelhantes pelo número quando falar sobre eles. Por exemplo: "Vejamos, temos três cadeiras perto da estante e mais duas perto da mesa. Precisamos que elas fiquem juntas para todos podermos sentar. Quantas vamos ter? É suficiente para todos nós ficarmos sentados?". Livros didáticos da turma, mochilas, sapatos, blocos e crianças. Isso ajuda a desenvolver o entendimento que crianças têm da linguagem matemática.

Objetivos em matemática para satisfazer os parâmetros

As crianças aprenderão a:

1. reconhecer numerais.
2. combinar grupos de objetos para criar um novo objeto.
3. adicionar números inteiros até 10 usando objetos concretos.

Como fazer

- Introduza esta atividade durante o Trabalho em Grupo e então a leve para o Centro de Matemática ou de Jogos. Peça a uma criança que a ajude a demonstrar a atividade na primeira vez.
- Coloque 10 botões no saco de papel pardo e escreva "Saco de despejo" na frente dela. Se os botões não tiverem diferenças entre a frente e o verso, pinte um lado de uma cor e o outro lado de outra para distinguir uma da outra.
- Coloque a sacola de papel pardo com os botões e a bandeja juntos em uma sacola de presentes e arranje-os para as crianças.
- Mostre às crianças como retirar a sacola de papel pardo da sacola de presentes e jogar os botões da sacola de papel pardo na bandeja.
- Peça às crianças que contem quantos botões caíram com a frente (ou uma das cores) para cima e quantos caíram com a parte de trás (ou a outra cor) para cima.
- Depois que as crianças disserem os números corretos, peça-lhes que contem o total de botões em voz alta. Então, ajude-as a formular uma sentença numérica usando botões.

Aumente um nível

Peça às crianças que puderem que escrevam sua própria sentença numérica a partir do botão despejado.

Além disso

Para atividades matemáticas, use botões com figuras de desenho animado ou histórias em quadrinhos pintadas neles. As crianças adicionam esses botões mais rápido e com maior precisão do que botões comuns. Você pode encontrar botões diferenciados em lojas de tecido.

Objetivos em matemática para satisfazer os parâmetros

As crianças aprenderão a:

1. somar e subtrair números inteiros de 1 a 10 usando objetos concretos.
2. combinar e separar grupos de objetos para criar um novo grupo.

Como fazer

- ◆ Use peças de dominó como uma forma rápida de deixar as crianças animadas com relação à adição e à subtração.
- ◆ Coloque as peças em uma cesta pequena sobre a bandeja.
- ◆ Inicialmente, demonstre esta atividade para todas as crianças juntas, e então deixe que elas prossigam em grupos de três ou quatro no Centro de Matemática.
- ◆ Durante esta atividade, caminhe pela sala, passando pelos grupos, ajudando-os em suas decisões e verificando quão precisas são as respostas das crianças.
- ◆ As crianças depositam todas as peças com a frente para cima. Uma por vez, proponha que escolham uma peça, e então solicite a cada criança que conte em voz alta os pontos em um dos lados da peça, depois os do outro lado.
- ◆ Depois que a criança tiver contado os pontos, peça a outras para somá-los e ajude-as a anotar a resposta nos *post-its*. Em seguida elas colam os *post-its* na classe perto da peça.
- ◆ Quando já estiverem proficientes em somar os pontos das peças, desafie-as, pedindo que subtraiam o número menor do maior. Disponha as peças de forma que o número maior fique à esquerda e o menor à direita. Ajude as crianças a subtrair o número da direita do da esquerda, em seguida escreva as respostas em *post-its*.

Somando Pontos de Dominó

Materiais

(por grupo)

Sete ou oito peças de dominó

Bandeja grande

Cesta

Bloco de *post-its*

◆ Deixe que as crianças descubram a resposta coletivamente. Por exemplo, se elas concluírem que a resposta é seis, o grupo escolhe um membro para escrever a resposta no *post-it* e colocá-lo perto da peça. Quando o grupo tiver terminado, verifique as respostas, e então deixe as crianças retirar os *post-its* e largar as peças.

Aumente um nível

Faça com que as crianças escrevam uma operação de adição e uma de subtração em uma sentença numérica (por exemplo: *3 + 4 = 7* ou *4 – 3 = 1*).

Somando um Dado Dentro do Outro

Materiais

Caixa de presente transparente de plástico de 20 x 20 x 5 cm

Dado

Pincel atômico permanente

Fita adesiva transparente

Além disso

Clipes de papel com frequência estão disponíveis em caixas de plástico duro em lojas de material de escritório. Caixas de plástico macio estão disponíveis nos catálogos de muitas lojas, às vezes com borrachas com forma de maçã ou animais de zoológico e de fazenda. Tanto caixas de plástico duro quanto flexível e seus conteúdos serão úteis para esta atividade e para se ter em sala de aula.

Objetivos em matemática para satisfazer os parâmetros

As crianças aprenderão a:

1. somar e subtrair números inteiros de 1 a 10 usando objetos concretos.
2. combinar e separar quantidades de objetos para criar uma nova quantidade.

Como fazer

◆ Use um pincel atômico permanente para fazer pontos dentro da caixa de plástico transparente e na tampa para que ela se pareça com um dado (ver ilustração).
◆ Coloque um dado de verdade dentro da caixa, tampe-a e cole a tampa com a fita adesiva transparente.
◆ Convide as crianças a jogar o dado dentro do outro.
◆ Quando o dado-caixa ficar parado, faça com que as crianças somem o número na parte de cima da caixa com o número na parte de cima do dado dentro da caixa.

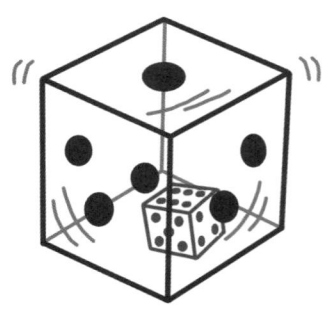

Aumente um nível

Quando as crianças estiverem proficientes na adição, desafie-as a subtrair o número maior do menor.

Um amor de confusão

Objetivos em matemática para satisfazer os parâmetros

As crianças aprenderão a:

1. somar e subtrair números inteiros de 1 a 10 usando objetos concretos.
2. relembrar fatos básicos de adição e subtração.
3. aprender somas até 10.

Como fazer

- O livro *Um amor de confusão* é um belo e original livro sobre contagem.
- Leia o livro para todas as crianças, ou para um pequeno grupo, discutindo cada uma das páginas com elas.
- A cada página, problematize: quantos ovos já foram achados até aqui? Quantos aparecerão na próxima parte da história?
- Ao final, explore as formas de conseguir o 10. Você pode escrever um cartaz com isso:
  8 e 2   4 + 3 + 3
  7 e 3   2 + 1 + 7
- Como cada página do livro é importante por si, você pode passar tantas páginas quantas quiser – como uma página por dia, se quiser.
- Quando terminar o livro e o cartaz, coloque-os no Centro de Matemática para que as crianças olhem e revisem.

Materiais

O livro *Um amor de confusão*, de Dulce Rangel, ed. Moderna

Folha de papel cartão de 45 x 60 cm

Pincel atômico preto

Aumente um nível

Desafie as crianças a combinar conjuntos numéricos para formar um número maior, como 15.

Adição de Anéis

Objetivos em matemática para satisfazer os parâmetros

As crianças aprenderão a:

1. somar e subtrair números inteiros até 10 usando objetos concretos.
2. relembrar fatos básicos de adição e subtração, que somem até 10.

Como fazer

- Use o pincel atômico permanente para escrever os numerais de 1 a 10 nas tampas, criando algumas cópias de cada número. Escreva alguns sinais de adição, subtração e igual em algumas das tampas.

Materiais

Cinquenta ou sessenta anéis de plástico presentes em caixas de leite e suco (a tampa das caixas têm um anel) (ver ilustração a seguir)

Pincel atômico permanente

Cesta

- Os anéis ligados à tampa podem ser ótimos para ser usados por dedos pequenos.
- Encoraje as crianças a colocarem os anéis numéricos em seus dedos e a somarem os números.
- As crianças podem contar seus dedos de 1 a 5 ou escrever sentenças numéricas com os anéis numéricos (por exemplo, *1 + 2 = 3*).

Aumente um nível

Faça com que as crianças usem as tampas de puxar para criar e resolver sentenças numéricas em seus dedos.

Sacola-Livro de Números

Materiais

Saco de papel pardo
Pincéis atômicos
Uma folha A4 em branco
Grampeador
Tesoura

Conte com isto

A maioria das pessoas, tanto crianças quanto adultos, é mais propensa a seguir instruções se estas estiverem dentro de ou sobre uma sacola do que se estiverem em uma folha de papel branco. Curiosidade? Talvez.

Objetivos em matemática para satisfazer os parâmetros

As crianças aprenderão a:

1. subtrair e somar números de 1 a 10 usando objetos concretos.
2. relembrar fatos básicos de adição e subtração, fazendo somas com 10.

Como fazer

- Faça esta atividade na biblioteca. Mesmo quando as crianças evitam o Centro de Matemática, a matemática pode chegar até elas quando fazem uma atividade na biblioteca!
- Siga as instruções abaixo para fazer uma sacola-livro de números (ver ilustração).

  1. Disponha o saco de papel pardo horizontalmente, com a abertura à sua esquerda e o fundo dobrado à direita.
  2. Dobre a extremidade aberta do saco para a direita, de forma que a abertura fique um pouco acima do fundo.
  3. Corte uma folha de papel branco em quatro partes iguais.
  4. Desdobre a abertura do saco.
  5. Coloque os pedaços de papel abaixo da dobra, encostando a extremidade esquerda de cada folha à prega que resultou da dobra da abertura.
  6. Dobre a abertura do saco para a direita, dobre as folhas de papel, posicionando a extremidade do saco sob a dobra.
  7. Grampeie o lado esquerdo dobrado, juntando as folhas de papel simultaneamente.

Matemática em Minutos | 51

8. Escreva um número na dobra na extremidade direita do saco.
9. No lado esquerdo do saco, e em cada uma das folhas de papel, escreva sentenças numéricas de subtração diferentes para as quais o número que estiver à direita seja a resposta. (Por exemplo, se o número na extremidade direita for 3, você deve colocar sentenças numéricas como 6 – 3 =, 5 – 2 = e assim por diante.)

◆ Escolha um numeral que você queira usar e escreva-o na dobra do fundo da sacola.
◆ Escreva uma sentença de subtração como amostra no lado do saco (ver sugestões) e faça com que as crianças preencham as páginas restantes com outras sentenças numéricas que resultem naquele número.
◆ Dê às crianças folhas de papel em branco e encoraje-as a escrever sentenças de subtração cujas respostas sejam o número na dobra do saco (tente também com sentenças de adição).

Aumente um nível
◆ Ajude as crianças que estão prontas em termos desenvolvimentais a fazer seus próprios sacos-livro de números.
◆ Depois de as crianças terem dominado as sentenças de adição, encoraje-as a experimentar com sentenças de subtração.

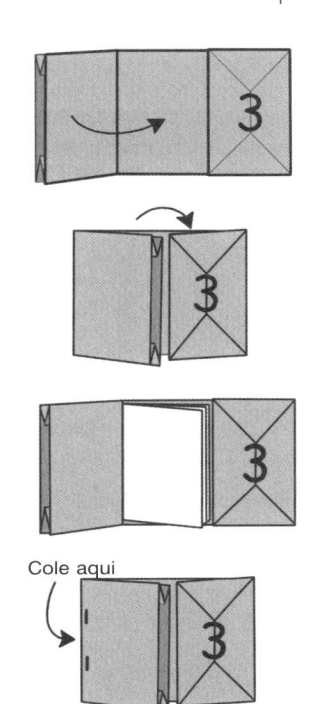

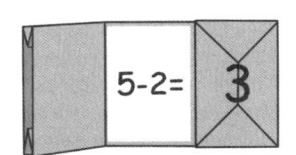

Objetivos em matemática para satisfazer os parâmetros

As crianças aprenderão a:

1. somar e subtrair números inteiros de 1 a 10 usando objetos concretos.
2. escrever numerais de 1 a 10.
3. entender que o mesmo número representa a mesma quantidade, independente do objeto.
4. relembrar fatos básicos de adição e subtração.
5. fazer somas até 10.

Como fazer
◆ Dobre várias folhas de papel A4 em três partes iguais.

Adição em abas

Materiais
Folhas de papel A4 (21,25 x 27,5 cm)
Pincel atômico preto
Caneta de retroprojetor
Cesta

- Na primeira e segunda partes de cada folha, desenhe pontos de dados com os números que você quer que as crianças somem. Por exemplo, faça cinco pontos no terço esquerdo da folha e dois no terço do meio. Deixe o terço da direita em branco.
- Plastifique e dobre todas as tiras novamente.
- Desafie as crianças a contarem as combinações de pontos e a escreverem suas respostas em pontos e numerais na direita das folhas usando uma caneta de retroprojetor (ver ilustração).
- Encoraje as crianças a verificarem os trabalhos umas das outras. Você também deve deixar que elas mesmas verifiquem as respostas, escrevendo-as em pontos e números na parte de trás da tira, de forma que as crianças possam virar a folha para verificar elas mesmas.
- Coloque as tiras e a caneta de retroprojetor na cesta e deixe-a no Centro de Matemática.

Aumente um nível

- Mostre às crianças como escrever uma sentença numérica usando símbolos da matemática (por exemplo, $5 + 2 = 7$). Nesse caso, dobre inicialmente a folha em 4 partes iguais
- Mostre às crianças como fazer suas próprias abas e como desafiar seus amigos com sentenças numéricas.

Cartões de Construção de Blocos

Materiais
Blocos lógicos ou de construção
Fichas de arquivo
Pincéis atômicos
Cesta grande

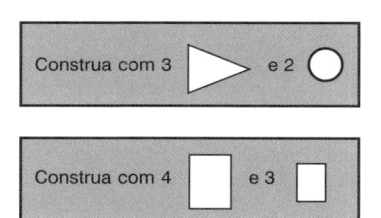

Objetivos em matemática para satisfazer os parâmetros

As crianças aprenderão a:

1. contar objetos em voz alta.
2. associar a quantidade de objetos a um número que seja a soma dos objetos.
3. reconhecer números.

Como fazer

- Faça vários cartões de construção diferentes com um ou vários esboços de formatos de blocos e a quantidade de cada escrita ao lado do grupo de esboços (por exemplo, três triângulos e três colunas).
- Desafie as crianças a fazerem construções com três triângulos e dois retângulos ou quaisquer combinações que apareçam em seus cartões. Nota: os desenhos nos cartões devem ter exatamente a mesma forma dos blocos que as crianças vão usar para construir, pois muitas precisam ver os desenhos para

saber a quais blocos associar (ver ilustrações no Apêndice, páginas 195 e 196).
- ◆ Deixe os cartões de construção de cabeça para baixo na cesta.
- ◆ Encoraje as crianças a escolherem um cartão, contar em voz alta os números que aparecem nele, pegarem as quantidades correspondentes dos tipos de blocos indicados no cartão e construirem uma estrutura com eles.

Objetivos em matemática para satisfazer os parâmetros

As crianças aprenderão a:

1. somar e subtrair números inteiros de 1 a 10 usando objetos concretos.
2. recordar fatos de adição e subtração básicas.
3. fazer somas até 10.

Como fazer

- ◆ Cole três envelopes de biblioteca um ao lado do outro, separados por mais ou menos 3,12 cm, em um dos lados de uma sacola para presentes grande.
- ◆ Corte várias fichas em quatro partes, de forma que haja quatro retângulos de 5 x 7,5 cm feitos a partir das fichas, e escreva os numerais de 1 a 10 em dois ou três grupos de retângulos recortados.
- ◆ Corte três retângulos de 2,5 x 5 cm de um cartão e escreva um sinal de adição (+) em um, um sinal de subtração (-) em outro, e um sinal de igualdade (=) em um terceiro.
- ◆ Cole os pedaços de velcro com lado de ganchos nas costas de todos os cartões com sinais e números, e os pedaços com lado de voltas em cada um dos envelopes, assim como nas duas áreas entre os envelopes.
- ◆ Ponha todos os cartões e vários palitos de picolé na sacola para que esta se torne, junto com seus conteúdos, o "centro de adição e subtração".
- ◆ Convide uma criança a escolher um número para pôr em cada um dos primeiros envelopes e um sinal de adição ou subtração entre eles, então ponha um sinal de igual após o segundo envelope (de forma que haja a equação, por exemplo, *3 + 2 =*).

Matemática de envelopes

Materiais

Três envelopes (coloridos)

Palitos de picolé coloridos

Sacola de presentes, tamanho grande

Velcro, lados de ganchos e de voltas (com fita adesiva presa às costas)

Tesoura

Fichas de arquivo coloridas de 10 x 15 cm

Cola

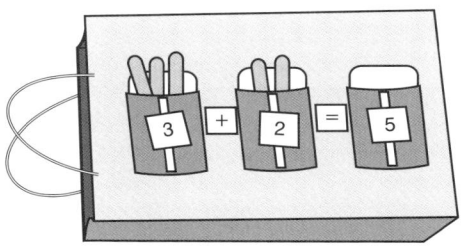

- Após criar a sentença numérica, faça com que a criança coloque o mesmo número de palitos de picolé em cada um dos envelopes (três palitos no envelope com o número 3 e dois no envelope com o número 2, por exemplo), então leve todos os palitos para o último envelope e conte-os para chegar ao total.
- Uma vez que a criança tiver o total, por exemplo, 5, peça que ela ache o cartão que tenha esse numeral e coloque no último envelope.

Bracelete de Sentenças Numéricas

Materiais

Botões, grandes e pequenos

Linha e elástico

Caneta para retroprojetor

Conte com isto

- Muitas crianças adoram passar botões por um fio em ordem de 1 a 5. Faça braceletes e deixe-as caminhar pela sala lendo suas sentenças numéricas para outras crianças. Elas vão adorar!
- Com frequência, o Centro de Artes é o favorito para alunos que têm dificuldade de aprender. As crianças gostam de lá porque é menos acadêmico e ameaçador que alguns dos outros centros. Você pode usar o Centro de Artes para "escapar" em algumas atividades de matemática.

Objetivos em matemática para satisfazer os parâmetros

As crianças aprenderão a:

1. somar e subtrair números inteiros até 10 usando objetos concretos.
2. recordar fatos básicos de adição e subtração, somar até 10.
3. combinar e separar grupos de objetos para criar um novo grupo.

Como fazer

- Faça essa atividade no Centro de Artes.
- Separe vários botões e linhas de vários comprimentos para as crianças.
- Escreva símbolos matemáticos de adição (+), subtração (-) e igualdade (=) em um grupo de botões grandes, um símbolo em cada botão.
- Corte pedaços de fio elástico de 15 a 20 cm para acomodar a quantidade de crianças que fará esta atividade.
- Ponha os botões e o fio em uma cesta.
- Para fazer esta atividade, a criança põe uma certa quantidade de botões no fio, digamos, quatro, seguida por um sinal de adição (+), então, outra quantidade de botões, digamos, dois, seguida por um sinal de igualdade (=), e ainda seis botões à direita, de forma que a sentença numérica seja autocorretiva (ver ilustração).
- Para as crianças que puderem, escreva os números de 1 a 10 em vários botões, de forma que a criança possa puxar o fio e escorregar os botões

com números nele para criar uma sentença numérica (como *4 + 2 = 6*) e, em seguida, amarrar o bracelete e pôr no pulso.

Aumente um nível

Se as crianças estiverem prontas em termos desenvolvimentais, faça com que formem sentenças numéricas adicionais, tais como *3 + 1 = 4 + 1 = 5 – 4 = 1 + 2 = 3*. Coloque-as em seus pulsos e deixe as outras crianças lerem as sentenças.

Adição com Cartas de Baralho

Objetivos em matemática para satisfazer os parâmetros

As crianças aprenderão a:

1. somar e subtrair números inteiros até 10 usando objetos concretos.
2. recordar fatos de adição e subtração básicas.

Como fazer

◆ As crianças fazem esta atividade em pares no Centro de Matemática usando cartas de baralho para formar e resolver sentenças numéricas, tais como *5* (de ouros) *+ 2* (de copas) *= 7* (de paus).
◆ Faça o contorno de três cartas no papel-cartão, como mostrado na ilustração a seguir.

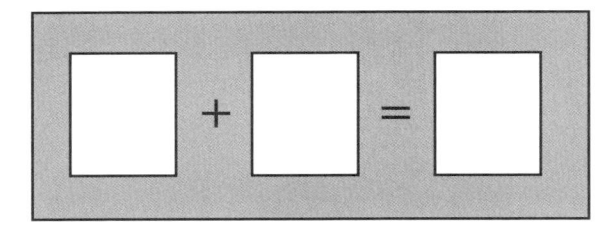

Materiais

Estande de matemática (ver página 190)

Baralho de cartas sem os ases, reis, rainhas, valetes e coringas

Ficha de arquivo de 7,5 x 12,5 cm da qual serão recortados sinais de adição (+) e subtração (-)

Folha de papel-cartão de 21,25 x 27,5 cm

◆ Escreva um sinal de igual (=) entre o segundo e o terceiro contornos.
◆ Plastifique o papel-cartão no formato retangular.
◆ Corte a ficha ao meio e escreva um sinal de adição (+) em cada metade. Plastifique os dois pedaços.
◆ Separe os cartões em duas pilhas, a das "perguntas", com os números de 2 a 5, e a das "respostas" com números de 4 a 10. Dessa forma, as crianças não vão ter respostas que passem de 10.
◆ Uma criança da dupla organiza o pedaço de papel-cartão com os esboços, retira duas cartas da pilha de "perguntas" e posiciona-as nos dois primeiros

contornos, então dispõe o sinal de adição ou de subtração entre elas.
- ◆ Desafie a segunda criança a resolver a sentença contando os símbolos (copas, espadas, ouros, paus) em cada carta, somando ou subtraindo-os para chegar ao resultado, e então contando os símbolos das cartas da pilha das "respostas" até encontrar uma carta com os símbolos adequados. A criança então coloca a carta no terceiro espaço no papel-cartão.
- ◆ Encoraje as crianças a se alternarem formando e solucionando as sentenças numéricas na mesa.

Aumente um nível

Quando as crianças estiverem prontas, desafie-as a resolver sentenças de subtração.

Matemática com Placas de Carro

Materiais

Fotos de placas de carro

Lápis de cor apontados

Papel para cópias (por exemplo, papel vegetal)

Conte com isto

Como tudo que as crianças pequenas fazem, a capacidade de adivinhação melhora com a idade, inclusive a capacidade de estimar.

Objetivos em matemática para satisfazer os parâmetros

As crianças aprenderão a:

1. somar números inteiros de 1 a 10 usando objetos concretos.
2. recordar fatos de adição básicos, com resultados até 10.

Como fazer

- ◆ Faça esta atividade no Centro de Artes – é uma entrada "pela porta dos fundos" na disciplina de matemática e com frequência atrai a atenção de crianças que geralmente evitam a matemática.
- ◆ Antes de irem para a atividade, sugira a elas que contem a quantidade de objetos correspondente aos números na placa. Por exemplo: se a placa tiver a identificação CDR1243, as crianças devem contar um, depois dois, quatro e três de um grupo de objetos, como lápis de cor.
- ◆ Em seguida, elas juntam todos os objetos para ver quanto dá o total da placa.
- ◆ Proponha que investiguem outras placas de carro no estacionamento da escola, e que descubram o total de pontos que elas "escondem".

Matemática em Minutos | 57

SÃO PAULO - SP
MWK-3212

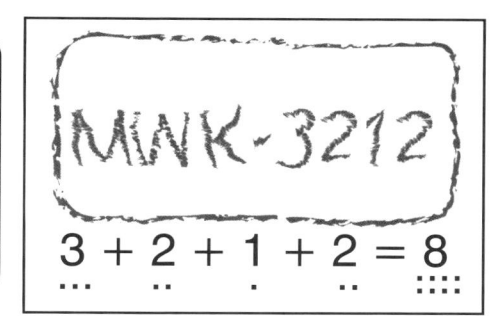

MWK-3212
$3 + 2 + 1 + 2 = 8$

Objetivos em matemática para satisfazer os parâmetros

As crianças aprenderão a:

1. somar e subtrair números inteiros (1 a 5, 5 a 1).
2. recordar fatos básicos de adição e subtração (1 a 5, 5 a 1).

Como fazer

◆ Durante o Trabalho em Grupo ou em um grupo pequeno, ensine o poema a seguir.
◆ Após elas terem aprendido a canção, encoraje-as a criar sentenças numéricas para os diferentes versos.

Cinco abóboras redondinhas (adaptação da canção "Five Round Pumpkins", feita a partir da melodia de "Five Little Honey Buns", do CD *Jingle in My Pocket*, de Sharon MacDonald)

Cinco abóboras redondinhas, todas numa tenda,
Uma é pro Dia das Bruxas, sobram quatro à venda.

Quatro abóboras redondinhas, todas cor-de-laranja,
Uma virou uma torta, ficaram três na granja

Três abóboras redondinhas, sem nada pra fazer,
Uma foi pra panela, só tem duas, pode ver!

Duas abóboras redondinhas, paradas sob o sol,
Uma foi virar panquecas, uma é que sobrou.

Uma abóbora redondinha, essa não foi embora,
Ficou pra dar sementes, não tem nenhuma agora.

Uma abóbora redondinha, essa não foi embora,
Ficou pra dar sementes, não tem nenhuma agora.

"Cinco Abóboras Redondinhas"

Materiais

Crianças que queiram cantar ou recitar!

Atividades para se ensinar estimativa

Modelo de Estação de Estimativa

Materiais

Dois potes ou embalagens de plástico pequenos para se guardar pedrinhas

Dez pedrinhas

Pincel atômico

Quadro de papel espesso plastificado com a frase "Se __, então __?" escrita

Tachas ou fita adesiva para prender o quadro

Bandeja

Cesta pequena

Pedaços de papel cortado que caibam no fundo da cesta

Lápis

Caixa de estimativa de respostas (caixa de sapatos com uma fenda em sua parte de cima)

Reta numerada de 1 a 20

Objetivos em matemática para satisfazer os parâmetros

As crianças aprenderão a:

1. Usar a estimativa para predizer resultados que determinem a razoabilidade das respostas.
2. Usar a estimativa para predizer resultados em situações da vida real.
3. Usar números para fazer predições e estimativas realistas.

Como fazer

◆ Crie uma Estação de Estimativa em que as crianças possam fazer esta atividade (ver ilustração a seguir).

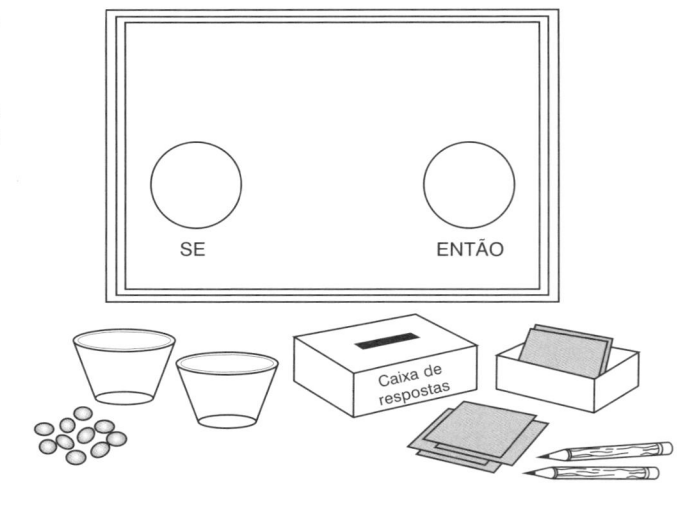

1. Disponha uma folha de papelão no fundo de uma bandeja.
2. Ponha a cesta de papéis, a caixa de estimativa de respostas e vários lápis na bandeja.
3. No canto inferior esquerdo do papel na bandeja, escreva "Se" e, no canto inferior direito, escreva "Então".
4. Sobre cada palavra, coloque um pote e faça um contorno com o pincel atômico.

- Disponha um pote com pedrinhas no círculo esquerdo, sobre a palavra "SE". Cole-o ao quadro com fita adesiva para que as crianças não possam tirá-lo.
- Escreva "Se este pote tem três pedrinhas" em um pedaço de papel e fixe-o no pote com três pedrinhas.
- Disponha um pote com sete pedrinhas sobre a palavra "ENTÃO" e escreva "Então, quantas pedrinhas tem neste pote?" em outro pedaço de papel e fixe-o ao pote com sete pedrinhas.
- Convide as crianças a examinarem os dois potes, deixando-as pegar o que tem sete pedrinhas.
- Após olhar os potes, dê a cada criança uma folha de papel para que todas possam escrever uma estimativa de quantas pedrinhas tem o segundo pote; em seguida, coloque suas respostas estimadas na caixa de respostas.
- No final da semana, ponha a reta numerada na bandeja e faça com que as crianças retirem as pedrinhas dos potes e, começando do 1, ponha-as próximo a cada número na reta numerada.
- Quando descobrirem quantas pedrinhas havia no pote, retire as estimativas da caixa de respostas e convide as crianças a verificarem se estavam certas.

Objetivos em matemática para satisfazer os parâmetros

As crianças aprenderão a:

1. usar estimativas em situações da vida real.
2. identificar situações que envolvem números inteiros em que a estimativa é útil.
3. usar a estimativa para analisar respostas dadas em situações diversas.

Como fazer

- Na Estação de Estimativa, organize diferentes problemas usando caixas, cestas, potes, tubos, copos, envelopes ou dedais.
- Proponha perguntas às crianças, como as listadas abaixo:
  - Se este pote tem cinco, então quantos tem esse aqui?
  - Quantas bolinhas de gude tem este pote?
  - Quanto pesa esta pedra?

Ideias para a Estação de Estimativa

Materiais

Materiais para se estimar, como sementes, clipes, botões, lápis de cor, biscoitos para cães, cubos de gelo, pingos, bolinhas de gude, pedras, pessoas, penas, folhas, maçãs, bolas de algodão, ossinhos, flores

Caixa, cesta, pote, tubo, copo, envelope ou dedal para guardar os materiais

Balança para serem pesados os materiais

Conte com isto

Faça às crianças perguntas que exijam mais do que respostas de "sim" ou "não". Por exemplo, "O que poderia acontecer se __?", "Como você pode descobrir isto?". Quando as crianças ajudam a achar a solução, elas ficam animadas.

- Quantas contas serão necessárias para encher uma caixa, cesta, pote, tubo, copo, envelope ou dedal?
- Quantos lápis de cor serão necessários para medir o comprimento de uma mesa, prédio, porta ou uma criança
- Quantos lápis de cor a turma inteira vai usar este ano?

◆ Modifique as atividades de estimativa semanalmente. Use novos materiais ou objetos com novas perguntas. Pense em estimar o seguinte:

- o número de maneiras de se chegar a uma certa quantidade,
- o tempo que leva para se cumprir uma certa atividade,
- a temperatura de objetos em momentos diferentes,
- o comprimento dos objetos,
- qual a quantidade de um certo objeto que cabe em uma colher,
- a idade de itens em anos e dias,
- a quantidade de passos necessários para se chegar a um certo lugar ou completar uma atividade,
- a pressão necessária para se mover um objeto
- massas, alturas e valores de certos objetos.

Estação de Estimativa

Materiais

Estação de Estimativa projetada (atualize-a todos os anos – ver a sugestão da página 56 –, "um modelo de Estação de Estimativa")
Objetos e materiais, tais como moedas, pedras, folhas, clipes, pedaços de giz, lápis de cor, bichinhos de plástico, pinos, pompons ou cubos

Dois potes inquebráveis de mesmo tamanho

Objetivos em matemática para satisfazer os parâmetros

As crianças aprenderão a:

1. usar estimativas em situações da vida real.
2. identificar situações que envolvem números inteiros em que a estimativa é útil.
3. usar estimativas para determinar a razoabilidade de respostas a cálculos e problemas.

Como fazer

◆ Decida quais materiais e objetos as crianças vão usar para fazer suas estimativas. Comece com objetos simples e familiares e avance para mais complexos.

◆ Use o quadro do "Se __, então __" (ver "modelo de Estação de Estimativa" na página 56). Usar esse quadro ajuda as crianças a fazerem melhores estimativas e dá os fundamentos para o processo científico de

investigação (método científico) que as crianças vão descobrir mais tarde no processo de aprendizagem.
- ◆ O quadro do "*Se __, então __*" muda dependendo do que as crianças usam para suas estimativas. Por exemplo, o quadro ficará diferente quando se estima a quantidade de pompons em um pote ou se usam caixas para estimar a massa. O primeiro pote (ou caixa) é o pote "de controle". O segundo é o de "estimativa". O número absoluto em cada um não importa. O tamanho relativo é o que importa, dependendo do material e do objeto usados. O propósito da atividade é que as crianças façam melhores estimativas usando pistas visuais.
- ◆ A cada semana, ponha uma atividade de estimativa na Estação de Estimativa. Use uma caixa de estimativa onde as crianças ponham suas estimativas escritas durante a semana. Na sexta-feira, durante o Trabalho em Grupo, revise as estimativas das crianças com elas para ver o desenvolvimento de suas habilidades. O propósito da atividade é que as crianças olhem os objetos nos potes (busquem pistas visuais no ambiente), façam hipóteses e as registrem.

Além disso

Ao longo do tempo, mude as atividades de estimativa para que as hipóteses das crianças evoluam de *quantas* a perguntas mais específicas, como *quanto tempo, quão quente, quanto, com que frequência, a que distância, quanto, qual altura* e assim por diante.

Estimativas ao Longo do Dia

Objetivos em matemática para satisfazer os parâmetros

As crianças aprenderão a:

1. usar estimativas em situações da vida real.
2. identificar situações que envolvem números inteiros em que a estimativa é útil.
3. usar a estimativa para determinar a razoabilidade de respostas.

Como fazer

- ◆ Esta é uma atividade de transição especialmente boa.
- ◆ A simplicidade desta atividade mascara sua efetividade. Com frequência, a aprendizagem mais importante ocorre de modo informal, não durante o processo de ensino.
- ◆ Ao longo do dia, à medida que as crianças vão usando objetos diferentes, tais como pincéis atômicos, cordas para pular e blocos, faça perguntas como:
  - Quantos(as) você acha que tem?
  - Quanto tempo você acha que vai demorar?
  - Quanto você acha que isso pesa?
  - Quantos passos é preciso dar até a lanchonete?

Materiais

Apenas crianças!

Pega-Tampinha

Materiais
2 sacolas de supermercado
Tampinhas de garrafa.

Conte com isto
A importância de se aprender a estimativa como ferramenta é enfatizar a necessidade de se aproximar da resposta, e não chegar à resposta certa.

Objetivos em matemática para satisfazer os parâmetros
As crianças aprenderão a:

1. identificar situações que envolvem números inteiros nas quais a estimativa é útil.
2. nomear a quantidade de objetos que existem em um grupo de três a cinco sem contar.

Como fazer
- Faça esta atividade em qualquer momento que tiver alguns minutos sobrando.
- Tenha uma sacola plástica de tampinhas à mão e, sempre que houver tempo, peça a uma criança que pegue cinco tampinhas da sacola.
- Quando a criança pensar que tem cinco, peça a ela que cheque sua precisão, contando as tampinhas.
- No início, as crianças vão pegar grandes punhados, mas à medida que se tornarem melhores estimadoras, vão começar a pegar quantidades menores e mais precisas.

Caixa ou Pote de Estimativa

Materiais
Caixa ou pote de plástico que as crianças possam levar para casa e trazer de volta depois.

Papel e caneta ou pincel atômico.

Objetivos em matemática para satisfazer os parâmetros
As crianças aprenderão a:

1. usar a estimativa para predizer a razoabilidade de operações realizadas.
2. usar estimativas em situações da vida real.
3. usar números para fazer predições e estimativas realistas.
4. contar em voz alta de 1 a 10.

Como fazer
- A cada sexta-feira, dê a uma criança uma caixa ou pote vazios para ela levar para casa, pedindo que ponha algo nela que a turma possa usar para fazer estimativas durante a semana seguinte.
- Estabeleça alguns critérios para o tipo de itens que as crianças devem levar à escola no recipiente. Por exemplo, a comida pode estragar e objetos afiados podem cortar ou furar, de forma que é melhor não incluir nada disso. Exemplos de itens aceitáveis incluem pedrinhas, moedas, folhas, gravetos, clipes de papel, bichinhos de plástico ou lápis. Com

as crianças faça uma lista de objetos que podem ser incluídos e pendure-a perto da Estação de Estimativa.
- ◆ Fale em quantidades apropriadas para as crianças levarem para a aula. Por exemplo, por que trazer 100 itens quando a maioria das crianças pode contar até 10 ou 20 no máximo?
- ◆ Explique a todos que eles devem trazer itens apenas em quantidades que as outras crianças possam contar (de 10 a 20 é uma quantidade razoável).
- ◆ Quando uma criança trouxer o recipiente para a escola, leve-o ao "modelo de Estação de Estimativa" (ver página 56). Ponha alguns objetos no pote do "SE" e duas ou três vezes mais no pote do "ENTÃO"; desafie as crianças a estimarem quantos têm no pote do "ENTÃO".

Além disso

Use palavras ligadas a estimativas, tais como *como, quase, perto, aproximadamente, entre, por volta de, mais que* e *menos que*, quando falar com as crianças.

CAPÍTULO 4

Medida: seriação, tempo e dinheiro

O que é...?

Medir é fazer uma comparação entre duas grandezas de mesmo tipo. Para realizar a medição precisamos saber o quê medir, como medir e como expressar o resultado dessa medição. De modo simples, a medição responde perguntas como "É maior, menor ou igual?". Medidas são tipicamente feitas em unidades padronizadas como metro e centímetro, mas também é possível tomar medidas em unidades não-padronizadas, como o tamanho de um sapato ou do pé.

O que é...?

Seriação É um arranjo de objetos em uma série a partir de alguns critérios prescritos, tais como tamanho, forma, cor, peso, comprimento ou textura. Ela abarca todos os aspectos da medição. Seriar segundo o tamanho, por exemplo, é colocar objetos em ordem do menor ao maior ou do maior ao menor. Seriar segundo a distância, uma medida mais abstrata, é perguntar "Qual casa está mais longe?", "Qual é a segunda mais longe?", "Qual está mais próxima?". Para seriar segundo a capacidade ou volume, por exemplo, comparar a quantidade de um líquido em diversos jarros, deve-se perguntar "Qual jarro está mais cheio?", "E qual é o segundo mais cheio?", "E o terceiro?".

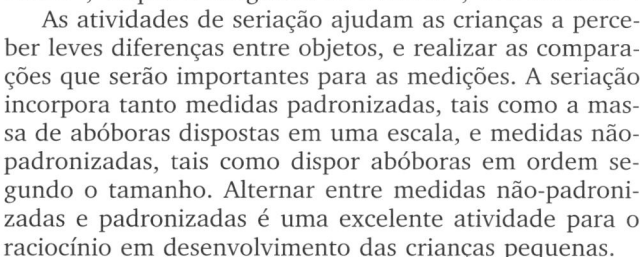

As atividades de seriação ajudam as crianças a perceber leves diferenças entre objetos, e realizar as comparações que serão importantes para as medições. A seriação incorpora tanto medidas padronizadas, tais como a massa de abóboras dispostas em uma escala, e medidas não-padronizadas, tais como dispor abóboras em ordem segundo o tamanho. Alternar entre medidas não-padronizadas e padronizadas é uma excelente atividade para o raciocínio em desenvolvimento das crianças pequenas.

O que é...?

Tempo é o modo como organizamos nossas vidas. Contamos o tempo em unidades padronizadas que medem de um momento a outro. A maioria de nós busca meios interessantes para estruturar o tempo. As crianças pequenas tentam estruturar seu tempo com novas experiências.

Coisas para se seriar

Abaixo há uma lista parcial de coisas para se seriar. Use uma ferramenta de medida padrão, como uma fita métrica, para seriar esses materiais e registrar os dados. Existem muitos outros, então não fique só na abóbora!

Comprimento
Gravetos
Lápis de cor
Folhas
Linhas desenhadas em comprimentos diferentes
Sapatos
Penas

Tamanho
Bolas
Tampas de caixas de *pizza*
Pompons
Carrinhos e caminhões de brinquedo
Caixas

Massa
Pedras
Bonecas em forma de bebê
Crianças
Maçãs, laranjas, bananas, uvas, melões e pêssegos
Saquinhos de sementes

Circunferência
Gravetos
Lápis, lápis de cor e pincéis atômicos
Blocos cilíndricos
Latas
Potes

Altura
Crianças
Mesas, estantes para livros e cadeiras
Degraus de uma escada
Plantas

Algumas palavras sobre relógios

Algumas atividades neste capítulo requerem o uso de relógios, então, é importante saber um pouco sobre eles. Cronômetros de cozinha comuns ("tic-tac, tic-tac") e os que têm forma de maçã, laranja, ovo ou vacas não são bons para se usar em uma sala de aula com crianças. São para adultos.

Você precisa de um relógio mais interessante, que chame a atenção das crianças e instigue a curiosidade delas. Você está próximo do tipo de relógio certo se tem um que se parece com uma ampulheta (quanto maior, melhor). Existem cronômetros de um, três e cinco minutos.

Eu gosto bastante dos de dois minutos para marcar o tempo das atividades na Lista do um minuto, na página 76. Os meus favoritos, no entanto, têm cores brilhantes com *designs* compartimentados. São os cronômetros de acrílico, movidos por uma roda de água e líquidos. São vendidos em embalagens de plástico com objetos interessantes dentro, como contas, rodas e brilhos. As crianças pequenas acham que eles são a maior invenção desde as asas.

O vocabulário do tempo

O tempo tem um vocabulário próprio. Todos temos experiências pessoais com ele. Pode estar ligado a uma sequência ("O que vem depois?") ou duração ("Quanto tempo vai levar?").

Além disso, existem vários tipos de tempo. A maioria de nós não pensa no tempo de maneiras diferentes até que alguém nos mostre as diferenças: vivemos no momento sem prestar muita atenção em que tipo de momento. Existe a sua experiência pessoal do tempo, indicada por uma frase que começa, digamos, por "Ontem, eu..." Existem as coisas que você faz para preencher o tempo: "Eu me levantei, me vesti, tomei café e fui trabalhar." Existe o tempo do calendário e do relógio nas nossas vidas do dia-a-dia, tempo cultural.

O relógio e o calendário comandam a sociedade moderna. No entanto, as crianças pequenas têm dificuldades para entender o tempo cultural até conseguirem adiar muitas de suas necessidades imediatas.

A linguagem é uma grande parte da mensuração do tempo. Crianças pequenas frequentemente ouvem a linguagem ligada ao tempo quando ingressam na pré-escola. Elas podem ouvir "Qual é a sua idade?", "... em cinco minutos", "o seu dia foi bom?", "Vamos fazer isso amanhã", "Por favor, faça isso agora!". A maioria das crianças, no entanto, ainda não entende o que as palavras significam, ou que o tempo é uma medida padronizada, calculada da mesma forma em um lugar e no outro.

As crianças são rodeadas pelas suas experiências com o tempo. Se você perguntar a uma criança, por exemplo, quanto dura um minuto, vai ter respostas diferentes dependendo da situação. Existem minutos longos e curtos. Se falta um minuto para as crianças almoçarem, por exemplo, esse minuto vai ser bem longo. Se o recreio vai acabar em um minuto, por outro lado, o minuto será curto. (Geralmente, ocorre o mesmo com os adultos – fazer algo agradável parece terminar rápido e aguardar um evento muito esperado parece levar um bom tempo.)

Para ajudar as crianças a desenvolverem a noção de passagem do tempo, peça a elas que pulem por um minuto e contem os pulos. Prepare um cronômetro. Depois de mais ou menos quinze segundos, uma das crianças provavelmente vai parar para perguntar se o cronômetro está quebrado, pois a experiência do tempo quando se está pulando no mesmo lugar, contando cada pulo, faz um minuto parecer muito longo.

Em relação aos relógios

◆ Relógios coloridos, aparentemente complicados, recebem bastante atenção. Os de outros tipos, não.
◆ Uma grande variedade de relógios está disponível em diversos catálogos e *sites* da internet, incluindo www.RainbowSimphonyStore.com e www.OfficePlayground.com.

Já não era sem tempo!

Palavras relacionadas ao tempo aparecem com frequência. Aqui há algumas delas. Certifique-se de que as usa bastante: *logo, amanhã, ontem, há muito tempo, tarde, cedo, era uma vez, novo, velho, agora, quando, às vezes, então, antes, enquanto, nunca, o próximo, rápido, lento, primeiro, segundo, manhã, meio-dia, noite, noitinha, dia, tarde.*

O que é...?

Dinheiro é a maneira como pagamos pelas coisas que queremos. É uma medida de valor. Começamos aprendendo a contar dinheiro, depois tentamos descobrir o que comprar com ele. É um assunto bem complicado, mesmo para adultos. É compreensível que as crianças pequenas tenham dificuldades em entender o dinheiro.

Estágios de desenvolvimento de medida

Este capítulo focaliza a medida de comprimento, de temperatura, de massa, de capacidade ou de volume, de tempo e de dinheiro. As crianças pequenas se desenvolvem de forma previsível ao longo de estágios físicos e mentais em tudo o que fazem, mesmo no modo como medem. O entendimento que as crianças têm da mensuração consiste em quatro níveis sobrepostos:

Nível 1: as crianças imitam o comportamento adulto. Elas observam os adultos medindo as coisas e imitam. Usam ferramentas e movimentos semelhantes, mas não entendem que estão medindo de fato a quantidade de alguma coisa e atribuindo um número. A consciência que têm do espaço físico ao redor delas fica aparente na fala. Por exemplo, as crianças demonstram consciência de:

◆ temperatura, ao dizer "Tá muito quente",
◆ altura, ao dizer "É alto demais",

- massa, ao dizer "Tá muito pesado",
- ou capacidade, ao dizer "Derramou tudo".

Nível 2: as crianças começam a comparar. Uma criança pode saber, por exemplo, que o biscoito de Joe é maior que o dela. As unidades de medida são: *maior, menor, mais pesado, mais leve, mais longo, mais curto, mais quente e mais frio*.

Nível 3: as crianças começam a usar unidades de medida não-padronizadas. Medem usando blocos, pedras ou sapatos. Não precisam que outras pessoas obtenham as mesmas respostas que elas, pois não é importante que os resultados confiram. Só precisam saber o tamanho de um objeto. Então, "mede 10 sapatos" pode funcionar.

Nível 4: As crianças aprendem a valorar e começam a aplicar unidades de medida padronizadas. Tipicamente isso ocorre porque elas querem chegar aos mesmos resultados que seus amigos ou porque predisseram alguns resultados e querem que estejam corretos. Quando fazem biscoitos, por exemplo, as crianças veem que é importante medir a quantidade correta de cada ingrediente. Aplicar unidades de medida padronizadas é uma garantia de que os biscoitos vão ficar bons.

Atividades para se ensinar medidas

Objetivos em matemática para satisfazer os parâmetros

As crianças aprenderão a:

1. entender e usar a medida padrão.
2. usar vocabulário ligado à medição quando compararem comprimentos.

Como fazer

- Esteja pronto! Quando as crianças dominarem as habilidades necessárias a esta atividade, elas vão querer medir tudo na sala de aula.
- Consiga uma cesta com fitas métricas. Certifique-se de que tem uma para cada criança, pois elas vão querer usá-las ao mesmo tempo.
- Demonstre como se usa a fita métrica. Seja informal! O valor é fazer comparações, não chegar aos resultados precisos. Meça os braços das crianças, o diâmetro de suas cabeças, a distância entre as cadeiras e a altura das mesas. Quando estiver fora da sala, meça o comprimento da corda de pular, a altura das plantas e a distância entre o escorregador e o bebedouro, entre outras cosias. As crianças vão perguntar o que você está fazendo e vão querer fazer o mesmo.
- Quando as crianças perguntarem, fale sobre o que você está medindo e faça comparações. Por exemplo, "Olha só, o pulso do Jason mede 7,5 cm de diâmetro e o de Carrie mede 5 cm. Quem será que tem o pulso maior?" ou "Essa prateleira tem 15 cm de comprimento e essa aqui tem 30cm. Qual é a mais comprida?".
- Convide as crianças a pegarem uma fita métrica e a medirem objetos, comparando os resultados entre elas. Elas vão querer medir tudo, e você pode ficar quieto e observar. Aliás, esta atividade funciona melhor quando você sai de cena e deixa as coisas acontecerem.
- À medida que os dias passam e as crianças medem mais objetos na sala, comece a fazer organogramas e gráficos indicando o comprimento dos itens medidos.
- Fale com as crianças sobre outras ferramentas de medida, como o metro de carpinteiro e a régua.
- A atividade vai ajudar as crianças a aprenderem os valores e as diferenças entre as medidas.

Fita Métrica

Materiais

Fitas métricas (uma para cada criança)

Conte com isto

Demonstrar é a melhor ferramenta de ensino. Reduz a ansiedade, pois as crianças conseguem ver o que precisam fazer antes de fazer. Por exemplo, no centro de blocos da minha sala de aula, eu tinha uma cesta cheia de fitas métricas. Comecei a medir coisas diferentes na sala e comentar as medidas. As crianças começaram a medir diferentes itens. No final do ano, havíamos medido tudo na sala de aula e a maioria das coisas no *playground*. Havíamos feito gráficos e organogramas do que medimos e falamos sobre outras ferramentas de medida, como o metro de carpinteiro e a régua. As crianças contavam até 36, sabiam medir com polegadas, pés e jardas. Demonstrações funcionam. E o método é reforçado se você deixar que o aprendizado aconteça.

Além disso

Use lápis de cor para mensurações não-padronizadas (por exemplo, "Quantos lápis de cor mede o seu sapato?"). Use outros objetos também, como blocos, mãos, pés, clipes, cubos e outros produtos disponíveis no mercado.

Temperatura do dia

Materiais

Lápis de cor vermelho, laranja, amarelo, verde, azul e púrpura
Fita branca (112,5 a 115 cm)
Fita adesiva clara
Pincel atômico vermelho permanente
Termômetro atmosférico (ver ilustração)
Papel-cartaz
Sacos plásticos com fecho, utilizados para guardar alimentos
Termômetro menor

Objetivos em matemática para satisfazer os parâmetros

As crianças aprenderão a:

1. usar e compreender as vantagens das medidas padronizadas.
2. entender o vocabulário de medição: *mais quente* e *mais frio*.
3. comparar temperaturas.
4. identificar instrumentos de medição da temperatura.
5. contar de um em um.

Como fazer

◆ Coloque um termômetro fora da sala de aula em um lugar que seja visível da janela ou da porta.
◆ Coloque o termômetro grande, no cartaz, mostrado na ilustração, diante das crianças quando elas estiverem reunidas no Trabalho em Grupo. Para fazer o termômetro no cartaz, siga as instruções abaixo:

1. Desenhe e recorte um grande termômetro (70 x 30 cm) de uma folha de papel-cartaz, desenhando as marcas graduadas que indicam os diferentes graus no lado direito da forma.
2. Faça uma fenda na parte de baixo do termômetro e outra no topo. Abaixe 5 cm do topo e da parte de baixo e faça uma fenda de 2,5 cm de um lado ao outro.
3. Corte aproximadamente 112,5 cm de fita branca. Use o pincel atômico vermelho para colorir metade da fita. Passe a fita pelas fendas do topo e da parte de baixo. Cole tudo com 2,5 cm dobrados. Certifique-se de que quando você puxa a fita para cima e para baixo, ela se move com facilidade.
4. Pinte intervalos de temperatura ao longo do lado esquerdo do termômetro: 40° a 45°, vermelho; 35° a 39°, laranja; 30° a 34°, amarelo; 20° a 29°, verde; 10° a 19°, azul; de 0° a 10°, púrpura. Esses intervalos de temperaturas são suges-

tões; ajuste as temperaturas de modo que se encaixem no clima de sua área geográfica.

◆ Ajude as crianças a fazerem suas próprias versões menores do termômetro. Para isso, siga as instruções abaixo:

1. Faça cópias (uma para cada criança) da ilustração do termômetro menor (ver Apêndice, página 189) e siga as regras de montagem abaixo.
2. Pinte a forma do termômetro com o esquema de cores descendentes apropriado, similar ao termômetro do cartaz acima.
3. Ponha o recorte da forma do termômetro dentro do saco e o feche, mantendo a forma do termômetro alinhada com o fecho.
4. Corte o excesso de plástico do saco e jogue fora, então, cole o resto, de forma que o termômetro fique firme nele.

◆ Como parte das atividades diárias do Trabalho em Grupo, escolha uma criança para ser o repórter do tempo do dia. Deixe que ela escolha um parceiro para ficar junto a ela, ir para fora da sala e confirmar suas medidas (geralmente, uma das crianças volta com a resposta certa). Encoraje as crianças a ler o termômetro, ajustar seus termômetros-saco de acordo com o termômetro maior movendo o fecho na direção contrária à da temperatura, e então mostre os achados delas para o resto das crianças.
◆ Convide um aluno a mover a fita do termômetro do cartaz para ficar de acordo com a temperatura registrada.
◆ Depois que o "repórter do tempo" tiver ajustado o termômetro-cartaz, convide as demais crianças a ajustar os seus próprios termômetros de acordo com este.

Conte com isto

Recursos visuais chamam a atenção e criam interesse, além de acrescentar prazer ao aprendizado das crianças.

Objetivos em matemática para satisfazer os parâmetros

As crianças aprenderão a:

1. usar e compreender as vantagens das medidas padronizadas.
2. entender o vocabulário de medição: *mais quente* e *mais frio*.
3. comparar temperaturas.
4. identificar instrumentos de medição da temperatura.
5. contar de um em um.

Registrar o Tempo

Materiais

Reta numerada com o registro dos dias do ano escolar (uma reta numerada que comece no primeiro dia de aulas e termine no último)

Quadrados de papel de construção de 8,75 cm nas cores vermelho, laranja, amarelo, verde, azul e púrpura

Além disso

Ensine às crianças a língua dos sinais para a "temperatura" (ver ilustração). É importante que elas aprendam que as pessoas têm diversas maneiras de se comunicar. Um exemplo é a língua dos sinais para falar com pessoas que não escutam bem.

Língua dos Sinais para "Temperatura"

Como fazer

- Registre a temperatura diária na reta numerada do ano letivo.
- Deixe a reta numerada a uma altura em que possa ser vista pelas crianças.
- A cada dia, quando o "repórter do tempo" mover a fita para a temperatura externa correta (Ver "Temperatura do dia" na página anterior). Ajude-o a anotar a temperatura em um pedaço de papel colorido que corresponda à cor que está ao lado da temperatura do dia no termômetro. Por exemplo, se a temperatura for de 23° fora da sala (na faixa verde do termômetro-cartaz), você ou o repórter do tempo anotam "23" em um quadrado de papel verde de 8,75 cm. Se a temperatura for de 5° (na faixa púrpura), você ou o repórter anotam "5" em um quadrado púrpura.
- Após anotar a temperatura, peça ao repórter do tempo para anexar sob o dia correto na linha numérica do ano letivo, usando fita plástica ou outro tipo de adesivo. Por exemplo, se for o 45º dia do ano letivo e estiver 5°, então o repórter deve anexar um quadrado de papel púrpura, com "5" escrito nele, sob o 45º dia do ano letivo.
- Colecione figuras ou desenhos que relacionem a temperatura ao comportamento das pessoas e convide as crianças a anexarem as imagens debaixo da temperatura de cada dia na linha numérica. Por exemplo, quando estiver 30° lá fora, peça às crianças que coloquem uma figura de uma pessoa se abanando em uma praia. Se a temperatura estiver abaixo de 0°, peça que coloquem a figura de uma pessoa esquiando.

Aumente um nível

Peça às crianças que tragam um calendário para a escola. A cada dia, depois de registrar a temperatura na linha numérica, convide-as a colorir o quadrado que corresponde ao dia em seus calendários. Elas irão manter um registro dos dias da semana e meses do ano, enquanto têm uma noção visual das mudanças do tempo à medida que o ano progride.

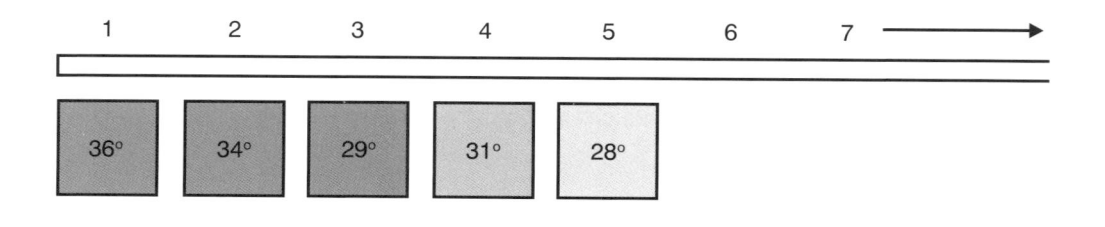

1   2   3   4   5   6   7 →

| 36° | 34° | 29° | 31° | 28° |

Objetivos em matemática para satisfazer os parâmetros

As crianças aprenderão a:

1. pesar materiais usando medidas padronizadas.
2. entender a vantagem de se usar as medidas padronizadas.
3. comparar massas.
4. contar de um em um.

Como fazer

- ◆ Faça esta atividade no Centro de Matemática ou Ciências.
- ◆ Usando a balança de cozinha, pese várias unidade de um tipo de objeto, um de cada vez, como pedras, lápis de cor, blocos, lápis ou botões.
- ◆ Encoraje as crianças a separá-los e organizá-los com base em características específicas de cada objeto. Se tiver botões, por exemplo, separe-os segundo a cor.
- ◆ Peça às crianças que pesem os botões vermelhos e, em seguida, os amarelos. Pergunte "Qual é mais pesado?"
- ◆ Se tiver botões de outras cores, peça às crianças pesá-los. Por exemplo, os 10 botões púrpura pesam mais que os 10 verdes?
- ◆ Proponha um novo desafio às crianças a cada dia ou no início de cada semana.
- ◆ Quando se cansarem dos botões, use pedras, separadas segundo características diferentes, para que elas pesem e comparem.
- ◆ Após as crianças terem se familiarizado com todos os materiais, escolha alguns objetos diferentes para que as crianças façam comparações. Encoraje-as a falar sobre suas comparações. Por exemplo, pergunte: "Três pedras pesam tanto quanto seis botões verdes?".

Aumente um nível

Faça cartões para as crianças documentarem seus achados, quando pesarem e compararem os diferentes materiais. Encoraje-as a usar frases de "Se ___, então ___" e faça perguntas como "O resultado é maior que ___? Menor que ___? Ou igual a (=) ___?" ou "Qual é a resposta?", dependendo das habilidades delas.

Balança de Cozinha

Materiais

Balança de cozinha
Pedras, lápis de cor, blocos, lápis e botões para serem pesados

Conte com isto

Pense na possibilidade de usar tampinhas de garrafas com pequenas diferenças de tamanho para desafiar as crianças.

Além disso

Compre balanças de cozinha usadas em lojas de sucata, feiras ou de conhecidos. Geralmente, funcionam surpreendentemente bem e, se estiverem um pouco desajustadas, lembre-se de que, nos primeiros anos, estamos interessadas especialmente em que as crianças façam comparações, usando medidas, e se familiarizem com ferramentas e números, não em que achem a resposta "correta".

Classificando o Peso das Crianças

Materiais

Fita métrica de 1,50 m

Balança de banheiro

Papel quadriculado com a frase "Quanto eu peso?" escrita na linha superior

Pincéis atômicos

Conte com isto

Algumas crianças talvez sejam um pouco sensíveis com relação ao peso. Deixe-as decidir se querem ou não se pesar. Talvez queiram inventar um resultado. Tudo bem. Talvez decidam não participar da atividade. Tudo bem também.

Objetivos em matemática para satisfazer os parâmetros

As crianças aprenderão a:

1. perceber que a balança de banheiro mede a massa em quilos.
2. entender as vantagens de se usar medidas padronizadas.
3. usar vocabulário ligado à medição, como *mais, menos* e *tanto quanto*.

Como fazer

◆ Escolha um ponto da sala de aula para pesar as crianças.
◆ Ponha o gráfico sobre a balança.
◆ Pese as crianças, uma de cada vez. Escreva o nome de cada criança no gráfico. Deixe que elas leiam o número na balança e digam a você quanto pesam (duplo teste para se ter precisão) e escreva o peso próximo ao nome de cada criança.
◆ Quando tiver pesado todas as crianças, retire o gráfico e pendure-o na parede da sala para que as crianças possam vê-lo durante o Trabalho em Grupo.
◆ Fale sobre os diferentes pesos das crianças na sala de aula.

Medindo a Altura das Crianças

Materiais

Fita de máquina registradora

Duas cores de papel, quaisquer que sejam

Fita adesiva transparente

Fita métrica

Objetivos em matemática para satisfazer os parâmetros

As crianças aprenderão a:

1. medir e comparar a altura usando medidas não-padronizadas.
2. usar vocabulário ligado à medição, como "mais alto", "mais baixo", "mais comprido" e assim por diante.

Como fazer

◆ Você deve fazer esta atividade pela primeira vez no começo do ano letivo.
◆ Meça uma criança de cada vez, pedindo que fiquem de pé sobre os calcanhares e com a cabeça encostada na parede.

- ◆ Desenrole a fita de máquina registradora, esticando-a dos pés à cabeça da criança.
- ◆ Meça o comprimento da fita de máquina registradora com a fita métrica.
- ◆ Anote a data, o nome e a altura da criança, em metros e centímetros na fita (use a fita métrica para converter a altura em metros e centímetros).
- ◆ Pendure a fita de máquina registradora na parede com fita adesiva.
- ◆ Quando tiver medido as alturas de todas as crianças, disponha-as em grupos de três ou quatro e faça com que escolham quem no grupo tem a fita mais longa (mais alta).
- ◆ Reúna as crianças em grande grupo e separe as fitas de acordo com a altura.
- ◆ No início do ano, repita a atividade. Em vez de usar outro longo pedaço de fita de máquina registradora, grude uma tira de papel colorido ao topo da fita antiga com fita adesiva transparente.
- ◆ Registre a data e a altura em uma tira de papel colorido. A mudança de cor mostra quantos centímetros a criança cresceu.
- ◆ Talvez você tenha que reordenar a fita do mais alto ao mais baixo devido a um rápido crescimento de uma criança.
- ◆ No final do ano, faça a atividade pela última vez, acrescentando uma tira de papel de cor diferente às anteriores.
- ◆ A fita registra o crescimento físico de cada criança ao longo de todo o ano escolar. As crianças sempre estão dispostas a fazer esta atividade e querem fazer comparações.

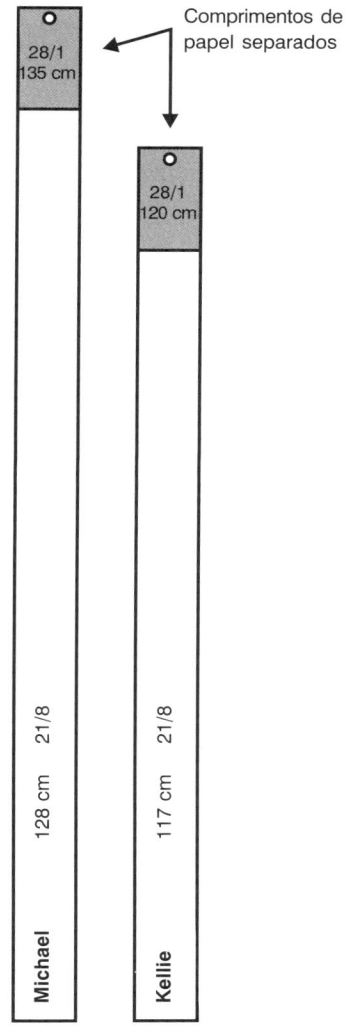

Medidas das crianças em fita de máquina registradora.

Objetivos em matemática para satisfazer os parâmetros

As crianças aprenderão a:

1. comparar comprimentos.
2. medir objetos do dia-a-dia usando medidas não-padronizadas.
3. usar vocabulário ligado à mensuração, como *mais, menos* e *tanto quanto*.

Medindo com Tampinhas

Materiais

Tampinhas em uma cesta grande

Itens para serem medidos

Papel-cartaz com a expressão "Medindo com tampinhas" escrita na linha superior

Pincéis atômicos

Além disso

Um ótimo livro pra se usar nesta atividade é *A girafa e o mede palmo* de Lúcia Pimentel Goes. No livro, a girafa Benedita tem um problema e seus amigos usam medidas diversas para ajudá-la na resolução.

Como fazer

◆ Cada vez que fizer esta atividade, escolha um objeto diferente para medir.
◆ Escreva o nome da atividade no papel-cartaz (escolha a partir da lista abaixo).

Lista da atividade de mensuração com pompons:
– distância até a porta
– largura do vão ocupado pela porta
– largura da mesa
– comprimento da estante
– comprimento da bandeja de giz
– largura da mesa do professor
– largura atravessando uma pia
– comprimento de uma criança deitada no chão
– comprimento de um objeto sobre a mesa ou chão
– circunferência de um tapete redondo

◆ Ponha o papel quadriculado em uma parede na altura das crianças e a cesta de pompons abaixo.
◆ Após as crianças terem tomado suas medidas com pompons, ajude-as a registrar seus achados no cartaz e escrever seus nomes ao lado dos resultados.
◆ É útil desenhar orientações em figuras para que as crianças que têm dificuldade em ler as palavras também possam participar da atividade.

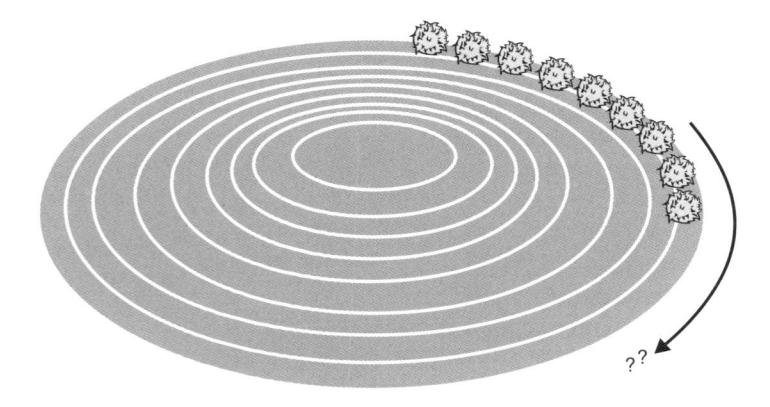

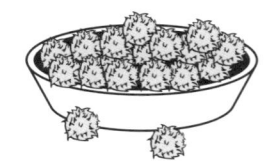

Atividades para se ensinar seriação

Objetivos em matemática para satisfazer os parâmetros

As crianças aprenderão a:

1. comparar e sequenciar objetos do mais claro ao mais escuro e vice-versa.

Como fazer

- ◆ Pratique esta atividade no Centro de Matemática.
- ◆ Cartões de catálogos de cores, que você pode encontrar em lojas de material de construção, trazem de três a oito variações de cores cada. Use apenas um cartão (uma única cor com suas variações).

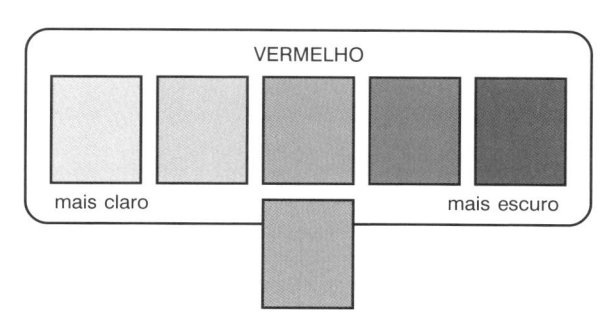

VERMELHO

mais claro   mais escuro

- ◆ Plastifique e recorte os cartões individuais. Use mais ou menos variações, dependendo da idade e nível de habilidade das crianças. Mesmo que as crianças na sua turma tenham a mesma idade, algumas podem conseguir seriar as cores e outras, não.
- ◆ Coloque as molduras para os cartões (ver ilustração) e os cartões em uma cesta no Centro de Matemática.
- ◆ Convide as crianças a dispor os cartões na prancha em ordem do mais escuro ao mais claro e vice-versa.

Conte com isto

Expanda a atividade, no mesmo nível de habilidade, seriando as características dos materiais abaixo:
- ◆ lixa (segundo a aspereza)
- ◆ tecido (segundo a textura)
- ◆ objetos com outras características físicas: maciez, dureza, variação de cor, peso, altura, temperatura e volume
- ◆ pedras, folhas, galhos, lápis, clipes e livros

Seriando Cartões de Catálogo de Cores

Materiais

Cartões de catálogo de cores

Prancha (ver ilustração)

Molduras para quatro cartões de catálogo de cores

Cartões de catálogo de cores

Além disso

Problematize! Quantas bolas cabem na cesta? Quantas meias cabem na bota? Quantos copos d'água são necessários para encher um balde?

Seriação de Pompons

Materiais

Pompons de diversos tamanhos (de 5 a 10, dependendo das habilidades das crianças)

Bandeja

Objetivos em matemática para satisfazer os parâmetros

As crianças aprenderão a:

1. comparar e sequenciar objetos.
2. usar vocabulário ligado à medição.

Como fazer

- Faça uma demonstração durante o Trabalho em Grupo e depois coloque em prática a atividade no Centro de Matemática.
- Disponha os pompons em uma bandeja.
- Convide as crianças a dispor os pompons em ordem segundo o tamanho, do maior ao menor e vice-versa.
- Para crianças mais novas, use uma folha de papel com círculos que correspondam ao tamanho de cada pompom, em ordem descendente de tamanho.

Atividades para se ensinar sobre o tempo

A Lista do "Um Minuto"

Materiais

Papelão ou papel-cartão (recorte na forma de um relógio, se preferir)

Pincel atômico

Objetivos em matemática para satisfazer os parâmetros

As crianças aprenderão a:

1. usar linguagem associada a tempo e situações cotidianas.
2. começar a categorizar atividades em intervalos de tempo.
3. sequenciar eventos segundo a duração.

Como fazer

- Esta atividade funciona melhor durante o Trabalho em Grupo.
- Desafie as crianças a pensarem em coisas que podem fazer em mais ou menos um minuto.
- À medida que as crianças forem dando ideias, peça a elas que desempenhem a atividade e cronometre-as com um relógio. Quais de fato levam mais ou menos um minuto? Quais levam mais tempo? E quais levam menos?

- Desenhe as atividades que levam um minuto no relógio feito de papel de construção e escreva "Lista do um minuto" no topo da página.
- Algumas das atividades de um minuto que as crianças sugerem incluem:
  - vestir minhas meias,
  - abotoar minha camisa (ou blusa),
  - fechar o zíper da minha jaqueta,
  - comer uma colherada de manteiga de amendoim,
  - comer um iogurte,
  - comer uma banana,
  - escrever meu nome com todas as letras,
  - apontar um lápis de cor,
  - esperar na fila para beber água (às vezes!).
- Mais ou menos um terço das atividades sugeridas levou um minuto. Colocamos um sinal de menos (-) ao lado das que levaram menos e um sinal de mais (+) ao lado das que levaram mais que um minuto.
- Pendure a "Lista do Um Minuto" no Centro de Matemática depois, para que as crianças acrescentem e corrijam.

Aumente um nível
- Disponha o cartaz no Centro de Matemática, desenhando com um pincel atômico, para que as crianças possam acrescentar mais ideias de atividades quando pensarem nelas.

Usando um Cronômetro para Medir o Tempo de Eventos

Objetivos em matemática para satisfazer os parâmetros

As crianças aprenderão a:

1. usar linguagem associada a tempo e situações cotidianas.
2. começar a categorizar intervalos de tempo.
3. sequenciar eventos segundo a duração.

Materiais
Cronômetros

Como fazer
- Arranje um cronômetro. Desafie as crianças a predizerem o seguinte e a pensarem em outras coisas para predizer:
  - quanto tempo leva para ir até a porta, atravessar o corredor, ir até a quadra de esportes, ir até o *playground* ou até a cantina;

- quanto tempo levaria para se vestir uma jaqueta e fechar o zíper, amarrar os sapatos, escovar os dentes, abotoar uma camisa, fazer tranças no cabelo ou vestir um guarda-pó;
- por quanto tempo uma criança pode brincar com um brinquedo, ficar em um centro, ter sua vez em uma atividade, pintar, juntar as massas de modelar, escrever uma lista, limpar a sala;
- ou quanto tempo leva até terminar o dia letivo, o ônibus chegar, começar a saída de campo ou uma festa, tirar fotografias, começar o recreio e quando vão poder lanchar ou almoçar.

◆ Compare as predições das crianças com o tempo cronometrado.

Linha do Tempo de Eventos Escolares Importantes

Materiais
Sacos pequenos de sanduíche

Fichas de arquivo de 10 x 15 cm

Fita adesiva

Reta numerada contendo os dias do ano letivo (da atividade "Registrar o tempo" na página 69)

Conte com isto
Fotografe as crianças em diferentes atividades na sala de aula. As fotos vão atrair bastante a atenção, pois as crianças adoram se ver em ação.

Objetivos em matemática para satisfazer os parâmetros
As crianças aprenderão a:

1. identificar ferramentas usadas para medir intervalos de tempo.
2. sequenciar eventos segundo a duração.
3. nomear dias da semana e meses do ano.

Como fazer
◆ Ao longo do ano escolar, tire fotografias de eventos importantes, tais como a visita dos bombeiros à sala de aula.

◆ Escolha uma fotografia do evento e cole em uma ficha de arquivo.

◆ Anote a data na parte inferior da ficha em letras grandes.

◆ Ponha o cartão com a fotografia no saco.

◆ Cole o saco com a fotografia com fita adesiva sobre a reta numerada do dia em que o evento aconteceu.

◆ Use um pedaço de fita para "ligar" o saco à data na reta numerada.

◆ Por exemplo, se um bombeiro visitar a escola no 33º dia escolar, tire uma fotografia da visita, cole na ficha e anote a data embaixo deste.

◆ Ponha a sacola sobre o número "33" na reta numerada. Use um pedaço da fita para ligar a parte de baixo da ficha à foto da visita (na sacola) ao quadrado do 33º dia escolar.

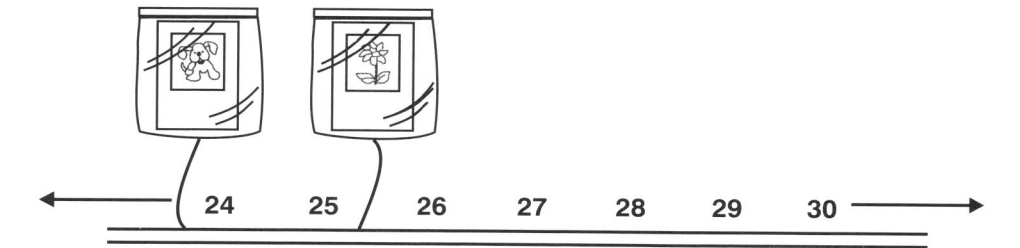

Reta numerada com fotos em cartões e uma fita.

- Outras atividades que podem ser feitas com a documentação das fotografias, para você ter um belo registro do ano letivo, incluem as seguintes:
  - o primeiro dente perdido de uma criança
  - aniversários
  - saídas de campo
  - visitas à escola
  - dia do animal de estimação
  - dia dos pais
  - projetos especiais

Linha do tempo de fotografias dobrada como um leque, em um livro.

Aumente um nível

À medida que ocorrem os projetos, faça uma linha do tempo com as fotografias nas sacolas. Date cada fotografia e marque o evento na linha do tempo. Quando tirar a linha do tempo da parede, transforme em um livro da turma.

Objetivos em matemática para satisfazer os parâmetros

As crianças aprenderão a:

1. ver as horas usando um relógio analógico.
2. sequenciar eventos segundo sua duração.

Como fazer

- Instale o relógio de parede na sala de aula a mais ou menos 60 cm acima das cabeças das crianças.
- Use um relógio de cartolina comprado ou siga as instruções para fazer um:
  1. Recorte um círculo de cartolina mais ou menos do mesmo tamanho do relógio de parede da escola e escreva números ao redor dele, assim como em um relógio.
  2. Recorte dois ponteiros do papel-cartaz preto.

Relógio de Anúncios

Materiais

Relógio de cartolina, ou cartolina, papel-cartaz preto, tesoura, pincel atômico, pregos sem cabeça

Prendedores de roupa

Relógio de parede

Pincel atômico

Conte com isto

As crianças frequentemente têm um comportamento desafiador por não saberem o que acontecerá em seguida. Pense em modos de mantê-las "por dentro", deixando que saibam quando, onde e como as coisas vão acontecer.

3. Faça um buraco na extremidade de cada ponteiro e no centro do relógio.
4. Prenda os ponteiros à face do relógio com um prego sem cabeça.

- ◆ Coloque o relógio de cartolina abaixo do relógio da sala de aula.
- ◆ Escreva os nomes de diferentes atividades que vão ocorrer durante o dia nos prendedores.
- ◆ Coloque os ponteiros sobre o momento de um dos eventos e prenda o prendedor dessa atividade ao momento. Se vai haver uma festa às 15:00, por exemplo, escreva "Festa" em um prendedor e o prenda no "3" no relógio de cartolina.
- ◆ Quando uma criança perguntar "Quando vai ser a festa?", mande-a ir até os relógios para comparar os dois horários e descobrir quanto tempo falta para a festa.
- ◆ Se uma criança não entender as diferenças nos horários, sugira que ela peça a um amigo para explicar. Ela vai ficar mais feliz se estiver "por dentro". Se o amigo não puder explicar, ajude a criança a descobrir.

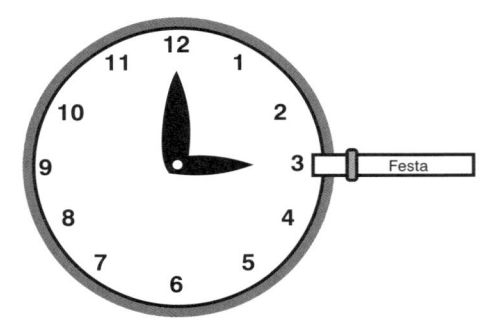

Relógio analógico da sala de aula de cartolina.

Aumente um nível

Várias vezes durante o dia, peça às crianças que digam a você que horas são e quanto tempo falta até o início de uma certa atividade no relógio de anúncios. Além disso, leia com eles o livro *A Peteca do Pinto*, de Nilson José Machado, publicado pela Scipione. O livro aborda a marcação do tempo por meio de uma divertida história do pintinho que rouba as penas do rabo da própria mãe.

Objetivos em matemática para satisfazer os parâmetros

As crianças aprenderão a:

1. descrever eventos durante o dia.
2. sequenciar eventos segundo a duração.

Como fazer

- ◆ Faça agendamentos diários de atividades no papel de construção. Comece com a chegada das crianças na escola e termine com a saída.
- ◆ Pendure o agendamento no lado de dentro da porta da sala de aula.
- ◆ No agendamento, registre os horários em que as crianças mudam de atividade durante o dia.
- ◆ Ao lado de cada horário, coloque uma fotografia ou figura do que está acontecendo. Por exemplo, se as crianças estão indo para a aula de música, cole ou prenda uma fotografia das crianças na aula de música (ou uma figura com notas musicais). Se as crianças estão indo do Trabalho em Grupo para outros centros, prenda uma fotografia das crianças nos centros ou uma figura que exprima a finalidade do centro (artes, ciências e assim por diante).
- ◆ Faça uma dobra de 5 cm na extremidade esquerda do agendamento. Assim a extremidade poderá ser movida e o "líder do dia" poderá prender prendedores de roupa ao lado de cada atividade que as crianças estiverem fazendo em cada momento ao longo do dia.
- ◆ Coloque o agendamento em um local proeminente na sala.

Agendamento dos Eventos Diários

Materiais

Folha de papelão (qualquer cor) de 45 x 30 cm em posição de retrato

Figuras ou fotografias de eventos diários

Prendedores de roupa

Objetivos em matemática para satisfazer os parâmetros

As crianças aprenderão a:

1. medir o tempo com um relógio despertador.

Como fazer

- ◆ Quando as crianças estiverem indo a um evento especial, ao almoço ou a uma atividade fora de sala de aula, ou saindo, no fim do dia, programe um despertador para tocar cinco minutos antes.

Horário do Relógio Despertador

Materiais

Relógio despertador

Conte com isto

Dê às crianças cinco minutos para passar de uma atividade à outra. Use um relógio. Isso ajuda.

◆ Quando o despertador tocar, peça que as crianças parem o que quer que estejam fazendo. Isso dá às crianças e a você tempo para uma transição menos apressada para a próxima atividade ou evento. Também dá às crianças um entendimento das durações e da importância de se completar as tarefas e atividades em um certo tempo.

O Livro do "O Que Acontece ao Longo do Tempo?"

Materiais

Álbum de fotografias pré-pronto com as páginas em branco e com espaço para se escrever

Máquina fotográfica

Algo a observar ao longo do tempo (como uma planta de malmequeres)

Além disso

Abaixo estão listados eventos que as crianças podem observar e fotografar ou desenhar ao longo do tempo:

◆ o ciclo vital de uma borboleta
◆ o ciclo vital de uma rã
◆ uma poça secando
◆ um cubo de gelo derretendo
◆ grama crescendo em um ambiente controlado (as sementes de centeio crescem rápido durante o inverno)
◆ mudanças em um monte de adubo

Objetivos em matemática para satisfazer os parâmetros

As crianças aprenderão a:

1. descrever eventos de acordo com o horário do dia.
2. sequenciar eventos segundo a duração.

Como fazer

◆ Sugira às crianças que façam um projeto de observação juntas – plantar uma flor e observá-la crescer.
◆ Tire fotografias da sequência de eventos. Por exemplo, plante uma flor e fotografe as mudanças que ocorrem a cada semana.
◆ Ponha as fotografias no livro de retratos em branco.
◆ Peça às crianças para ditar ou fazer suas próprias anotações descrevendo as mudanças que percebem. Acrescente as anotações ao livro.

Aumente um nível

Encoraje as crianças a fazerem seus próprios livros de observações, desenhando as mudanças que veem e ditando ou escrevendo sobre o que acontece.

Caderno de Compromissos

Materiais

Calendário (um por criança)

Lápis de cor

Objetivos em matemática para satisfazer os parâmetros

As crianças aprenderão a:

1. nomear os dias da semana e os meses do ano.
2. separar e classificar por categorias (ontem/hoje/amanhã).

Como fazer

- ◆ Esta é uma atividade avançada para crianças que estão prontas para trabalhar em um nível mais alto. Faça-a durante o Trabalho em Grupo ou em um grupo pequeno.
- ◆ Dê um calendário a cada criança.
- ◆ Peça a elas que tomem notas sobre eventos nos calendários. Por exemplo, desafie-as a marcar o seguinte:
  - – aniversários
  - – visitas especiais à escola
  - – dia do retrato
  - – dia de saída de campo
  - – o dia da entrega do dinheiro para o passeio no jardim zoológico
  - – dia do animal de estimação
  - – dias de chuva na escola
  - – dia da biblioteca
- ◆ Se necessário, ajude as crianças a encontrar os dias no calendário.
- ◆ Uma vez a cada duas semanas, diga às crianças que usem lápis de cores diferentes, três cores diferentes para representar ontem, hoje e amanhã, e colorir os quadrados ou retângulos que representam cada dia no calendário.

Cartaz do Despertar

Objetivos em matemática para satisfazer os parâmetros

As crianças aprenderão a:

1. aprender a ver as horas para uma hora, meia hora e quinze minutos, usando um relógio analógico ou digital.
2. identificar um relógio como um instrumento que mede o tempo.
3. descrever os eventos de acordo com a hora do dia.

Materiais

Pequeno fichário

Tiras com os nomes de cada criança escritos (um nome por tira)

Papel adesivo transparente

Como fazer

- ◆ Escreva o primeiro nome de cada criança em uma tira de papel e plastifique-a.
- ◆ Organize o fichário com horários diferentes, em intervalos de 15 minutos, escritos ao longo do lado direito de cada linha.

◆ À medida que as crianças chegam pela manhã, convide-as a colocar seus nomes próximo à hora, meia hora ou quinze minutos em que acordaram pela manhã. (**Nota:** deixe algumas linhas em branco no organograma para que as crianças possam escrever o horário em que acordaram se este não estiver listado).

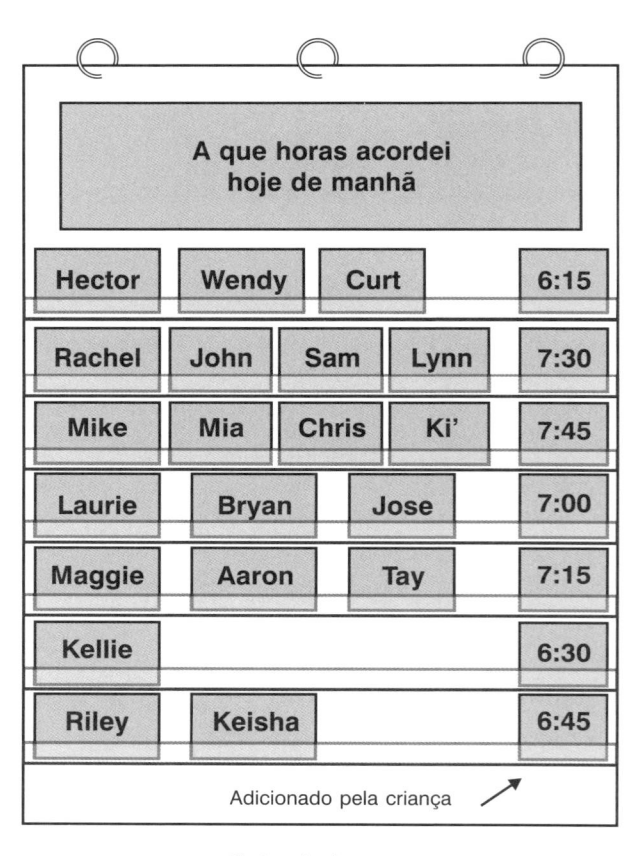

\multicolumn{5}{c}{**A que horas acordei hoje de manhã**}
Hector	Wendy	Curt		6:15
Rachel	John	Sam	Lynn	7:30
Mike	Mia	Chris	Ki'	7:45
Laurie	Bryan	Jose		7:00
Maggie	Aaron	Tay		7:15
Kellie				6:30
Riley	Keisha			6:45
\multicolumn{5}{r}{Adicionado pela criança ↗}

Cartaz do despertar

Atividades para se ensinar sobre dinheiro

Objetivos em matemática para satisfazer os parâmetros

As crianças aprenderão a:

1. sequenciar eventos segundo a duração.

Como fazer

- Faça uma grade quadrada com 100 subdivisões (10 quadradinhos horizontais e 10 verticais) em um pedaço de papelão duro de 45 x 45 cm. Numere cada quadradinho de 1 a 100.
- No centésimo dia do ano letivo (as crianças podem se manter a par usando a reta numerada do ano letivo na página 72), faça uma "festa dos 100 dias" na escola.
- Dê o pontapé inicial no evento fazendo um calendário de 100 dias letivos com moedas de um centavo durante o Trabalho em Grupo.
- Conte os números de 1 a 100 na grade de papel de construção com as crianças e faça com que elas associem moedas de um centavo sobre cada um dos números nos quadrados da grade.
- Grude as moedas de um centavo com a fita adesiva para que estas permaneçam na reta numerada o ano todo.
- Ponha a grade de papel de construção na parede sobre o número 100 na linha numérica escolar.
- Faça com que as crianças prossigam, achando 100 coisas em casa e as usem para fazer um gráfico que possam levar para a escola.

Celebração dos 100 dias

Materiais

Cem moedas de um centavo

Calendário com 100 dias (papelão de 45 x 45 cm)

Cola

Fita adesiva transparente

Conte com isto

Encoraje os pais a se envolverem em projetos divertidos com seus filhos. A palavra-chave aqui é *diversão*!

Além disso

Você pode buscar moedas de outros países em lojas ou na internet. Um bom exemplo de *site* é www.villagecoin.com.

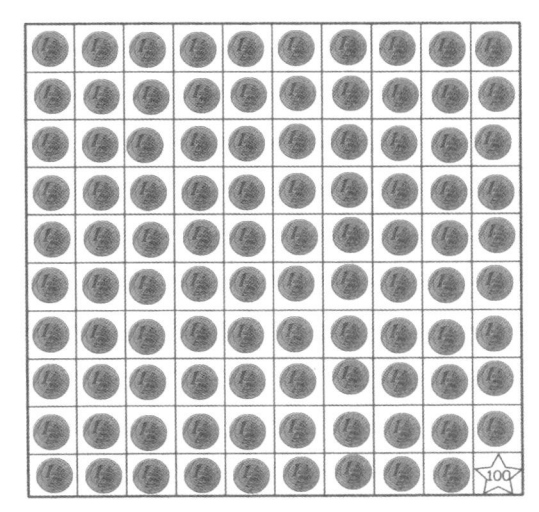

Cartão de Progressão Moeda-Data

Materiais

Folha de cartolina

Recortes em forma de moedas (ver ilustração no Apêndice, página 193)

Cola

Tesoura

Pincel atômico

Cartões 6 x 4 polegadas (15 x 10 cm)

Objetivos em matemática para satisfazer os parâmetros

As crianças aprenderão a:

1. reconhecer moedas.
2. examinar, manipular e identificar moedas.
3. sequenciar eventos segundo a duração.

Como fazer

◆ Faça fotocópias dos recortes de moedas da ilustração do Apêndice, página 193 e os enfeite.
◆ Convide as crianças a combinarem as datas com as datas nas moedas recortadas no cartão moeda-data (ver ilustração a seguir). (Esta atividade funciona bem com crianças menores, pois é interativa, e porque as moedas recortadas são fisicamente maiores que as reais. Assim elas ficam mais fáceis para as crianças manejá-las.)
◆ Dobre uma longa folha de papel-cartão de forma que tenha vários picos e dobras, cada dobra funda o suficiente para segurar uma das moedas e um dos cartões.
◆ Copie as datas das moedas em dois conjuntos separados de cartões.
◆ Cole as moedas no primeiro conjunto de cartões em ordem cronológica ao cartão de progressão de data.
◆ Convide as crianças a combinarem e disporem os cartões com as moedas de um centavo e as datas neles ao segundo conjunto de datas colado nas dobras do cartão de progressão da data.

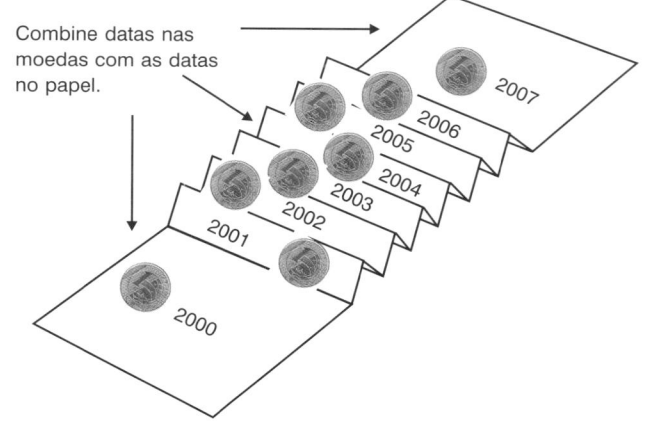

Combine datas nas moedas com as datas no papel.

Objetivos em matemática para satisfazer os parâmetros

As crianças aprenderão a:

1. reconhecer moedas.
2. entender valores de moedas.

Como fazer

◆ Copie as ilustrações da moeda e da nota nesta página e cole-as em palitos de picolé.
◆ Faça envelopes em forma de bolso:

1. Recorte o fundo de um envelope de papel pardo pequeno, de forma que as crianças possam passar as mãos pelo fundo das sacolas e mostrar as moedas em palitos na saída da sacola.
2. Copie o modelo de bolso (a seguir) cinco vezes. Faça um para cada criança.
3. Recorte os modelos de bolso e cole-os nos envelopes. Entregue um a cada criança.

◆ Faça as crianças cantarem "Tilintam no meu bolso" e empurrarem suas moedas dentro dos bolsos cada vez que a canção mencionar as moedas que estão segurando.
◆ Faça uma cópia da nota de dinheiro para que o líder segure. Após isso, todas as crianças vão querer uma também.

Tilintam no meu bolso, (adaptado de "Jingle in my pocket", de Sharon MacDonald – canção:"Short'nin' Bread")

Com cinco moedas de um centavo, tenho uma de cinco
Com duas de cinco, logo tenho uma de dez.
Posso trocar dez de um por duas de cinco ou uma de dez.
Um real e dez centavos no meu bolso a tilintar
Quinze centavos me fazem cantarolar.

Duas moedas de dez centavos e uma de cinco
Sempre são iguais a uma moeda de vinte e cinco
E uma de vinte e cinco troco por dez mais três de cinco.
Um real e dez centavos no meu bolso a tilintar
Quinze centavos me fazem cantarolar.

Com quatro moedas de vinte e cinco, tenho um real.
Posso trocar essas quatro moedas sempre por um real.
Um real e dez centavos no meu bolso a tilintar
Quinze centavos me fazem cantarolar.

"Tilintam no Meu Bolso"

Materiais

Moedas de papel
Palitos de picolé
Envelopes de papel pardo pequenos

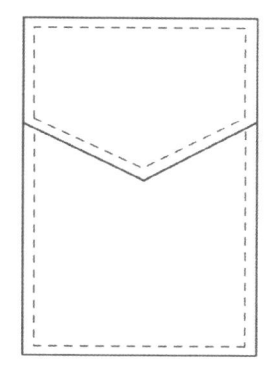

"Tilintam no Meu Bolso" – Cartaz

Materiais

Papel-cartaz

Pincéis atômicos

Laminador ou papel adesivo transparente

Imagens ou cópias de moedas e de uma nota de um real

Quadrados de velcro, os dois lados

Cartões de 7,5 x 12,5 cm

Objetivos em matemática para satisfazer os parâmetros

As crianças aprenderão a:

1. reconhecer moedas individuais.
2. entender valores de moedas.

Como fazer

- Faça esta atividade nos Centros de Matemática, Música ou em uma sala em que haja um computador com o programa PowerPoint.
- Copie a canção "Tilintam no meu bolso" (escrito anteriormente) em papel-cartaz e plastifique.
- Grude os quadrados de velcro sobre todos os locais onde moedas e reais são mencionados na canção.
- Em fichas de arquivo, escreva os nomes de todas as quantidades mencionadas na canção.

1. Faça cópias das ilustrações das moedas e notas do apêndice na página 193.
2. Aplique o lado áspero do velcro às partes traseiras das moedas e da nota, assim como às fichas com nomes de dinheiro escritos nelas.
3. Desafie as crianças a combinarem as fichas com os nomes de moedas aos nomes de moedas no cartaz com a canção, ou a combinarem os desenhos de moedas e notas aos seus nomes no cartaz.

"Tilintam no Meu Bolso" – Cartões

Materiais

Seis folhas de papel colorido

Tesoura

Cola

Moedas (página anterior)

Objetivos em matemática para satisfazer os parâmetros

As crianças aprenderão a:

1. explorar o uso e o significado das notas de real e combinações de moedas que podem ser usadas para se somar um real.
2. reconhecer as diferentes moedas individualmente.

Como fazer

- Faça cartões, como os mostrados na ilustração no Apêndice. Você vai precisar fazer seis cartões diferentes, com recortes diferentes para as diversas combinações de moedas mencionadas na canção.
- Faça um cartão para cada verso da canção, copiando as palavras do verso dentro do cartão, abaixo do recorte do cartão.

◆ Ponha a moeda em questão (de R$0,25, por exemplo) na frente do cartão e as combinações de moedas que formam R$0,25 (R$0,10 e R$0,05, por exemplo) no interior dos cartões.
◆ Convide as crianças a abrirem os cartões à medida que cantam a canção.

Contagem de Moedas em Cofre de Porquinho

Objetivos em matemática para satisfazer os parâmetros

As crianças aprenderão a:

1. reconhecer moedas.
2. entender os valores das moedas.

Como fazer

◆ Comece a atividade no início do ano, se possível, com todas as crianças juntas durante o Trabalho em Grupo.
◆ A cada dia, ponha uma moeda de um centavo no cofre de porquinho até que tenha cinco.
◆ Quando houver cinco moedas de um centavo, tire-as do cofre e ajude as crianças a "descobrirem" que cinco moedas de um centavo podem ser trocadas por uma de cinco.
◆ Após a segunda semana, quando houver mais cinco moedas de um centavo e uma de cinco no cofre, retire-as e conte-as.
◆ Ajude as crianças a descobrir que cinco moedas de um centavo podem novamente ser substituídas por uma de cinco e que duas moedas de cinco podem ser substituídas por uma moeda de dez.
◆ Ponha uma moeda de dez centavos no cofre.
◆ Repita o exercício de sequência e a substituição por meio de moedas de R$0,25 e, então, no centésimo dia, substitua por uma nota de R$1,00.

Materiais

Cofre de porquinho (de plástico transparente, ou use uma embalagem plástica de maionese)
Moedas

Quebra-Cabeças com Moedas

Objetivos em matemática para satisfazer os parâmetros

As crianças aprenderão a:

1. explorar o uso e o significado de moedas e do dinheiro corrente.
2. reconhecer as diferentes moedas.

Materiais

Cinco pratos de papel ou cinco pedaços de papelão cortados em círculos
Pincéis atômicos
Papelão ou papel-cartão
Figuras de moedas de Real
Cola
Tesoura

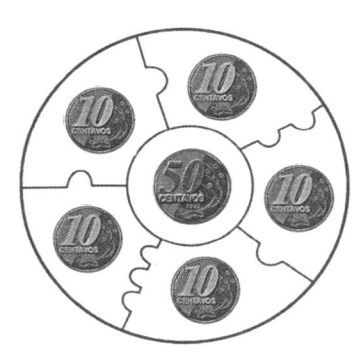

Como fazer

- Siga as instruções abaixo para fazer quebra-cabeças, usando a ilustração a seguir e a da página seguinte como exemplos.
- Prepare cinco pratos de papel, ou cinco pedaços de papelão cortados em círculos.
- No centro de cada círculo ou prato, coloque uma moeda: R$0,05 em um, R$0,10 em outro e R$0,25 em cada um dos que sobrarem.
- Desenhe um círculo ao redor de cada moeda.
- Em volta da moeda central em cada círculo, ponha diferentes moedas cujos valores somem o valor da moeda no centro. Por exemplo, para a de R$0,05, ponha cinco moedas de R$0,01; para a de R$0,10, ponha uma moeda de R$0,05 e cinco de R$0,01; para a primeira moeda de R$0,25, ponha duas moedas de R$0,10 e uma de R$0,05; para a segunda, ponha cinco moedas de R$0,05; e para a terceira, ponha duas moedas de R$0,10 e uma de R$0,05.
- Espalhe as moedas nos círculos de forma que tenham uma quantidade igual de espaço entre elas e desenhe linhas entre elas, desde o círculo desenhado no centro até a borda do papel, para que cada seção lembre uma peça de um quebra-cabeça.
- Recorte as peças pelas linhas, de forma que no fim haja moedas recortadas no centro e várias peças de quebra-cabeça diferentes que tenham uma moeda cada uma.
- Ponha as peças no Centro de Matemática e convide as crianças a resolverem os quebra-cabeças juntando as moedas corretas em volta de cada círculo com uma moeda no centro.

Caçar, Contar e Comprar

Materiais

O livro *Pigs will be pigs*, de Amy Axelrod

Dinheiro de brinquedo

Objetivos em matemática para satisfazer os parâmetros

As crianças aprenderão a:

1. explorar o uso e o significado de moedas e do dinheiro corrente.
2. examinar, manipular e identificar moedas do Brasil.

Como fazer

- A atividade será semelhante à descrição no livro *Pigs will be pigs*, de Amy Axelrod.

- ◆ Antes que as crianças cheguem à escola, esconda dinheiro de brinquedo pela sala de aula.
- ◆ Durante o Trabalho em Grupo, leia *Pigs will be Pigs*. Cuidadosamente leia as páginas com os menus no livro e deixe que cada criança escolha uma refeição.
- ◆ Escreva as opções do menu em um cartaz e então diga às crianças que comecem uma caça ao dinheiro.
- ◆ Quando as crianças terminarem de juntar todo o dinheiro, conte-o todo para ver se elas têm o suficiente para pagar por todas as refeições que escolheram do menu.

Moedas ao Redor do Mundo

Objetivos em matemática para satisfazer os parâmetros

As crianças aprenderão a:

1. explorar o valor equivalente, similaridades e formas de moedas usadas ao redor do mundo.

Como fazer

- ◆ Durante o Trabalho em Grupo, ponha as moedas na bandeja.
- ◆ Convide as crianças a examinarem e compararem moedas do mundo todo.
- ◆ Discuta valores numéricos equivalentes, semelhanças e diferenças entre as moedas, tais como forma, tamanho e cor.

Aumente um nível

No globo, encontre o país onde cada moeda é usada. Peça às crianças que compartilhem o que sabem sobre os povos de cada país. Tenha algumas informações prontas para iniciar a conversa.

Além disso

Você pode comprar moedas de outros países em feiras e lojas de moedas, ou buscar na internet. Um bom exemplo é www.villagecoin.com.

Materiais

Moedas de vários países do mundo, incluindo as do Brasil

Bandeja

Lente de aumento

Globo (opcional)

Linha Temporal da Moeda

Materiais

Moedas de um centavo com diferentes datas postas em ordem segundo a data (quantas puderem ser postas em ordem pela turma)

Pequeno recipiente para as moedas

Lente de aumento

Bandeja

Objetivos em matemática para satisfazer os parâmetros

As crianças aprenderão a:

1. explorar o uso e o significado das moedas, começando com a de R$ 0,01.
2. examinar, manipular e identificar moedas do Brasil.
3. reconhecer a moeda de R$ 0,01.
4. começar a categorizar intervalos de tempo.
5. sequenciar eventos segundo a duração.

Como fazer

- Esta é uma atividade avançada. Vai funcionar melhor se introduzida durante o Trabalho em Grupo. Depois que as crianças souberem como fazê-la, leve-a para o Centro de Matemática.
- Ponha várias moedas diferentes em uma bandeja, junto com uma lente de aumento.
- Desafie as crianças a olharem as datas nas moedas usando a lente de aumento e a colocarem as moedas de um centavo em ordem, da mais antiga (menor número) até a mais nova (maior número).

Aumente um nível

Acrescente mais moedas de R$ 0,01 com datas diferentes e uma variedade de outras moedas para as crianças colocarem em sequência por data.

Geometria e senso espacial

O que é...?

Geometria lida com formas geométricas básicas: os ângulos e as proporções do mundo à nossa volta. Formas definem o nosso ambiente: incluem o círculo, o triângulo, o quadrado, o retângulo, o losango e a elipse. Chamamos essas formas de formas geométricas **planas**, pois são bidimensionais (2-D) ou planas. Formas planas aparecem em prédios, folhas de papel e placas.

É possível combinar formas geométricas para se criar outras formas. Os triângulos, por exemplo, são as formas fundamentais da natureza, com extensões como o losango (dois triângulos) e o pentágono (cinco triângulos).

Existem objetos tridimensionais (3-D) na geometria, chamados formas não-planas. Uma bola é um bom exemplo de formas não-planas. Se uma bola fosse plana, seria um círculo. As crianças aprendem que um círculo e uma bola têm relações, mas os círculos não quicam.

A geometria também inclui **pontos** e **linhas**, que são introduzidos em mapas e globos. Pontos e linhas podem não parecer tão interessantes para as crianças quanto outros objetos geométricos, mas se o ponto é um local em um globo, pode ser a coisa mais interessante na qual uma criança pode pensar. Afinal, uma linha nunca termina.

Ângulos e **curvas** também são interessantes. Um ângulo é o espaço entre duas linhas que se encontram. Uma curva é uma linha que se dobra, ou serpenteia, como um rio. *Serpentear* é uma ótima palavra para crianças pequenas aprenderem. Elas podem serpentear até você lentamente em vez de vir imediatamente em uma linha reta. É uma palavra que as crianças gostam de aprender e interpretar.

Mais duas boas palavras geométricas sobre as quais falar: **congruência** e **simetria**. As coisas são congruentes quando se encaixam perfeitamente se uma estiver posta acima da outra. Essencialmente, são cópias exatas. A simetria, por outro lado, sugere equilíbrio tanto para a mente quanto para o olho. Opostos são simétricos, por exemplo, mas não são parecidos. Um dos melhores exemplos de simetria são as asas das borboletas.

Por volta dos 5 anos, as crianças conseguem identificar e criar formas que tenham simetria segundo um eixo (axial) e uma rotação. Se você corta um sanduíche em duas metades e dá uma para seu amigo, as metades terão **simetria axial**. Uma roda de triciclo rodando tem **simetria rotacional ou de rotação** – é a rotação em volta de um ponto. Na sala de aula, a simetria de rotação é reproduzida

Simetria

Crianças pequenas têm uma consciência intuitiva de simetria. "Bilateralidade" é uma expressão primária da simetria em que o segundo elemento reflete o primeiro. A bilateralidade dá equilíbrio às coisas. A natureza é cheia de coisas bilaterais: as pessoas têm dois olhos, duas orelhas, duas mãos e dois pés. Muitos animais também têm. Coisas bilaterais estão por toda parte.

quando se gira um bloco de padrões geométricos* sobre um eixo que passa pelo centro do padrão dos blocos.

Para avaliar a compreensão que as crianças têm das formas geométricas, observe a atividade delas e faça as seguintes perguntas:

- ◆ A criança consegue reconhecer pelo nome formas no ambiente? Pergunte: "Que forma é esta?"
- ◆ A criança consegue escolher ou apontar para uma forma específica quando o nome dela é dito? "O que tem forma de quadrado aqui na sala?"
- ◆ A criança consegue identificar outras formas similares a uma indicada anteriormente? "Existem outras formas como esta? Quais?"
- ◆ A criança consegue reconhecer uma forma quando aparece em suas construções ou desenhos? "Que forma você acabou de desenhar? Que forma você fez com esses blocos?"

O que é...?

Senso espacial é a consciência que uma pessoa tem de suas relações com outras coisas em termos de *posição* ("Onde estou?"), *direção* ("Para onde vou?") e *distância* ("Quão perto/longe estou?"). O senso espacial também envolve a organização do espaço de forma que as coisas se encaixem adequadamente para trabalho e diversão, ou a organização de objetos para agradar os olhos. A organização segundo o senso espacial requer reconhecimento, repetição e continuação de padrões.

Para se examinar o senso espacial de uma criança pequena, observe e faça perguntas:

- ◆ A criança usa palavras que descrevem a posição, a direção e a distância de um objeto/de si mesma/ de outra pessoa?
- ◆ A criança reage a palavras ligadas a espaço de forma que mostra compreensão?
- ◆ Ela responde perguntas sobre espaço? "Está *embaixo* da mesa? Veja se você consegue pegar."
- ◆ Quando ela brinca com blocos (formas geométricas), ela demonstra consciência espacial?
- ◆ Ela movimenta seu corpo no espaço com consciência dos outros e de seus pertences/atividades?
- ◆ O uso que ela faz de geoplanos, de blocos de padrões geométricos, cubos de Kubrick ou quadros com furos e pinos demonstra organização? A organização melhora com o tempo?

---

*N. de R. No original *parquetry blocks*, vendidos nos Estados Unidos com o nome comercial de Geometric Pattern Blocks.

Atividades para se ensinar as formas básicas

Objetivos em matemática para satisfazer os parâmetros

As crianças aprenderão a:

1. reconhecer, nomear e descrever formas básicas.
2. identificar formas no mundo físico.

Como fazer

- Ponha esta atividade em prática a qualquer hora durante o dia.
- Faça "sacolas geométricas" desenhando diferentes formas geométricas em 2 ou 3 sacolas de papel pardo e escrevendo seus nomes abaixo de cada uma.
- Quando as crianças chegarem à sala de aula depois do almoço ou do recreio ou estiverem indo para um dos centros de atividades, dê uma "sacola geométrica" a algumas delas. (Embora apenas algumas poucas crianças cheguem a fazer esta atividade de cada vez, repita até que dê uma sacola para cada uma.)
- Peça às crianças que recolham três objetos na sala de aula que se pareçam ou contenham as formas em suas sacolas e os coloquem dentro destas.
- Feche as sacolas quando elas tiverem terminado e coloque-as ao lado de sua cadeira, ou mesa, para distribuir durante o Trabalho em Grupo.
- Na hora do Trabalho em Grupo, convide as crianças que caçaram as três formas a mostrá-las para as outras. Depois, peça que as crianças devolvam os itens ao local onde os encontraram.

Aumente um nível

Desafie as crianças a encontrar formas nas formas. Por exemplo, pergunte a elas: "Quantos triângulos e quadrados tem dentro de um retângulo?" Estenda e multiplique as formas. (Pergunte: "O que você pode fazer com três triângulos? E com quatro? E com cinco?") Combine, conte e faça formas. Forme um momento com formas!

Caça à Forma Geométrica

Materiais

Duas ou três sacolas de papel pardo

Conte com isto

Use sacolas para limitar o que as crianças podem recolher. Se pedir a elas que recolham coisas sem limite de tamanho, elas podem voltar com jaquetas e sapatos.

Dê um Nome ao Bloco!

Materiais

Blocos e suas formas com nomes (ver ilustração no Apêndice) no Centro de Blocos

Objetivos em matemática para satisfazer os parâmetros

As crianças aprenderão a:

1. descrever e comparar objetos reais a sólidos geométricos.
2. construir a compreensão sobre tamanho em relação a espaço.
3. estabelecer relações entre formas planas e sólidas.
4. construir e separar formas planas e sólidas.

Como fazer

- ◆ Quando estiver perto do Centro de Blocos, ouça o que as crianças dizem e descrevem.
- ◆ Encoraje as crianças a usarem os nomes geométricos para os blocos enquanto trabalham.

Geometria do Gel

Materiais

Massa de modelar
Papel e lápis coloridos para desenhar

Objetivos em matemática para satisfazer os parâmetros

As crianças aprenderão a:

1. identificar, escrever e desenhar formas geométricas planas (bidimensionais).
2. comparar os tamanhos das formas geométricas.

Como fazer

- ◆ Faça a atividade no Centro de Matemática ou de Redação, mas prepare a massa antes.
- ◆ Prepare um cartaz com formas geométricas planas e plastifique. Você pode colocar retângulos, quadrados, círculos e triângulos de tamanhos diferentes.
- ◆ Convide as crianças a usarem massa de modelar para fazer formas.
- ◆ Depois elas podem desenhar e pintar as formas que modelaram.
- ◆ Se usar massa para biscuit, deixe secar e as crianças podem pintar com o pincel depois de pronto.

Objetivos em matemática para satisfazer os parâmetros

As crianças aprenderão a:

1. reconhecer, nomear e descrever as formas geométricas básicas.
2. identificar formas similares no mundo físico.

Como fazer

- ◆ Esta atividade é ideal para ser posta em prática no Centro de Artes. Lembre-se de cobrir sua mesa de trabalho com jornais, pois os materiais vão ser derramados!
- ◆ Cole as formas ao rolo de massa, em qualquer disposição, usando a cola quente. Certifique-se de que todas as formas aderem com firmeza ao rolo e que nenhuma ponta ficou de fora. (Este passo deve ser feito apenas por adultos.)
- ◆ Espalhe um pouco de tinta têmpera na bandeja.
- ◆ Ajude as crianças a passar o rolo pela bandeja para que as formas esponjosas absorvam a tinta.
- ◆ Mostre às crianças como passar o rolo no papel até que as imagens das formas passem para o papel (ver ilustração).

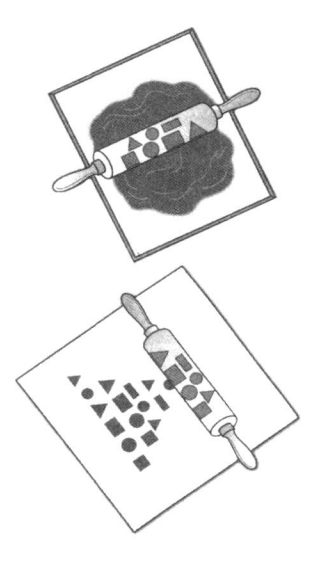

Geometria Esponjosa

Materiais

Pistola de cola quente (para ser usada apenas por adultos)

Rolo de massa grande

Círculos, quadrados, retângulos e triângulos pré-prontos feitos de esponja ou outro material assemelhado

Tinta têmpera

Bandeja grande de metal ou isopor (grande o suficiente para se rolar o rolo de massa sem bater nos lados)

Folhas de papel para cavalete grandes ou pré-cortadas de papel gessado

Conte com isto

Você pode substituir o rolo de massa por uma garrafa pet grande cheia de água!

Objetivos em matemática para satisfazer os parâmetros

As crianças aprenderão a:

1. reconhecer, nomear e descrever as formas básicas.
2. identificar formas no mundo físico.
3. comparar os tamanhos de formas geométricas.

Pintando Sobre Formas

Materiais

Folhas de papel para cavalete recortadas nas formas de círculos, triângulos, quadrados e retângulos de tamanhos diferentes

Folhas de papel para serem usadas com cavalete (o cavalete pode ser substituído por uma parede)

Tinta têmpera e pincéis

Cesta

Prateleira para secar as pinturas (pode ser também um varal ou um canto no chão da sala)

Como fazer

- Esta atividade é ideal para se pôr em prática no Centro de Artes, mas também atrai a atenção de alunos que não gostam de matemática, geometria e ciências!
- Ponha as formas recortadas em uma cesta próximo ao cavalete.
- Prepare as tintas e os pincéis.
- Convide cada criança a escolher uma forma de papel que quer pintar.
- Quando as crianças tiverem terminado a pintura, ajude-as a colocar as formas pintadas na prateleira para secar.

Além disso

Coloque indicações na mesa de exposição que dizem: *triângulo, círculo, quadrado* e *retângulo*. Quando as pinturas secarem, peça às crianças que sugiram um lugar para colocá-las. Já que as pinturas são delas, elas vão ler as indicações das formas geométricas!

Qual é a Forma?

Materiais

Papel de cópia branco
Lápis de cor ou pincéis atômicos
Tesoura

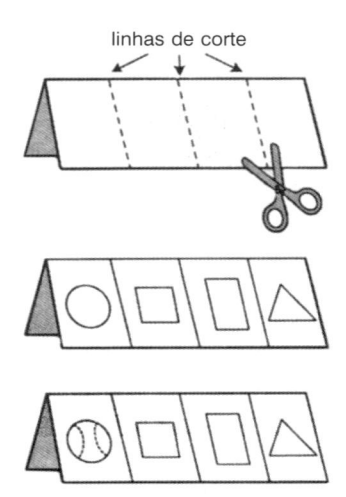

Objetivos em matemática para satisfazer os parâmetros

As crianças aprenderão a:

1. reconhecer, nomear e descrever as formas básicas.
2. identificar formas no mundo físico.
3. identificar, descrever e desenhar formas geométricas planas (bidimensionais).

Como fazer

- Ponha esta atividade em prática no Centro de Matemática ou de Artes.
- Dobre folhas de papel branco ao meio ao comprido.
- Desdobre as folhas e faça três cortes, aproximadamente equidistantes, da borda do papel à dobra (não corte além da dobra).
- Com pincéis atômicos, desenhe um círculo, um triângulo, um quadrado ou um retângulo em cada tira.
- Corte várias outras folhas de papel da mesma maneira e desafie as crianças a desenharem objetos reais em cada uma das quatro secções que se assemelhem ou contenham as formas na tira original.
- Para ajudar as crianças que estão tendo dificuldades em aprender as formas, ponha algumas em uma cesta perto da atividade de forma que possam olhá-las e examiná-las antes de tentar desenhar.

Aumente um nível

Introduza duas novas formas – o losango e a elipse – e acrescente-as à atividade.

Formas em Alto-Relevo

Objetivos em matemática para satisfazer os parâmetros

As crianças aprenderão a:

1. reconhecer, nomear e descrever as formas básicas.
2. identificar formas no mundo físico.
3. identificar, descrever e desenhar formas geométricas planas.
4. comparar os tamanhos de formas geométricas.

Como fazer

- ◆ Ponha esta atividade em prática no Centro de Artes.
- ◆ Ponha pedaços já cortados de lixa em diferentes formas geométricas em uma cesta, junto com um pedaço de papel branco e vários lápis de cor apontados.
- ◆ Convide as crianças a colocarem as formas de lixa na bandeja, folhas de papel branco sobre elas e a esfregarem o lápis de cor para a frente e para trás até que as formas apareçam no papel.
- ◆ Se as formas se moverem enquanto a criança esfrega o lápis, faça com que ela prenda o papel e a lixa com uma tachinha ou clipes. Quando terminarem, retire as tachinhas ou clipes para uso futuro.
- ◆ Enquanto usam as formas e as exploram, engaje-as em conversas sobre as mesmas.

Materiais

Círculos, quadrados, triângulos e retângulos cortados a partir de lixa de aspereza média

Papel A4 branco

Lápis de cor apontados

Bandeja grande

Cesta

Tachinhas ou clipes

Sentindo Formas em Uma Sacola

Objetivos em matemática para satisfazer os parâmetros

As crianças aprenderão a:

1. identificar, descrever e desenhar formas geométricas planas (bidimensionais).
2. encontrar objetos concretos no ambiente que representam ou contenham as formas.
3. fazer relações entre formas planas e não-planas.
4. separar formas planas e não-planas.

Materiais

Vários objetos tridimensionais que juntos caibam em uma sacola grande (bola, cubo, prisma triangular, prisma retangular, dado, bola pequena e uma caixa retangular estreita)

Sacola grande com formas básicas desenhadas em sua frente (círculo, quadrado, triângulo e retângulo)

Como fazer

- Antes de juntar toda a turma para o Trabalho em Grupo, coloque todos os objetos na sacola de presentes.
- Durante o Trabalho em Grupo, demonstre a atividade a uma das crianças.
- Peça à criança que ponha a mão dentro da sacola e sinta um dos objetos.
- Peça que descreva o que está sentindo. Por exemplo, peça que diga a quantidade de lados e a forma básica dos objetos.
- Desafie as outras crianças a descobrirem que forma ela está descrevendo.
- Depois que todas tiverem dado um palpite, peça à primeira criança que traga o objeto para fora da sacola de forma que todas possam ver a forma que estava sendo descrita.
- Para um seguimento, peça à criança que está com a forma na mão que associe à forma correspondente desenhada na sacola (ver ilustração).
- Depois da demonstração, faça a atividade no Centro de Matemática.

Além disso

Faça um *kit* de atividades de viagem ou espera. Essas atividades devem ser feitas quando se está viajando ou esperando (saídas de campo, até o ônibus ou os pais chegarem).

Geometria da Caixa de CDs

Materiais

Quatro ou cinco caixas de CDs transparentes vazias, incluindo as bandejas para os CDs

Formas pré-cortadas de diferentes cores e tamanhos (nenhuma maior que a caixa de CDs)

Desenhos de formas geométricas e figuras reais feitas a partir de formas básicas para inserir na caixa (ver ilustrações no Apêndice)

Objetivos em matemática para satisfazer os parâmetros

As crianças aprenderão a:

1. reconhecer, nomear e descrever as formas geométricas básicas.
2. identificar, descrever e desenhar formas geométricas planas (bidimensionais).

Como fazer

- Faça várias capas de CDs de 25, 62 x 11,25 cm, desenhando formas e figuras reais em ambos os lados da capa (ver ilustração no Apêndice).
- Ponha as capas nas caixas de CDs. Esse tamanho é grande o bastante para dobrar e cobrir na frente e atrás de cada compartimento.
- Coloque várias formas geométricas pré-cortadas nas caixas de CDs (ver ilustração no Apêndice).

- Divida as crianças em pequenos grupos para trabalhar no chão ou nas mesas e dê a cada grupo uma caixa de CDs.
- Desafie as crianças a usarem as formas dentro das caixas de CDs para tornar visíveis as formas à frente e atrás dos compartimentos (ver ilustração no Apêndice).

Aumente um nível

Recorte vários pedaços de papel de 25, 62 x 11,25 cm e convide as crianças a desenhar suas próprias formas e figuras reais para as capas. Desafie as outras crianças a fazer formas para combinar com as capas.

Formas Geométricas na Arquitetura

Objetivos em matemática para satisfazer os parâmetros

As crianças aprenderão a:

1. identificar, descrever e desenhar formas geométricas planas (bidimensionais) e encontrar objetos concretos no ambiente que representem ou contenham formas.
2. estabelecer relações entre formas planas (bidimensionais) e sólidas (tridimensionais).
3. separar formas geométricas planas e não-planas.
4. reconhecer as características de sólidos e de formas geométricas, incluindo curvas, vértices (cantos) e linhas.

Materiais

Formas, publicado pela Companhia Editora Nacional é um livro de fotos que relaciona formas a cenas cotidianas, inclusive na arquitetura.

Além disso

Procure livros com fotos de prédios e construções para explorar formas com seus alunos

Como fazer

- Mostre esse livro cheio de fotografias de prédios interessantes do ponto de vista da arquitetura durante o Trabalho em Grupo. *Formas* é um livro especialmente bom, pois associa formas a cenas cotidianas.
- Discuta cada figura e as formas em cada fotografia.
- Desafie as crianças a apontar as várias fotografias que contêm formas geométricas *combinadas*, tais como retângulos e quadrados em janelas e portas.

Aumente um nível

Peça a crianças mais velhas que descrevam as formas que estão vendo: "As formas têm curvas? Quantas linhas aparecem nas formas? São parecidas? Quantos vértices você consegue contar?"

Passeio pelo Bairro

Materiais

Um bairro com alguns edifícios interessantes

Máquina fotográfica (de preferência, uma digital)

Além disso

Organize um "Museu dos bairros" no corredor da escola, preso na parede, de forma que todos na escola possam apreciar o trabalho das crianças e aprender mais sobre formas.

Objetivos em matemática para satisfazer os parâmetros

As crianças aprenderão a:

1. identificar, descrever e desenhar formas geométricas planas (bidimensionais) e encontrar objetos do ambiente que representam formas ou nos quais as formas aparecem.
2. estabelecer relações entre formas bidimensionais e tridimensionais.
3. separar formas planas e não-planas.

Como fazer

- Leve as crianças para um passeio pelo bairro, pedindo a elas que olhem as formas geométricas nos prédios.
- Fotografe as formas que as crianças acharem. Tire uma fotografia, por exemplo, de uma porta retangular, um telhado triangular, uma janela quadrada, vidraças e estruturas semelhantes. Prédios públicos com frequência têm formas muito interessantes.
- Após voltar do passeio, exiba as fotografias em um mural do "Nosso passeio pelo bairro" por algumas semanas de forma que as crianças possam reavaliar a caminhada, falar sobre as formas que acharam e encontrar novas formas para as quais não tinham atentado antes, durante a caminhada.
- Organize uma lista das formas encontradas durante o passeio para deixar ao lado do cartaz.

Passeio pelo Bairro – Fichário

Materiais

Fotografias da atividade anterior

Papel-cartão

Espirais de caderno

Tesoura e cola

Papel A4 branco

Perfurador

Objetivos em matemática para satisfazer os parâmetros

As crianças aprenderão a:

1. identificar, descrever e desenhar formas geométricas planas e encontrar objetos no ambiente que representem ou contenham formas.
2. estabelecer relações entre formas bidimensionais e tridimensionais.
3. separar formas planas e não-planas

Como fazer

- Usando as ilustrações desta página e da próxima como exemplos, faça separadores para classificar formas com o papel-cartão. Em cada um, destaque uma forma diferente.
- Corte vários pedaços de papel branco para colocar entre os recortes de papel-cartão. Não inclua as

bordas com formas no papel branco quando recortar cada ficha.
- Em dois pontos na borda de todas as folhas de cartolina, assim como nas de papel, faça furos com o perfurador.
- Use fitas, pastas de arquivo ou espirais para formar o fichário. Em cada ficha de papel-cartão, desenhe uma forma diferente: círculo, quadrado, triângulo e retângulo.
- Durante o Trabalho em- Grupo, mostre às crianças o fichário e discuta as formas desenhadas nas fichas. Relembre as crianças sobre o passeio no bairro e sobre as figuras das diferentes formas geométricas que elas encontraram durante a caminhada.
- Peça às crianças que decidam quais formas nas fichas do fichário lembram mais as formas em cada figura.
- Quando tiverem terminado de separar as fotografias segundo a forma, ajude as crianças a colá-las em folhas de papel nas seções adequadas do livro.
- Em pequenos grupos ou em duplas, oriente as crianças a escrever o nome da forma e suas características, por exemplo: o cubo tem 6 faces, 8 vértices e 12 arestas todas as faces são quadrados.
- O fichário será algo muito interessante para as crianças, pois elas fizeram o passeio e trabalharam juntas. Coloque-o na biblioteca ou no Centro de Matemática para que as crianças possam revê-lo por quanto tempo se interessarem por ele.

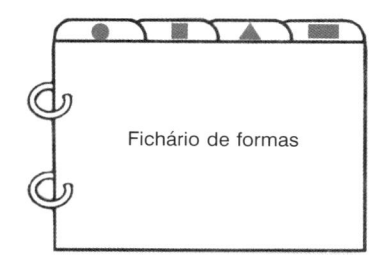

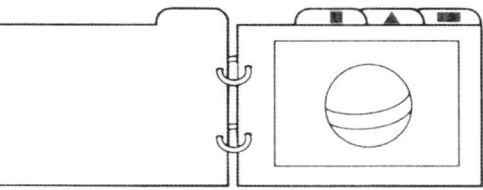

Aumente um nível

Encoraje as crianças a fazerem seus próprios fichários, separar as fotografias segundo a forma e colá-las no fichário. Depois peça que elas escrevam o que sabem sobre as formas.

Objetivos em matemática para satisfazer os parâmetros

As crianças aprenderão a:

1. identificar, descrever e desenhar formas geométricas planas e descobrir objetos concretos no ambiente que representam formas.
2. estabelecer relações entre formas bidimensionais e tridimensionais.
3. separar formas e objetos sólidos.
4. comparar tamanhos de formas geométricas.

Formas no Bairro

Materiais

Uma caixa pequena (aproximadamente 45 x 60 cm) para cada criança

Muitas caixas retangulares e quadradas, carretéis, caixinhas de filme para máquina fotográfica, recipientes, caixas de leite e copos de papel (que caibam na caixa pequena e sobre espaço)

Cola

106 | Sharon MacDonald

Além disso

Talvez as construções das crianças menores não se pareçam com bairros, mas esta atividade as ajuda a encontrarem o caminho para o pensamento representacional na medida em que começam a considerar como as formas se encaixam melhor nos espaços disponíveis.

5. reconhecer propriedades básicas de, bem como semelhanças e diferenças entre, formas geométricas simples.
6. reconhecer as características de curvas, vértices, linhas, congruência e simetria.

Como fazer

- ◆ Esta atividade funciona muito bem no Centro de Artes.
- ◆ Coloque uma caixa pequena virada para cima para cada criança.
- ◆ Convide as crianças a usarem caixas menores, recipientes, caixas de leite e outras formas para construir "bairros" em suas caixas.
- ◆ Ajude as crianças a colarem as formas junto à medida que criam os prédios e detalhes dos bairros (ver ilustração).
- ◆ Estes bairros que as crianças criam oferecem oportunidades interessantes e únicas para se falar sobre formas. Por exemplo, pergunte às crianças como as formas se juntam para produzir outras formas e quais as semelhanças e diferenças entre elas.

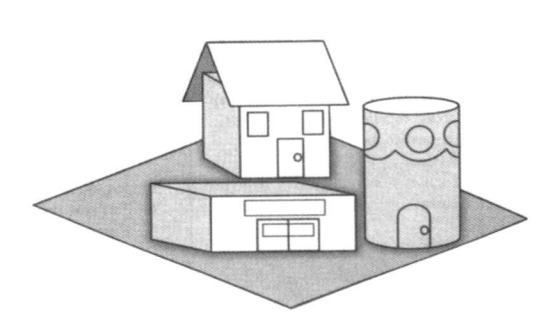

Que Formas Você Vê?

Materiais

Papel para cavalete e pincéis atômicos
Papel
Lápis de cor

Conte com isto

As crianças sempre ficam em fila nos grupos para ir a algum lugar. Esses momentos podem, às vezes, ser frustrantes para elas. Ter atividades já planejadas ajuda a estruturar o tempo e tornar as transições mais agradáveis.

Objetivos em matemática para satisfazer os parâmetros

As crianças aprenderão a:

1. estabelecer relações entre formas bidimensionais e tridimensionais.
2. separar formas sólidas (tridimensionais) e planas (bidimensionais).
3. comparar tamanhos de formas geométricas.

Como fazer

- ◆ Comece a atividade com uma demonstração durante o Trabalho em Grupo e, em seguida, vá para a biblioteca ou para o Centro de Matemática.
- ◆ Faça um cartaz com um grande círculo, um quadrado, um retângulo e um triângulo no papel para o cavalete, com formas à esquerda, como mostrado na ilustração.

- ◆ Coloque o cartaz no lado de dentro ou perto da porta da frente.
- ◆ Quando as crianças estiverem em fila para ir a algum lugar como grupo, ou quando houver um ou dois minutos livres, aponte uma das formas no cartaz e peça que as crianças identifiquem um objeto na sala que tenha uma forma similar.
- ◆ Anote algumas das ideias delas no cartaz.
- ◆ Se houver tempo, dê lápis de cor, pincéis atômicos e papel às crianças e peça a elas que façam ilustrações dos objetos que acrescentaram ao cartaz.

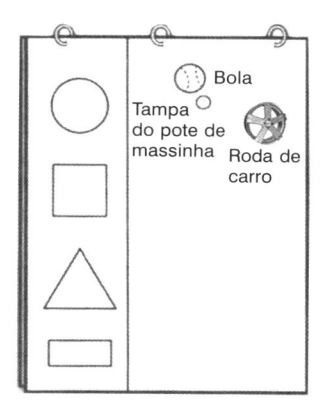

Aumente um nível

Desafie as crianças mais velhas a escrever os nomes dos objetos identificados e depois ilustrar as formas no papel do cavalete.

Brincando de "Eu Vejo Formas"

Objetivos em matemática para satisfazer os parâmetros

As crianças aprenderão a:

1. reconhecer, nomear e descrever formas básicas.
2. identificar formas no mundo físico.
3. identificar, descrever e desenhar formas geométricas planas (bidimensionais).
4. comparar os tamanhos de formas geométricas.

Como fazer

- ◆ Desenhe e recorte círculos, quadrados, triângulos e retângulos de papel-cartão, fazendo formas mais ou menos do tamanho de uma folha de papel A4. Plastifique cada forma duas vezes.
- ◆ Ponha as formas na cesta e a cesta perto da porta da frente.
- ◆ Da próxima vez que as crianças precisarem ficar em fila para ir a algum lugar, peça a elas que façam isso alguns minutos antes da hora marcada.

Materiais

Uma folha de papel-cartão para cada criança na sala (use várias cores)
Papel adesivo transparente
Tesoura
Pincel atômico preto
Cesta

- Peça às crianças que tirem as formas da cesta e as coloquem em uma linha reta que vá até a porta.
- Escolha qualquer uma das maneiras listadas abaixo para se usar as formas ou invente algumas novas você mesmo:
  - Peça a cada criança para ir até uma forma que ela conheça o nome.
  - Peça a cada criança para ir até uma forma e, então, nomeá-la.
  - Peça a cada criança para ir até uma forma e então chame outra criança para ficar em fila atrás dela sobre uma outra forma.
  - Peça a cada criança que vá até uma forma e diga o nome de um objeto tridimensional na sala que lembre aquela forma.
  - Peça a cada criança que vá até uma certa forma de acordo com as outras pessoas e formas ao redor dela. Por exemplo, peça a uma criança para ir até a forma que está atrás de Sara, diante do quadrado.
  - Distribua as formas uma para cada criança antes que elas façam fila e saiam.
  - Peça às crianças que façam um padrão de formas em uma linha em direção à porta. Por exemplo: círculo, círculo, quadrado, quadrado, círculo, círculo, quadrado, quadrado. Em seguida, tente com: triângulo, triângulo, retângulo, retângulo e assim por diante.
- Após as crianças terem entendido a brincadeira, peça a cada uma que organize a fila.
- Para finalizar, peça que desenhem o que mais gostaram e organize uma exposição dos desenhos.

Além disso

Durante algum tempo geralmente improdutivo, por exemplo, quando as crianças fazem fila, pratique atividades que se baseiem nos assuntos que as crianças estão aprendendo. Se vocês estão estudando formas, por exemplo, encontre uma maneira de usá-las mais amplamente em tudo o que faz. Atividades em que as crianças precisam sair da sala é uma das melhores maneiras de ensinar. Esta atividade é um bom exemplo.

Objetivos em matemática para satisfazer os parâmetros

As crianças aprenderão a:

1. reconhecer, nomear e descrever formas básicas.
2. comparar os tamanhos de figuras geométricas.

Como fazer

- ◆ Peça às crianças que decidam em grupo que formas geométricas elas gostariam de comer no lanche, baseando-se nas formas dos alimentos disponíveis.
- ◆ Quando comerem, desafie-as a dar o nome e falar sobre uma ou duas características das formas que estão comendo.
- ◆ Sirva lanches de várias formas e peça às crianças que digam a você as formas que estão comendo. Discuta como elas sabiam (por exemplo: "Qual é o gosto de um quadrado?").

Como Comer Geometria

Materiais

Cereais de forma oval, biscoitos redondos, roscas, picles cortados em fatias bem finas, maçãs, abobrinhas e tomates

Biscoitos e cereais quadrados e retangulares

Biscoitos e queijos triangulares e frios em pedaços cortados na forma de triângulos de vários tamanhos

---

Objetivos em matemática para satisfazer os parâmetros

As crianças aprenderão a:

1. reconhecer, nomear e descrever formas básicas.
2. comparar os tamanhos de figuras geométricas.
3. separar formas sólidas (tridimensionais) e planas (bidimensionais).

Como fazer

- ◆ Ajude as crianças a usar formas de biscoito para moldar a massa de modelar em formas geométricas. Trabalhe sobre uma bandeja de plástico.
- ◆ Encoraje as crianças a reunir as formas pelas bordas, como se fosse um quebra-cabeça, para produzir outras formas.
- ◆ Encoraje-as a falar sobre as formas que estão moldando e as que estão unindo para produzir outras. Peça a elas que descrevam as características das diferentes formas. Por exemplo: o quadrado tem quatro vértices e quatro lados. Os lados têm o mesmo tamanho. O triângulo tem três pontos e três lados, e assim por diante.

Fôrmas de Biscoito

Materiais

Fôrmas de biscoito com formas geométricas

Massa de modelar

Bandeja de plástico

Além disso

Você pode pedir que as crianças moldem as massas de biscuit ou argila com as fôrmas que quiserem.

110 | Sharon MacDonald

Fôrmas em Canudo e Limpador de Cachimbo

Materiais

Canudos cortados pela metade e em quatro

Limpadores de cachimbo

Barbante ou fio de lã

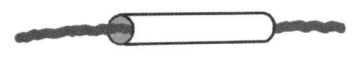

Objetivos em matemática para satisfazer os parâmetros

As crianças aprenderão a:

1. reconhecer, nomear e descrever formas básicas.
2. comparar os tamanhos de formas geométricas.

Como fazer

◆ Os Centros de Arte ou de Matemática são ótimos lugares para esta atividade.
◆ Após demonstrar a atividade durante o Trabalho em Grupo, ponha os canudos e os limpadores de cachimbo em uma cesta e deixe as crianças fazer formas geométricas com eles passando os canudos pelos limpadores e dobrando estes para produzir diferentes formas.
◆ Para completar a forma, elas torcem as duas pontas do limpador para que se encontrem (um bom exercício para os dedos).

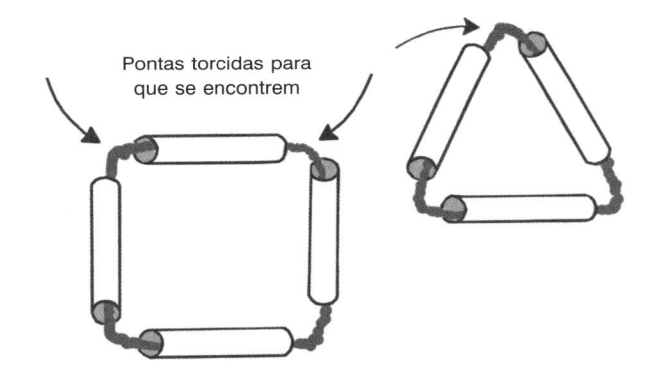

Pontas torcidas para que se encontrem

Fazendo Naipes de Baralho

Materiais

Um baralho sem as cartas com figuras (rei, valete ou dama)

Plataforma de matemática (ver Apêndice)

Quatro ou cinco de cada forma geométrica feita no "Geometria de caixa de CDs" no Apêndice (use formas de diferentes tamanhos)

Objetivos em matemática para satisfazer os parâmetros

As crianças aprenderão a:

1. identificar, descrever e desenhar formas geométricas planas (bidimensionais).
2. comparar os tamanhos de formas geométricas.
3. reconhecer, nomear e descrever formas básicas.

Como fazer

◆ Esta é uma ótima atividade para se fazer com pequenos grupos de crianças.
◆ Uma por vez, exiba uma carta de cada um dos quatro naipes em uma plataforma com cartas. Comece com copas.
◆ Pergunte às crianças como elas podem fazer um coração com as formas básicas que conhecem, em seguida, peça que façam. (Se não disserem "triângulo e círculos", ajude-as a chegarem a essas respostas falando sobre a forma de um coração.)
◆ Dê a cada criança um triângulo e dois círculos, ou várias formas a todas elas, e peça que peguem um triângulo e dois círculos das formas que já têm.
◆ Peça às crianças que expliquem como as formas podem se tornar em um coração. À medida que descrevem os passos, desenhe uma figura das formas transformando-se em um coração, como mostrado nas ilustrações. Certifique-se de que está incluindo as bordas sobrepostas das formas no desenho para que as crianças possam ver como dispor as formas uma em cima da outra.
◆ Depois que tiverem conseguido fazer bem o coração, desafie as crianças a fazerem o naipe de ouros, paus e espadas com várias formas geométricas.
◆ Continue até que as crianças tenham feito todas as formas.

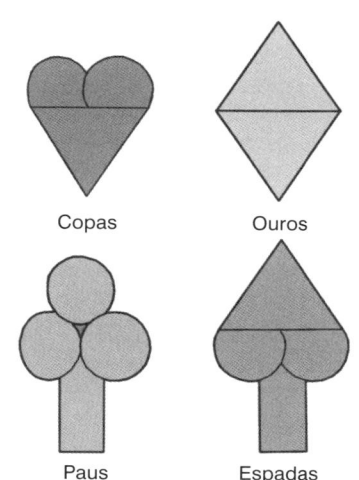

Copas   Ouros

Paus   Espadas

Objetivos em matemática para satisfazer os parâmetros

As crianças aprenderão a:

1. identificar, descrever e desenhar formas geométricas planas (bidimensionais).

Como fazer

◆ Exiba o geoplano e os cartões de amostras no Centro de Matemática.
◆ Ponha os elásticos em uma cesta e os cartões em outra.
◆ Convide as crianças a escolherem cartões e a tentar duplicá-los no geoplano usando os elásticos.
◆ Quando terminarem, peça a elas que retirem os elásticos e as ponham novamente na cesta.

Geoplanos

Materiais

Geoplano

Elásticos de dinheiro de diferentes cores e tamanhos

Cartões de amostra de formas (ver ilustrações a seguir)

Duas cestas

Além disso

As crianças adoram elásticos. Adoram puxar e esticá-los, e algumas vão querer atirar os elásticos nos colegas. Não ignore esse comportamento. Em vez disso, passe algumas lições de segurança no uso de elásticos. Eles são ótimas ferramentas para desenvolver os músculos pequenos de mãos pequenas e burilar o desenvolvimento da motricidade fina das crianças. Queremos que as crianças os usem com segurança.

Aumente um nível

Desafie as crianças mais velhas a projetar seus próprios cartões de amostra e desafiar os amigos a duplicar as formas em um geoplano.

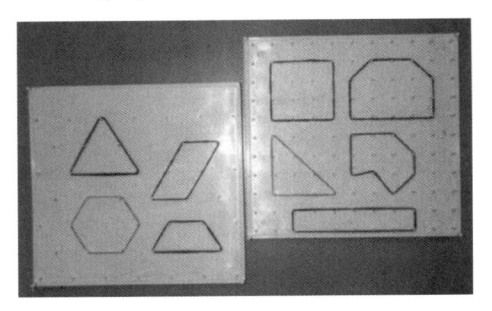

Brincadeira "Emoldure Uma Forma"

Materiais

Moldura feita com papelão espesso ou quadro de projeção

Formas geométricas recortadas de papel-cartão de diferentes cores que caibam na moldura

Quadro de avisos a uma altura que as crianças alcancem

Conte com isto

Faça mudanças. Tente coisas novas. Nunca se sabe quais atividades vão prender a atenção das crianças e impeli-las a ir para coisas novas.

Objetivos em matemática para satisfazer os parâmetros

As crianças aprenderão a:

1. identificar, descrever e desenhar formas geométricas planas (bidimensionais).
2. comparar os tamanhos de formas geométricas.
3. reconhecer, nomear e descrever formas básicas.

Como fazer

◆ Prenda as formas de papel-cartão no quadro de avisos em ordem aleatória.
◆ Demonstre a atividade em um grupo pequeno ou grande ao dar uma forma às crianças e dizer:

Vamos brincar de "Emoldure a forma"
Ponha um _____ (círculo, quadrado, triângulo, retângulo) *na moldura.*

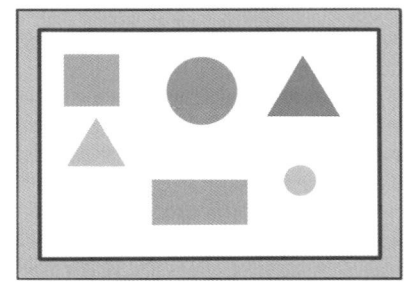

◆ Pense na possibilidade de acrescentar cor à descrição das formas. Por exemplo, diga: "Ponha um círculo verde na moldura." As cores podem ajudar algumas crianças a encontrar as formas certas.

◆ À medida que as crianças forem ficando mais proficientes em identificar as formas pelo nome, comece a pedir a elas que coloquem a moldura em volta das formas de acordo com o número de lados que elas têm.
◆ Pendure a moldura perto das formas para que as crianças possam brincar com seus amigos.

Atividades para se ensinar senso espacial

Objetivos em matemática para satisfazer os parâmetros

As crianças aprenderão a:

1. desenvolver o senso espacial: posição, direção, distância e ordem.
2. criar estruturas usando formas tridimensionais.
3. entender e descrever posição, direção e distância.
4. construir o entendimento de tamanho em relação a espaço.

Como fazer

◆ Coloque os blocos e a caixa juntos no Centro de Blocos.
◆ Encoraje as crianças a usar os blocos para construir objetos e estruturas dentro da caixa.
◆ Faça perguntas sobre suas estruturas e sobre como elas dispuseram os blocos para encher áreas com maior sucesso.

Construir em Uma Caixa

Materiais

Caixa de supermercado com laterais baixas para armazenar latas e assemelhados

Blocos

Conte com isto

As crianças gostam de brincar com blocos. Quando brincam com eles em uma caixa, isso aumenta o interesse delas e desenvolve habilidades.

Objetivos em matemática para satisfazer os parâmetros

As crianças aprenderão a:

1. entender e descrever posição, direção e distância.
2. interpretar o espaço: posição, direção, distância e ordem.

Quebra-Cabeça de Fotografias da Sala de Aula

Materiais

Câmera digital

Escada de abrir e fechar

Cola e tesoura

Folha de papel-cartão

Saco plástico com fecho (do tipo utilizado para armazenar alimentos)

Além disso

Deixe as crianças subirem na escada um passo por vez, com sua supervisão, de forma que todas possam ver a sala do ponto de vista de uma câmera. Subir a escada vai ser o maior sucesso do dia. **Nota de segurança:** nunca deixe uma criança usar a escada sem um adulto supervisionando de perto e com cuidado.

Como fazer

- Suba em uma escada de três degraus e tire fotografias de oito seções contíguas da sala de aula.
- Imprima e as ordene para que você possa juntá-las e fazer uma fotografia completa da sala de aula.
- Cole as fotografias em papel-cartão e recorte-as como peças de quebra-cabeça. Plastifique essas peças e coloque-as em um saco de plástico com fecho. Mostre o saco de plástico e desafie as crianças a solucionar o quebra-cabeça juntas.
- Encoraje as crianças a falar sobre onde alguns pontos de referência da sala estão localizados no quebra-cabeça.
- Deixe esta atividade no Centro de Jogos. Mantenha-a ali até que as crianças percam o interesse.

Aumente um nível

Ajude as crianças a fotografar a sala na escada. Se não for possível fotografar, faça com que desenhem a sala como se fosse uma fotografia. Essa é uma primeira exploração de mapeamento.

"Em Cima e Embaixo"

Materiais

Blocos (um por criança)

Objetivos em matemática para satisfazer os parâmetros

As crianças aprenderão a:

1. entender e descrever posição, direção e distância.
2. interpretar espaço: posição, direção, distância e ordem.
3. construir um entendimento de tamanho em relação a espaço que o contém.
4. usar vocabulário geométrico como *perto/longe, próximo/distante, em cima/embaixo, ao lado/próximo a*.

Como fazer

- Esta atividade funciona melhor durante o Trabalho em Grupo, mas você também pode fazê-la com grupos de três ou quatro crianças. É bem divertido.
- Escreva "Em cima e embaixo" em um cartaz em letras grandes. Recite o poema a seguir com as crianças.

Em cima e embaixo (adaptado da canção "Up and Down", de Sharon MacDonald, presente no CD *Watermelon Pie and Other Tunes!*)

Em cima e embaixo são lugares
Que eu preciso conhecer
Assim como dentro e fora
Perto e longe, alto e baixo

Mas eu notei quando cheguei,
Sem fôlego e cansado,
Que tem outro em cima e embaixo
Se eu olho pra outro lado

Longe e perto, em cima e embaixo
Rápido e lento, alto e baixo,
Pra frente, pra trás, grande, pequeno,
Aqui e ali, baixo e alto

◆ Após as crianças terem aprendido o poema, faça com que peguem seus blocos e sigam os movimentos no poema com eles, movendo-os enquanto recitam. Por exemplo, as crianças movem o bloco em cima e embaixo em suas barrigas ou peitos, e dentro e fora de um braço com a mão na cintura, como uma alça, seguindo as instruções do poema.

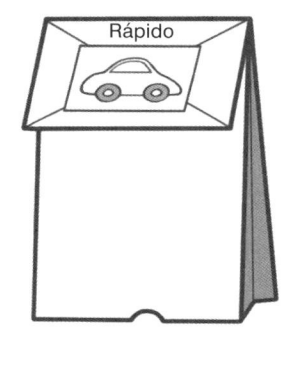

Além disso

Depois que as crianças aprenderem as palavras que expressam os opostos, faça fantoches para usar com o poema. Pegue várias revistas e catálogos e encoraje as crianças a recortar imagens que representem opostos. Fotocopie as ilustrações e recorte-as separadamente. Combine as ações opostas e cole-as em sacolas de papel pardo, uma imagem embaixo da sacola e o oposto dentro da dobra, assim, quando uma criança colocar a mão na sacola e fechá-la, uma imagem fica visível e, quando abrir, fica visível seu oposto (ver ilustrações abaixo).

Objetivos em matemática para satisfazer os parâmetros

As crianças aprenderão a:

1. construir e separar formas sólidas e planas.
2. entender e descrever: posição, direção e distância.
3. usar o vocabulário da geometria.

Palavras geométricas em construção de blocos

Materiais

Blocos (unidades)

Como fazer

◆ Introduza esta atividade durante o Trabalho em Grupo com a ajuda de duas crianças. Uma vez que as crianças estejam familiarizadas com ela, leve-a para o Centro de Jogos.
◆ Usando palavras como *sobre, sob, em volta* e *atrás*, faça uma criança dizer a outra como construir uma estrutura, descrevendo onde deve ficar cada bloco.
◆ Quando a primeira criança terminar de dar as instruções, faça com que mudem de papéis.

Percurso com Obstáculos

Materiais

O espaço da sala de aula
Pegadas cortadas do papel
Papel A4 ou para cavalete
Fita adesiva
Cesta

Conte com isto

Atividades simples ligadas a movimento físico são ótimas para crianças pequenas, além de muito divertidas. Essas atividades demandam muito pouco tempo e não é necessário muita preparação, especialmente quando se pede às crianças para lhe darem uma mão.

Objetivos em matemática para satisfazer os parâmetros

As crianças aprenderão a:

1. entender e descrever: posição, direção e distância.
2. usar o vocabulário da geometria (*através, sob, em volta, atrás e sobre*).

Como fazer

◆ Forme duplas e peça que as crianças façam pegadas:
   – Uma criança fica em pé sobre uma folha de papel enquanto outra faz o contorno dos seus dois pés.
   – Faça com que elas troquem de lugar e repitam o contorno do pé.
   – Elas recortam suas próprias pegadas e as colocam de lado até que as pegadas de todas estejam prontas.
◆ Organize uma trilha com obstáculos na sala usando as pegadas. Use mesas para que as crianças passem *ao longo e sob*, um tapete de modo que elas andem *em volta*, uma parede de blocos para se caminhar *atrás* e um fio para pular *sobre*.
◆ Prenda as pegadas no chão com fita adesiva, fazendo a trilha e passando pelos obstáculos. Dê a cada criança uma vez para fazer a trilha.
◆ Guarde as pegadas na cesta e tire os obstáculos do caminho.
◆ Da próxima vez, desafie as crianças a fazerem um percurso com obstáculos (quando houver tempo para isso).

Matemática em Minutos | 117

Objetivos em matemática para satisfazer os parâmetros

As crianças aprenderão a:

1. construir e separar formas sólidas e planas.
2. entender e descrever posição, direção e distância.
3. usar o vocabulário da geometria (*através, sob, em volta, atrás* e *sobre*).

Como fazer

◆ Organize a mobília de brinquedo no centro de blocos e convide as crianças a usá-la para recriar o *design* de interiores que veem em revistas.
◆ Desafie as crianças a descrever onde estão colocando a mobília e por quê.
◆ Encoraje-as a reorganizar a mobília com frequência.

Mobília de Brinquedo no Centro de Blocos

Materiais

Mobília de brinquedo
Blocos
Fotografias de revista de salas, quartos e casas

Objetivos em matemática para satisfazer os parâmetros

As crianças aprenderão a:

1. entender e descrever posição, direção e distância.
2. usar o vocabulário da geometria (*através, sob, em volta, atrás* e *sobre*).

Como fazer

◆ Faça esta atividade a qualquer momento durante o dia, especialmente quando tiver alguns minutos de sobra.
◆ Oriente as crianças a se moverem para lugares diferentes na sala de aula e a desempenharem diferentes ações em cada um deles. Por exemplo:
  – Ficar em pé ao lado da mesa que está atrás de Larry.
  – Sentar embaixo da mesa em que Larry está sentado.
  – Ficar em pé atrás de Susan, na frente de Larry.
  – Caminhar ao lado de Larry e de Susan.
  – Ficar em pé sobre o tapete próximo a Larry, na frente de Susan.

Onde Está Você?

Materiais

Crianças na sala

Além disso

Risadas são ótimas para se construir uma relação, então, use comandos engraçados para as crianças:

◆ Sente-se sobre seus dedos do pé *em frente ao* muro.
◆ Olhe *para trás*, coloque sua mão *perto* de sua orelha e caminhe *para trás* até a mesa.
◆ Engatinhe *sob* o tapete e *sobre* o assento da cadeira, toque a *ponta* do seu sapato.

- Quando as crianças chegarem ao lugar que você descreveu, peça a elas que digam alto onde estão.
- Quando elas tiverem aprendido a jogar, deixe-as dar as orientações, uma de cada vez.
- Como alternativa, não diga às crianças aonde ir, apenas leve várias delas a um local que você escolheu e peça-lhes que usem palavras que denotem posições para dizer à turma onde estão.

"Mexe, Dobra, Escorrega e Ondula"

Materiais

A letra de "Mexe, dobra, escorrega e ondula" escrita em um cartaz

Elástico de cabelo

Conte com isto

O movimento é importante para o desenvolvimento das habilidades espaciais da criança. Como as crianças aprendem melhor se elas se movimentam, a canção "Mexe, dobra, escorrega e ondula" dá a elas a chance de aprender palavras relativas à posição enquanto movimentam seus corpos.

Objetivos em matemática para satisfazer os parâmetros

As crianças aprenderão a:

1. entender e descrever: posição, direção e distância.
2. usar o vocabulário da geometria, esquerda e direita.

Como fazer

- Durante o Trabalho em Grupo, ensine às crianças a letra de "Mexe, dobra, escorrega e ondula".
- Ponha um elástico de cabelo no punho esquerdo de cada criança para identificar qual a direção em que se move enquanto ela canta.
- Cante ou leia em voz alta "Mexe, dobra, escorrega e ondula" com as crianças, convidando-as a fazerem os movimentos descritos na canção.

"Mexe, dobra, escorrega e ondula" – (adaptado da canção "Shuffle, Bend, Slide, and Wave", de Sharon MacDonald, presente no cd *Jingle in my pocket!)*

Mexe pra esquerda e mexe pra direita,
Então, estala, estala, estala e estala.
Com o calcanhar eu dou meia-volta,
E de novo o calcanhar, e lá vou eu!

Dobra pra esquerda e dobra pra direita,
Então, bate palma, bate, bate palma,
E com o calcanhar eu dou meia-volta,
E de novo o calcanhar, e aqui vou eu!

Escorrega pra esquerda e escorrega pra direita,
Então, pisa, pisa, pisa e pisa,
E com o calcanhar eu dou meia-volta,
E de novo o calcanhar, e aqui vou eu!

Ondula pra esquerda e ondula pra direita,
Então, caminha, caminha, caminha e caminha,
E com o calcanhar eu dou meia-volta,
E de novo o calcanhar, e senta de volta.

CAPÍTULO 6

Separação, classificação, construção de gráfico, análise de dados e probabilidade

O que é...?

Para conseguir **separar**, uma criança deve reconhecer semelhanças e diferenças. A forma mais simples de sortimento é a **combinação**. Um conjunto de objetos simples para se combinar são meias. Combinar meias é divertido. As meias são objetos familiares.

O que é...?

Classificar quer dizer agrupar por semelhanças ou separar por diferenças. Para conseguir agrupar, uma criança precisa reconhecer atributos ou características similares entre vários objetos. Agrupar meias com buracos para os dedos e diferenciá-las das que não têm o buraco faz sentido para as crianças. Buracos são coisas familiares.

O que é...?

Um **atributo** é uma qualidade que um objeto ou pessoa possui, como cor, forma, tamanho, altura, sabor, textura ou odor. Neste livro, *atributo* e *característica* querem dizer a mesma coisa. As crianças aprendem a separar e classificar por meio de atributos.

Se as crianças não conseguem separar e classificar, podem não conseguir combinar o sapato certo com o pé certo quando se vestem pela manhã. Elas também podem ter dificuldades de entender gráficos, analisar dados ou trabalhar com os conceitos ligados ao acaso, como probabilidade. Ler também pode ser bastante difícil para uma criança que não reconhece padrões. A maioria das crianças nasce com a capacidade de reconhecer padrões, de separar e de classificar. Se se pede a elas, no entanto, para construir gráficos antes que consigam combinar, separar, classificar e reconhecer a partir de atributos, elas não vão ser capazes de fazê-lo e podem ter dificuldades em certos pontos mais avançados no início de sua educação.

Existem sete níveis distintos pelos quais as crianças passam quando aprendem a separar. Elas podem progredir por eles no seu próprio ritmo:

1. **A criança combina a partir de uma característica altamente dessemelhante:** "Encontre um par de botas (entre sandálias)."

2. **A criança combina por uma característica semelhante:** "Encontre tênis que combinam."
3. **A criança faz a separação a partir de um atributo (como a cor):** "Ponha os sapatos vermelhos aqui e os brancos lá."
4. **A criança faz a separação a partir de dois atributos (cor e sistema de fechamento):** "Separe os sapatos vermelhos com cadarços dos azuis com velcro."
5. **A criança classifica a partir de função:** "Estes sapatos são para trabalhar, brincar ou ficar bem arrumado?"
6. **A criança classifica a partir daquilo que não pertence:** Em um dado agrupamento de objetos, a criança descobre qual é diferente dos outros. Por exemplo, dado um grupo de sapatos como os que aparecem no Apêndice das páginas 199 e 200, a criança consegue determinar o seguinte:
   - sandálias não pertencem ao grupo, pois elas têm fivelas;
   - pantufas não pertencem ao grupo, pois não têm cadarço;
   - um mocassim não pertence ao grupo, pois tem uma fivela em cima;
   - uma bota de vaqueiro não pertence ao grupo, pois tem uma espora;
   - chinelos de dedos não pertencem ao grupo, pois deixam os dedos de fora;
   - e sapatilhas não pertencem ao grupo, pois são os únicos mostrados em par em uma única imagem.
7. **A criança classifica a partir de múltiplos atributos.** As crianças fazem separação baseados na cor, sistema de fechamento, função e tamanho. A perspectiva e as explicações das crianças são importantes, como no passo 6, porque existem várias respostas aceitáveis, dependendo do ponto de vista de cada criança.

Separar se torna mais difícil para as crianças à medida que a quantidade de atributos aumenta, ou se torna mais semelhante. O modo como os objetos são separados depende da perspectiva de cada criança. Chinelos de dedos são calçados de trabalho quando quem os usa é um salva-vidas, mas, para o resto das pessoas, eles são para o tempo livre. A interpretação e a perspectiva contam.

O que é...?

Construção de gráfico é um modo de mostrar duas ou mais comparações visualmente. Com o encorajamento dos professores, por exemplo, as crianças podem se interessar em descobrir diferentes tipos de sapatos que estão usando. Para descobrir, elas podem tirar os sapatos, contar os tipos diferentes e exibir seus achados em um gráfico de barras para sapatos (ver a ilustração no Apêndice da página 201).

Quando as crianças fazem gráficos, elas usam várias habilidades, como separar, classificar, contar, comparar e medir. À medida que vão aprimorando essas habilidades, elas frequentemente se interessam em comparar mais de dois itens e criar registros mais permanentes de seus achados, tais como cartazes para prender na parede da sala de aula. Uma vez que as crianças começam a construir gráficos, elas com frequência pensam em meios de usá-los por si próprias.

Gráficos em barras ou **figuras** são os mais típicos que as crianças usam na educação infantil. **Gráficos em linhas** são introduzidos na 1ª série. Os primeiros gráficos que as crianças aprendem devem ser os **gráficos em barras** horizontais que exibem dados numéricos de forma ascendente da esquerda para a direita. Os dados exibidos verticalmente devem mostrar os números aumentando de valor de baixo até em cima.

Listas e *tracinhos* oferecem um local para as crianças organizarem as informações antes de transformá-las em um gráfico.

O que é...?

Análise de dados é a interpretação de informações acumuladas. Por exemplo, se as crianças querem discutir quais são os sapatos mais populares na turma, elas precisarão coletar dados sobre todos os diferentes tipos de sapatos que estão sendo usados.

O que é...?

A **Probabilidade** está centrada no resultado de um evento e determina se ele é possível ou não de acontecer. Por exemplo, é possível ou impossível que a maioria das crianças estará usando os mesmos sapatos amanhã?

É melhor introduzir gráficos, análise de dados e probabilidade às crianças usando objetos reais do cotidiano. Sapatos são um bom exemplo, mas existem muitos outros. As crianças podem separar sapatos dentro de uma sapateira (ver ilustração à direita) ou combiná-los em um gráfico de barras horizontal para objetos reais. Elas podem fazer gráficos a partir de outros objetos cotidianos, por exemplo: sementes, botões, maçãs, lápis de cor, clipes, biscoitos para cães, cor de cabelo, blocos, adesivos, pompons, animais de estimação e assim por diante.

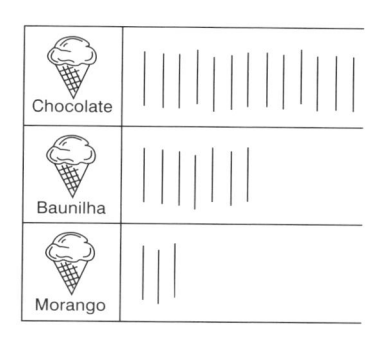

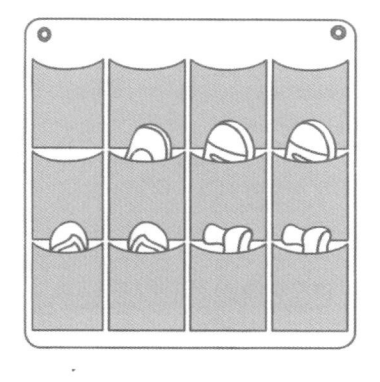

O que é...?

O **diagrama de Venn** é uma ferramenta visual que ajuda a agrupar objetos que têm algumas, mas não necessariamente todas, características em comum. A forma básica consiste em dois círculos sobrepostos. Mesmo que existam diagramas de Venn mais complexos, é melhor esperar até séries elementares mais avançadas para introduzi-los para as crianças.

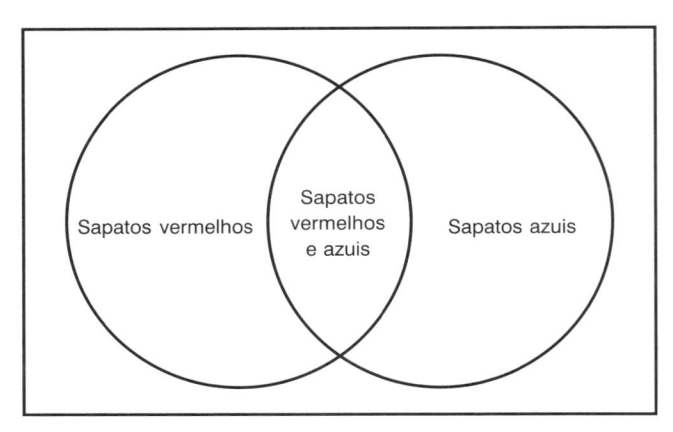

Diagrama de Venn, *De que cor são seus sapatos?*

O gráfico é um modo eficiente de se organizar, comparar e registrar informações visualmente. É por isso que é importante para as crianças pequenas aprender a usar gráficos e interpretar as informações que eles contêm.

Atividades para se ensinar separação, classificação, construção de gráficos, análise de dados e probabilidade

Quais Sapatos Você Escolhe?

Materiais

De 12 a 15 ilustrações de vários tipos de sapatos (ver ilustrações no Apêndice das páginas 199-200)

Lápis de cor

Papel-cartão

Sacos com fecho do tamanho de lancheiras

Cola

Tesoura

Papel adesivo transparente

Objetivos em matemática para satisfazer os parâmetros

As crianças aprenderão a:

1. separar e classificar materiais a partir de uma ou mais características.
2. comparar e contrastar objetos.
3. separar e classificar objetos reais e figuras de objetos e explicar como foi feito o sortimento.

Como fazer

◆ Se você planeja trabalhar com grupos de três ou quatro crianças, precisará de um conjunto de todos os sapatos da ilustração no Apêndice, páginas 199-200 para cada grupo. Armazene cada pedaço de papel em forma de sapato em um saco plástico com fecho.

- ♦ Se você dispuser as crianças em duplas, dê um conjunto para cada dupla.
- ♦ Prepare conjuntos extras para trabalho independente destinados às crianças na sua turma que já estão em um nível mais avançado.
- ♦ Pinte os sapatos com lápis de cor de modo que fique mais fácil separá-los e mais divertido trabalhar com eles (o cérebro adora cores!).
- ♦ Use os lápis de cor para:
  - Colorir de *marrom* os chinelos de dedos, as botas de vaqueiro e as sandálias.
  - Colorir de *rosa* as sapatilhas.
  - Colorir de *vermelho, azul e branco* um par de tênis.
  - Colorir de *verde* um outro par de tênis.
- ♦ Cole cada página que colorir em papel-cartão.
- ♦ Recorte cada sapato e então o plastifique (é bem trabalhoso, mas vale a pena). Faça uma transparência com todos os sapatos e depois os recorte da folha original.
- ♦ No Trabalho de Grupo, comece com uma discussão sobre as características que as crianças podem usar para separar os sapatos e, então, faça uma separação a partir de uma característica bastante dessemelhante. Depois disso, avance nos níveis de separação como discutido na introdução do capítulo.
- ♦ Depois que tiver uma noção clara do nível em que funciona cada criança, tente ajudá-las a separar no próximo nível de dificuldade. Por exemplo, tente o nível do "o que não pertence".
- ♦ Essas discussões e debates oferecem excelentes chances para se construir confiança e colaboração e usar palavras descritivas ligadas ao vocabulário da matemática.
- ♦ À medida que se descobrem os níveis em que está trabalhando cada criança individualmente crie grupos de três ou quatro crianças que tenham habilidades semelhantes e trabalhe com a transparência.

Objetivos em matemática para satisfazer os parâmetros

As crianças aprenderão a:

1. separar e classificar materiais por uma ou mais características.

"Os Sapatos de Quem Anda Descalço"

Materiais

O poema "Os sapatos de quem anda descalço"

Papel-craft para cartaz

Pincel atômico

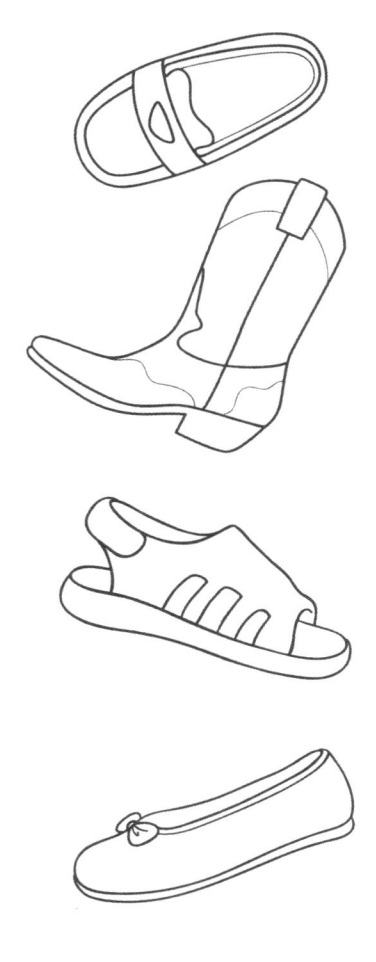

Como fazer

- Ensine o poema "Os sapatos de quem anda descalço" às crianças.
- Depois que as crianças o aprenderem, encoraje-as a interpretar os movimentos descritos.
- Deixe as crianças decidirem como devem ficar quando fazem os movimentos. Elas podem caminhar, nadar, escalar, dançar, andar a cavalo, escorregar e assim por diante – é uma ótima ocasião para elas expressarem a criatividade.

Os sapatos de quem anda descalço (adaptado da canção "A Barefoot Walker's Shoes", de Sharon MacDonald, presente no cd *Jingle in My Pocket*)

Tenho sapatos pra caminhar,
E pés-de-pato pra nadar.
Tênis bem fortes pra segurar
Meus pés, e eu poder escalar.
Tenho belas sapatilhas
E botas pra cavalgar
E um lindo par de patins
Que me fazem deslizar.
Botas quentes para o frio,
E de borracha pra quando chove.
E sandálias pra dar saltos
Com meus amigos, saltos bem altos!
Perto da cama tem pés-de-pato
Botas, sandálias e sapatos.
"O que eu calço?"
"Fico descalço!"
O que eu faria sem meus sapaaaaatos?

- Repita o poema com as crianças, mudando o final para "*Eu não quero usar sapaaaaaatos!*".
- Durante o Trabalho em Grupo, faça com que as crianças decidam a função de cada par de sapatos mencionado no poema.
- Faça uma lista de diferentes funções dos sapatos em uma folha de papel de construção:

  – Botas são para escalar.
  – Botas de vaqueiro são para cavalgar.
  – Sapatilhas são para dançar balé.

- Encoraje as crianças a classificar os sapatos em grupos, tais como botas, sapatos mais rápidos de calçar (como sandálias) ou todos que tiverem cadarço.

Aumente um nível

Depois de as crianças terem aprendido o poema e se familiarizado com os diferentes tipos de sapatos, dê a elas folhas de papel, lápis de cor e pincéis atômicos e peça que façam desenhos de coisas mencionadas pelo poema ou de suas próprias botas ou sapatos.

Objetivos em matemática para satisfazer os parâmetros

As crianças aprenderão a:

1. separar e classificar materiais a partir de uma ou mais características.
2. comparar e contrastar objetos.

Como fazer

◆ Ponha a atividade em prática no Centro de Matemática.
◆ Peça às crianças para separarem as tampinhas nas seções da bandeja.
◆ Peça às crianças para explicarem aos amigos o modo como fazem a separação das tampinhas na bandeja, como das seguintes maneiras:

– duas vermelhas grandes em uma seção,
– duas azuis grandes em outra,
– uma amarela grande em uma,
– três azuis médias em outra,
– quatro vermelhas médias em outra,
– cinco amarelas médias em uma,
– duas vermelhas pequenas em uma seção e
– seis amarelas pequenas e cinco azuis pequenas, todas na última seção.

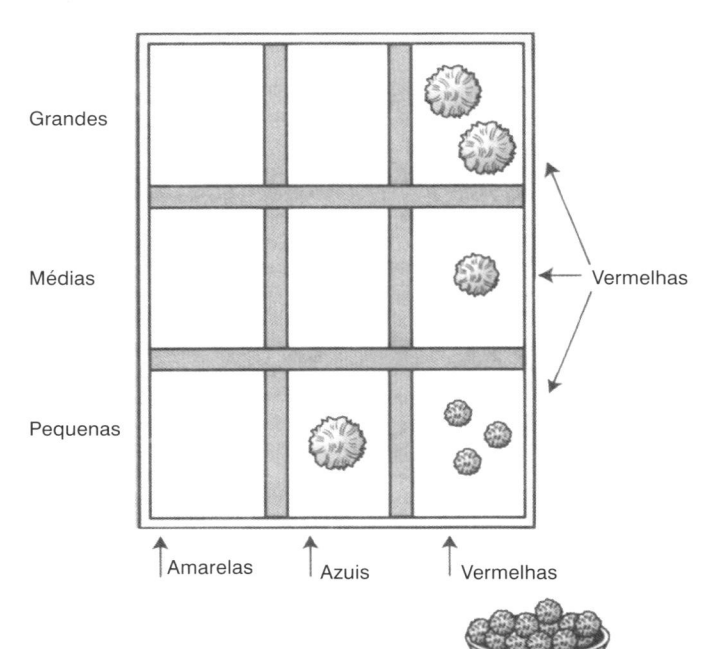

Separação de Tampinhas

Materiais

De 27 a 36 tampinhas vermelhas, amarelas e azuis pequenas, médias e grandes misturadas em uma grande cesta ou tigela

Bandeja separada em nove partes com fita colorida (ver ilustração)

Conte com isto

Tenha consigo várias amostras de quadrados de tapete para as crianças pegar e sentar em diferentes momentos do dia. Elas ficam paradas por mais tempo, aprendem mais e ficam mais felizes em tapetes que elas próprias escolheram! Não tenho nenhuma prova, a não ser minhas próprias observações e experiências. Parece que é verdade, porque as crianças pequenas têm tão poucas escolhas, elas respondem bem àquelas que podem fazer. Queria ter percebido isso antes na minha carreira como professora, teria poupado centenas de horas!

A caixa de botões

Materiais

O livro *Vamos criar com botões*, Sabine Lohf, DCL livros

Caixa com botões

Conte com isto

No Centro de Matemática, mantenha uma quantidade de 30 a 35 botões. Escolhas demais podem causar confusão e frustração. Muitas escolhas de botões funcionam bem durante o Trabalho em Grupo, entretanto. Se dispuser as crianças em duplas, dê 10 a 20 botões para cada dupla.

Quando levar a atividade para o Centro de Matemática, crie um projeto de botões diferente para cada semana.

Além disso

Uma bandeja de separação é útil, pois mantém a atividade organizada. Aqui há alguns exemplos de separação de botões:

- ◆ Separar todos os de quatro e de dois furos.
- ◆ Separar todos os vermelhos, azuis e laranjas.
- ◆ Separar todos os redondos, quadrados e retangulares.
- ◆ Separar todos os simples e mais enfeitados.
- ◆ Separar todos os de madeira e de metal.
- ◆ Separar todos os botões com buracos em uma presilha e os que têm os buracos neles mesmos.
- ◆ Separar todos os botões simples e os brilhantes.
- ◆ Depois de fazer isso, desafie as crianças a pensar em alguns outros jeitos de separar.

Objetivos em matemática para satisfazer os parâmetros

As crianças aprenderão a:

1. separar e classificar materiais a partir de uma ou mais características.
2. comparar e contrastar objetos.
3. sortir e classificar usando objetos reais, ou figuras, e explicar como foi feito o sortimento.
4. coletar e organizar dados sobre si, o ambiente ao redor e as experiências significativas que tiveram.

Como fazer

- ◆ Antes de ler o livro durante o Trabalho em Grupo, fale com as crianças sobre botões.
- ◆ Faça com que olhem para suas roupas. Pergunte: "Para que servem os botões?"
- ◆ Conte uma história, ou duas, sobre botões. Por exemplo:

  Francis I, rei da França (1494-1547), viveu durante o início da Renascença, mais ou menos 500 anos atrás. Ele tinha mais de 13.600 botões de ouro em um único uniforme e, por um curto período de tempo, ordenou que ninguém poderia ter botões nos uniformes ou roupas, a não ser ele.

  Imagine só! As blusas e camisas de todo mundo ficavam abertas e suas calças caíam! Os dos nobres ricos eram os maiores, mais bonitos e caros botões que existiam no mundo.

- ◆ Leia *Vamos criar com botões* para elas durante um período de vários dias. Tem diversas de informações sobre botões e muitas coisas para as crianças fazerem.
- ◆ Depois de ter lido algumas páginas, traga a caixa de botões e peça às crianças que achem botões como os descritos nas páginas que leram.
- ◆ Peça a elas que façam uma separação dos botões e falem sobre a maneira como fizeram, perguntando, por exemplo, quais características usaram para agrupar os botões.
- ◆ Continue com esta atividade até que as crianças terminem o livro completamente.
- ◆ Ponha a caixa no centro de matemática, junto com o livro, para que as crianças os explorem.
- ◆ Quando as crianças tiverem tido bastante tempo para explorar os botões, use-os para ensinar as crianças a contar, separar, combinar e construir gráficos.

Aumente um nível

Desafie as crianças a separarem de 30 a 35 botões de uma vez só e dizer a você quais características elas usaram para fazer a separação (elas podem ter de 10 a 12 pilhas de botões).

Objetivos em matemática para satisfazer os parâmetros

As crianças aprenderão a:

1. separar e classificar materiais por uma ou mais características.
2. comparar e contrastar objetos.
3. construir gráficos usando objetos reais, ou figuras, para responder perguntas.
4. interpretar e usar informações de gráficos.

Como fazer

- ◆ Prepare papel quadriculado para as crianças.
- ◆ Use de 15 a 20 botões da atividade anterior e mostre às crianças como construir um gráfico a partir dos botões, usando diferentes características deles.
- ◆ Anote as primeiras características na linha de baixo do papel quadriculado.
- ◆ Mostre às crianças como escolher botões que tenham as características que você escolheu.
- ◆ Depois que elas entenderem como construir gráficos, disponha-as em grupos de três ou quatro e faça com que repitam a atividade, escolhendo seus próprios conjuntos de características segundo os quais devem separar os botões.
- ◆ Depois de escolherem as características, ajude as crianças a fazerem legendas nas linhas de baixo de suas folhas de papel quadriculado.
- ◆ Ponha os botões ao alcance das crianças e ponha o papel quadriculado no meio de sua área de trabalho.
- ◆ Encoraje as crianças a escolherem seus botões baseadas em características que identificaram e, em seguida, dispô-los no primeiro quadrado de suas folhas.
- ◆ À medida que elas escolhem outros botões e os colocam em outros quadrados baseadas em características que escolheram, encoraje-as a trabalhar da esquerda para a direita, e de baixo para cima.

Gráfico de botões

Materiais

Trinta folhas de papel quadriculado com quadros de 2,5 x 2,5 cm

Botões

Nota: o gráfico de cada grupo pode ser diferente.

◆ Quando as crianças tiverem um entendimento de como construir gráficos, coloque esta atividade no Centro de Matemática para que as crianças a explorem por si mesmas. Elas podem formar grupos para a atividade ou trabalhar sozinhas.

Aumente um nível

Desafie as crianças a desenharem versões de seus gráficos em papel.

Gráfico em Barras para Cores de Lápis

Materiais

Lápis de cor

Folhas de papel para gráficos em barra

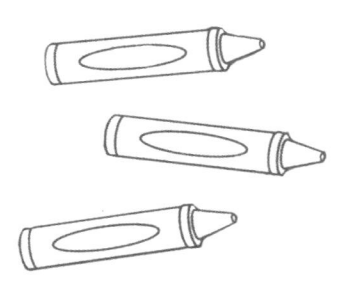

Objetivos em matemática para satisfazer os parâmetros

As crianças aprenderão a:

1. separar e classificar materiais a partir de uma ou mais características.
2. comparar e contrastar objetos.
3. construir gráficos usando objetos reais, ou figuras, para responder perguntas.
4. interpretar e usar informações de gráficos.
5. coletar dados de maneira organizada.

Como fazer

◆ Faça esta atividade com grupos de três ou quatro crianças.
◆ Dê a cada uma três ou quatro lápis de cor.
◆ Encoraje-as a examinar cada lápis de cor e contar a quantidade de letras que tem o nome de cada cor (por exemplo: *vermelho* tem 8 letras; *verde* tem 5).
◆ Em seguida, peça às crianças que ponham o lápis de cor próximo ao número correto no gráfico, como mostrado no gráfico de exemplo no Apêndice, página 202.
◆ Depois que a criança tiver entendido a atividade, leve-a para o Centro de Matemática ou para a biblioteca para que ela possa fazê-la sozinha.

Gráfico do Tempo

Objetivos em matemática para satisfazer os parâmetros

As crianças aprenderão a:

1. investigar, identificar e descrever diferentes formas de coleta de dados, tais como registrar a temperatura diária e condições do tempo.

Como fazer

- Fale com as crianças sobre condições do tempo. Descreva o que é uma legenda (um "código" para os símbolos e cores usados no gráfico).
- Faça uma legenda para o gráfico do tempo. Pergunte às crianças que cores elas acham que indicam tempo ensolarado, chuvoso, nublado e assim por diante. Use também desenhos de diferentes eventos ligados ao tempo.
- Crie um gráfico do tempo, pondo os desenhos de diferentes tipos de tempo verticalmente no lado esquerdo do gráfico e então faça uma grade, com um espaço para cada dia do mês à direita de cada tipo de tempo.
- A cada dia, escolha uma criança para colorir a coluna do tempo correta, usando a cor apropriada, baseando-se em discussões anteriores que elas tiveram sobre que cores combinam com que tipos diferentes de tempo.
- No fim do mês, conte os números de dias ensolarados, chuvosos e ventosos e faça um total de cada um na extremidade direita do gráfico.

Aumente um nível

Colete dados do tempo do ano inteiro. No final do ano, faça um gráfico que mostre a quantidade de cada tipo de tempo em cada mês, usando a mesma legenda que foi usada na atividade principal.

Materiais

Gráfico do tempo (ver ilustração no Apêndice, página 207)

Lápis de cor

Tempo

Conte com isto

Não é caro usar coisas do mundo natural para se ensinar! Você pode construir todo um currículo para a educação voltada à primeira infância em volta do tempo, de rochas, árvores, grama, cores, arco-íris, dia e noite, água e pessoas, só para citar alguns materiais "da natureza".

Gráfico do Corpo Inteiro

Objetivos em matemática para satisfazer os parâmetros

As crianças aprenderão a:

1. separar e classificar materiais por uma ou mais características.
2. comparar e contrastar objetos.
3. construir gráficos usando objetos reais, ou figuras, para responder perguntas.
4. interpretar e usar informações de gráficos.

Materiais

Lençol de cama de casal

Caneta para retroprojetor ou pincel atômico

Crianças

Além disso

Ideias que as crianças podem sugerir para serem incluídas nos gráficos:

- cor dos olhos
- quantidade de bolsos na roupa
- tipo de animal de estimação (cachorro, gato, cavalo, coelho, peixe ou nenhum)
- cor dos sapatos
- tipo de sapato (com ou sem cadarço ou de fivela)
- comprimento do cabelo
- comida favorita (*pizza*, espaguete, frango, hambúrguer)

Quando a atividade terminar, dobre o lençol e deixe-o em lugar acessível.

Como fazer

- Faça esta atividade durante o Trabalho em Grupo e use-a sempre que tiver tempo durante transições.
- Desenhe quadrados de 30 cm em um lençol.
- A primeira vez que fizer esta atividade, escolha um atributo para as crianças disporem em um gráfico no lençol. Por exemplo, peça às crianças que façam fila sobre o gráfico de acordo com a cor do cabelo.
- Peça a uma criança para ficar em pé sobre um quadrado ao longo da parte de baixo da grade. Por exemplo, no primeiro quadrado, ponha uma criança que tenha cabelo castanho; no segundo quadrado, ponha uma criança loira; no terceiro quadrado, ponha uma criança de cabelo preto. Peça às crianças que façam fila atrás da criança que tenha a mesma cor de cabelo que ela.
- Depois que as crianças puderem fazer isto rapidamente e com facilidade, deixe-as decidir os atributos delas que querem dispor em um gráfico.

Foto-Gráficos

Materiais

Fotografia de corpo inteiro de cada criança de 10 x 15 cm

Persiana velha

Cesta

Papel-cartão

Cola

Tesoura

Pincel atômico

Objetivos em matemática para satisfazer os parâmetros

As crianças aprenderão a:

1. separar e classificar materiais a partir de uma ou mais características.
2. comparar e contrastar objetos.
3. construir gráficos usando objetos reais, ou figuras, para responder perguntas.
4. interpretar e usar informações de gráficos.

Como fazer

- Procure uma persiana velha. Mesmo que sejam difíceis de encontrar, vale a pena procurá-las. Você pode usar uma o ano inteiro para atividades de construção de gráfico, e ela é fácil de guardar.
- Desenhe uma grade com retângulos de 15 x 20 cm com pincel atômico permanente.
- Tire fotos de corpo inteiro de todas as crianças. Cole as fotografias em papel-cartão, recorte e plastifique-as.
- Guarde as fotografias na cesta.
- Ponha a persiana no chão e desafie as crianças a usar as fotografias para fazer um gráfico baseado no sortimento de características como aquelas usadas na atividade anterior, "Gráfico do corpo inteiro".

Objetivos em matemática para satisfazer os parâmetros

As crianças aprenderão a:

1. construir gráficos usando objetos reais, ou figuras, para responder perguntas.
2. interpretar e usar informações de gráficos.
3. coletar e organizar dados sobre si mesmas, seus arredores e experiências significativas.

Como fazer

◆ Em grupo, peça às crianças que selecionem seis atributos seus, como cor dos olhos, cor do cabelo, tamanho do pé, altura, animal de estimação favorito e assim por diante.

◆ Ajude cada uma das crianças a fazer um cubo com uma caixa de suco de meio litro (ver ilustrações a seguir).

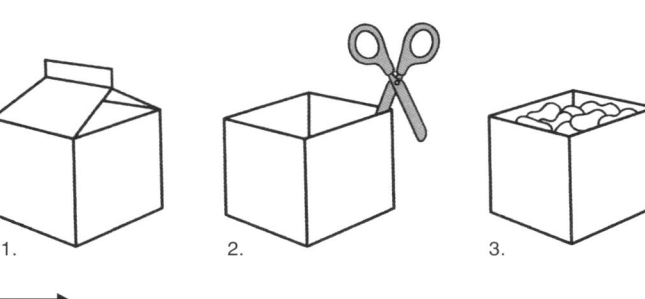

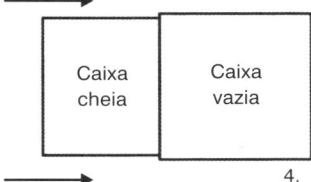

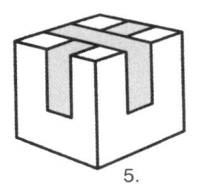

1. Recorte a tampa de cada caixa.
2. Na caixa, recorte 5 cm ao longo de cada borda, de forma que a segunda caixa se encaixe perfeitamente.
3. Encha a caixa com o canto recortado de bolinhas de isopor.
4. Encaixe a caixa vazia na cheia.
5. Feche o cubo com fita adesiva e cubra-o com papel ou papel adesivo.

◆ Ajude as crianças a encontrar e cortar ou desenhar uma figura de cada atributo que escolheram e cole

Gráfico do "Meu Cubo"

Material

Caixa de suco de meio litro (duas para cada criança)

Papelão branco

Cola

Fita

Tesoura

Grade para gráfico pintada em persiana

Bolinhas de isopor

Além disso

Peça a pais voluntários e crianças de séries mais avançadas para ajudá-las a fazer os cubos de "Meu cubo" para as crianças menores que não conseguirem fazê-los.

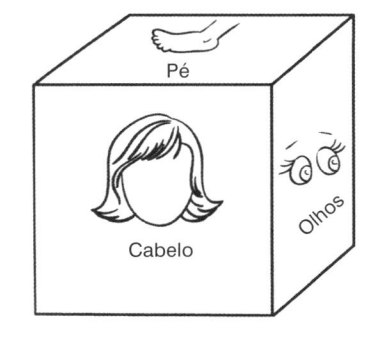

uma em cada um dos seis lados do cubo. O cubo oferece possibilidades para seis dias de trabalhos com gráficos.

- ◆ A cada dia, faça com que as crianças escolham uma das características que querem dispor em um gráfico, como cor do cabelo.
- ◆ Escreva os nomes das cores de cabelos de cada uma das crianças ao longo da parte de cima da folha de papel de construção, prenda-a na parede com fita e convide as crianças a empilharem seus cubos abaixo dos nomes das cores de seus cabelos.

Empacote um Gráfico

Materiais

Uma sacola de papel (aproximadamente 30 x 45 cm)

Adesivos circulares com velcro, lados de gancho e de volta

Pincel atômico ou caneta para retroprojetor

Papel-cartão

Papel A4

Cola

Tesoura

Conte com isto

As crianças adoram atividades em sacolas. Eu acho que é porque elas podem olhar para dentro!

Objetivos em matemática para satisfazer os parâmetros

As crianças aprenderão a:

1. construir gráficos usando objetos reais, ou figuras, para responder perguntas.
2. interpretar e usar informações de gráficos.
3. coletar e organizar dados sobre si mesmas, seus arredores e experiências significativas.

Como fazer

- ◆ Desenhe uma grade para gráfico em uma sacola de papel, como a da ilustração a seguir.
- ◆ Faça uma legenda na parte inferior da sacola para exibir os atributos que as crianças vão dispor no gráfico. A legenda na ilustração anterior, por exemplo, mostra diferentes cores de cabelo.
- ◆ Coloque um título na parte superior da sacola e fixe adesivos circulares com velcro do lado do gancho em cada seção da grade.
- ◆ Faça pequenas tiras para todos os atributos que as crianças vão dispor no gráfico, plastifique-as e coloque-as dentro da sacola.
- ◆ Escreva os nomes das crianças em papel A4 e recorte-os.
- ◆ Cole cada um dos nomes em papel-cartão e fixe os adesivos, com o lado de voltas do velcro, à sacola em cada etiqueta com os nomes.
- ◆ Guarde todos os nomes de crianças, assim como os títulos dos atributos, na sacola.
- ◆ Durante o Trabalho em Grupo, pergunte às crianças qual atributo elas querem dispor no gráfico: cor dos olhos, cor dos cabelos, animal de estimação favorito, cor favorita, comida favorita e assim por diante.

- ◆ Escreva o título do gráfico em uma tira de papel, fixe adesivos com velcro e prenda-o na sacola.
- ◆ Faça com que as crianças retirem seus nomes da sacola e os grudem aos adesivos com velcro na coluna com o atributo adequado.
- ◆ Demonstre esta atividade durante o Trabalho em Grupo e depois a leve para a área de construção de gráficos no Centro de Matemática.
- ◆ Deixe a sacola no Centro de Matemática e deixe as crianças decidirem por si mesmas quais atributos elas querem dispor no gráfico, seja em grupos pequenos ou em projetos individuais.

A cor de nossos cabelos

Figuras de diferentes cores de cabelos.

Objetivos em matemática para satisfazer os parâmetros

As crianças aprenderão a:

1. construir gráficos usando objetos reais, ou figuras, para responder perguntas.
2. interpretar e usar informações de gráficos.
3. coletar e organizar dados sobre si mesmas, seus arredores e experiências significativas.
4. interpretar e usar informações de gráficos.
5. coletar dados de maneira organizada.

Como fazer

- ◆ Introduza a atividade durante o Trabalho em Grupo.
- ◆ Desenhe uma linha vertical de cima para baixo partindo do centro de uma sacola de papel grande com pincel atômico.
- ◆ Desenhe uma linha horizontal próximo ao topo para o título do gráfico.
- ◆ Faça sinais de "Sim" e de "Não" e cole as costas deles em papel-cartão (ver ilustração a seguir).

Gráfico de Saco do Sim e Não

Materiais

Saco de papel

Tiras compridas de velcro do lado de ganchos

Círculos de velcro de lado e de volta

Papel-cartão e papel A4

Pincel atômico ou caneta para retroprojetor

Cola

Tesoura

Além disso

Aqui tem uma lista de preferências para "Sim ou Não":

- Eu sou uma menina (um menino).
- Eu tenho cabelo preto (loiro, castanho, ruivo).
- Eu estou usando uma camisa de manga curta.
- Meu cabelo é encaracolado (liso, penteado, escovado).
- Eu durmo de costas.
- Eu gosto de histórias sobre pessoas (animais, insetos, histórias em quadrinhos).
- Meu sapato tem cadarços.
- Eu sei patinar (pular, correr, saltar, saltitar).
- Eu sei andar de triciclo (bicicleta).
- Eu sei pular corda (arremessar, amarrar).
- Eu sei cantar.
- Eu sei dançar.
- Eu gosto de espaguete (outros alimentos).
- Eu sei nadar.
- Meu quarto tem janela.
- Eu sei o nome de todo mundo da turma.

◆ Faça um punhado de sinais para a sacola, o suficiente para trocá-los a cada semana ao longo do ano letivo.
◆ Escreva os nomes de todas as crianças em papel A4, cole-os em papel-cartão e recorte-os.
◆ Coloque adesivos com velcro de lado de volta nas costas de cada cartão com os nomes.
◆ Explique que a cada semana eles irão até o gráfico, ler a frase no topo, como "Eu gosto de espaguete" e colocar os seus nomes na coluna do "Sim" ou do "Não". Se as crianças não conseguirem ler, sugira que perguntem a outra criança ou ajude-as a ler a frase.
◆ Guarde os nomes de todas as crianças e títulos na sacola.
◆ Quando as crianças chegarem na segunda-feira, peça a elas coletivamente que escolham uma declaração do tipo sim ou não para pôr no gráfico de sacola.
◆ Uma vez que as crianças pegaram uma declaração, prenda-a no topo da sacola e convide-as a ir até a sacola, uma de cada vez, encontrar as etiquetas com seus nomes e colocá-las no lado do gráfico de barra que diz "Sim" ou "Não".

Objetivos em matemática para satisfazer os parâmetros

As crianças aprenderão a:

1. construir gráficos usando objetos reais, ou figuras, para responder perguntas.
2. comparar e contrastar objetos.
3. construir gráficos usando objetos reais, ou figuras, para responder perguntas.
4. interpretar e usar informações de gráficos.
5. coletar dados de maneira organizada.

Como fazer

- ◆ Use o fichário para guardar todos os gráficos que as crianças fizeram durante o Trabalho em Grupo ao longo do ano escolar.
- ◆ Prepare o fichário antes do início do ano letivo de forma que você possa começar a utilizá-lo no primeiro dia.
- ◆ Peça às crianças que inventem um título para o caderno de gráficos. Por exemplo: "Gráficos ao longo do ano", "Um ano de gráficos" ou "Um monte de gráficos".
- ◆ Insira uma folha de papel-cartão nos envelopes para folhas, de forma que cada um possa guardar dois gráficos.
- ◆ Quando as crianças completarem um gráfico juntas, ajude cada uma delas a transcrevê-lo em papel branco e colocá-lo em um dos envelopes.
- ◆ Coloque data em cada gráfico, para mantê-los em sequência ao longo do ano.
- ◆ Guarde o fichário no Centro de Matemática de forma que as crianças possam revisar todas as coletas de dados e seus progressos com os gráficos.

Aumente um nível

Depois que as crianças tiverem entendido como se transcreve um gráfico em papel A4, deixe-as transcrever o gráfico por si mesmas e colocá-los no fichário em ordem cronológica.

Um Ano de Gráficos

Materiais

Fichário com três anéis
Caixa de envelopes para folhas
Papel-cartão
Papel A4 branco

Objetivos em matemática para satisfazer os parâmetros

As crianças aprenderão a:

1. separar e classificar objetos reais ou figuras e explicar como foi feita a separação.
2. investigar, identificar e descrever várias formas de coletas de dados.

Diagrama de Venn para Classificação de Sapatos

Materiais

Sacola de papel grande
Vários sapatos de bonecas
Pincéis atômicos azul e amarelo
Lápis de cor

Conte com isto

O diagrama de Venn é uma ferramenta que ajuda as crianças pequenas a encontrar semelhanças e diferenças entre objetos e perceber as várias maneiras dos objetos se assemelharem ou diferenciarem. O que você descobre depende das características ou atributos para os quais você olha. Eles não "fazem" nada com as informações. Usar diagramas de Venn ajuda as crianças a construir um fundamento para estágios mais avançados de aprendizado, que dependem da habilidade da criança de perceber como coisas se assemelham ou diferenciam.

Além disso

Faça outros agrupamentos ou comparações em diagramas de Venn:
- ◆ Dois animais, pessoas ou bonecos – por exemplo, animais com pêlo castanho, animais com pêlo branco e animais com pêlo de ambas as cores
- ◆ Duas plantas (tipos de arbustos ou flores) – por exemplo, flores vermelhas, amarelas e com ambas as cores
- ◆ Rãs e sapos – por exemplo, características de rãs e sapos que sejam idênticas (quatro patas/ dois olhos/ comem insetos) e características que sejam diferentes para cada animal (sapos vivem em lugares secos, e rãs vivem em lugares úmidos; rãs sabem nadar, e sapos, não; rãs põem ovos na água, sapos, não)
- ◆ Animais do jardim zoológico e da fazenda – por exemplo, liste animais que são encontrados em fazendas, mas não no jardim zoológico e vice-versa, assim como os que são encontrados em ambos os lugares

3. coletar e organizar dados sobre si mesmas, seus arredores e experiências significativas.

Como fazer

- ◆ Pegue uma sacola de papel grande. Disponha-a de forma que a dobra do fundo fique para baixo e desenhe dois círculos sobrepostos na frente da sacola (ver a ilustração a seguir).
- ◆ Desenhe um círculo com pincel atômico azul, o segundo com pincel atômico amarelo.
- ◆ Use lápis de cor para colorir os círculos. Use verde onde os círculos se sobrepõem.
- ◆ Para crianças que têm pouca experiência com diagramas de Venn, introduza a atividade durante o Trabalho em Grupo. Para crianças que tenham experiência com os diagramas de Venn, coloque todos os sapatos de bonecas na sacola e leve a atividade para o Centro de Matemática.
- ◆ Cada vez em que você mudar os atributos segundo os quais as crianças combinam, separam ou agrupam os sapatos, demonstre como fazê-lo durante o Trabalho em Grupo.
- ◆ Desafie as crianças a separar os sapatos no diagrama de Venn baseando-se em quais sapatos servem para trabalho, lazer ou ambos; ou baseando-se em cor e tamanho; ou se são bons para se usar dentro de casa, fora ou ambos.

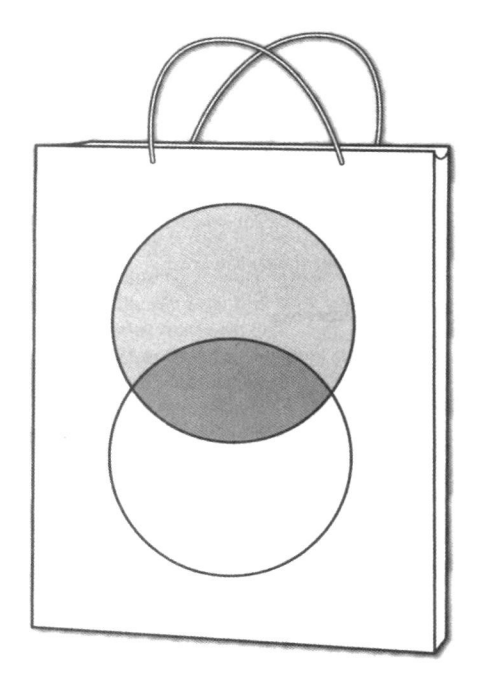

Aumente um nível

Estenda a construção do diagrama, pedindo às crianças que agrupem a si mesmas fisicamente segundo características, tais como aquelas que têm olhos azuis e aquelas que têm cabelo castanho, ou aquelas que fazem aniversário no verão e aquelas que gostam de sorvete. Ajude-as a refinar suas escolhas para poderem se agrupar em círculos sobrepostos.

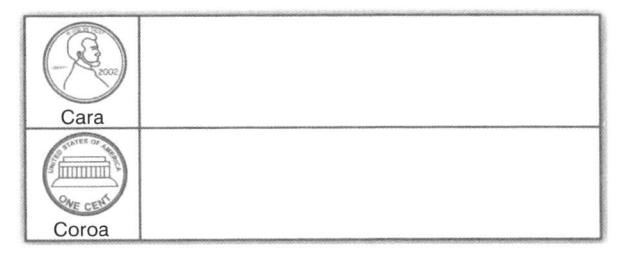

Tabulação de Lançamento de Moeda

Objetivos em matemática para satisfazer os parâmetros

As crianças aprenderão a:

1. investigar, identificar e descrever várias formas de coletas de dados.
2. comparar e contrastar objetos.
3. coletar dados de maneira organizada.
4. contar e tabular informações a partir de experiências familiares.

Materiais

Sacola de papel grande

Papel A4 branco

Cópias duplicadas de ambos os lados de moedas de um centavo (cara e coroa)

Lápis

Saco plástico pequeno

Moeda de um centavo

Como fazer

- ◆ Em uma sala de aula ativa, alguns problemas requerem um lançamento de moeda para estabelecer diferenças. É a solução mais fácil e justa para muitos conflitos. Lançar moedas, entretanto, com frequência não é uma coisa simples como antigamente pois muitas crianças querem um critério; elas querem saber qual lado da moeda cai com maior frequência! Na minha experiência, as crianças quase sempre acham que a cara cai com mais frequência, pois é "mais pesada" que a coroa.
- ◆ Ponha a moeda em um saco plástico pequeno e coloque-o dentro da sacola de papel.
- ◆ Faça várias cópias de uma folha para tabela de tracinhos, como a mostrada na ilustração a seguir. Divida-as e coloque-as dentro da sacola de presente, junto com um lápis.
- ◆ Desafie as crianças a jogar a moeda 12 vezes e registrar os resultados em tabelas com tracinhos (ver Apêndice, página 204).

Além disso

As crianças que fazem a atividade de lançar a moeda várias vezes acabam descobrindo com frequência que os resultados são diferentes a cada vez. Uma vez, as crianças na minha sala colocaram, como evidência, 53 tabelas com diferentes resultados no mural de recados da escola. Depois disso, nenhuma delas teve preferência por ser quem escolhia o lado da moeda quando lançavam. Elas viram a casualidade da atividade. Pode-se dizer que se tornaram lançadoras fatalistas, pois sabiam que não havia garantias para um lance vencedor!

Cara	
Coroa	

Tabulação de Garrafa

Materiais

Duas garrafas plásticas de água de 5 litros

Tesoura

Cesta pequena

Velcro

Tiras de papel-cartão coloridas de 15 x 5 cm

Clipes de papel

Objetivos em matemática para satisfazer os parâmetros

As crianças aprenderão a:

1. investigar, identificar e descrever várias formas de coletas de dados.
2. comparar e contrastar objetos.
3. contar e tabelar informações a partir de experiências familiares.
4. coletar dados de maneira organizada.

Como fazer

- Corte as tampas das duas garrafas, como indicado na figura.
- Limpe as garrafas e retire os rótulos.
- Prenda uma tira de velcro, lado de gancho, de 15 cm às garrafas, verticalmente, ao longo da linha central de cada uma (ver ilustração a seguir).
- Recorte tiras de papel, uma para cada criança, e as faça ou as ajudes a escrever seus nomes nelas.
- Coloque todas as tiras com os nomes na cesta pequena.
- Explique às crianças que a tabela da garrafa é uma atividade de "escolha" ou de sim/não.
- Escreva frases referentes a atividades diferentes em papel-cartão e prenda-as às garrafas com o velcro do lado de voltas. Por exemplo, as primeiras frases usadas na garrafa podem ser "Eu prefiro água" e "Eu prefiro leite".
- Ponha as garrafas ao lado da porta. No fim do dia, à medida que as crianças se dirigem à porta, peça a elas que ponham as tiras com seus nomes na garrafa que tem a frase com a declaração com a qual concordam, dependendo da preferência delas por leite ou água.
- Quando as crianças voltarem na manhã seguinte, escolha duas delas para fazer a classificação dos dados das duas garrafas. Dê a elas clipes para prender todas as cinco tiras de cada garrafa juntas.
- Peça às duas crianças que relatem seus achados sobre quantas crianças preferem leite e quantas preferem água. As diferenças em preferências podem surpreender muitas crianças.
- De tempos em tempos, mude as frases da atividade para que as crianças possam fazer novas escolhas. Outras ideias são:

- Eu prefiro usar lápis de cor/Eu prefiro usar pincel atômico.
- Eu prefiro suco de maçã/Eu prefiro suco de laranja.
- Eu gosto de brincar na areia/Eu gosto de brincar na grama.
- Eu gosto de nadar/Eu gosto de andar de bicicleta.
- Eu fui a um lago/Eu fui a um rio.
- Eu prefiro brincar dentro de casa/Eu prefiro brincar fora de casa.
- Eu gosto de trazer meu almoço de casa/Eu gosto da comida da cantina.
- Eu gosto de sorvete de iogurte/Eu gosto de sorvete.
- Eu gosto de dias quentes/Eu gosto de dias frios.
- Eu tenho um nome comprido/Eu tenho um nome curto.

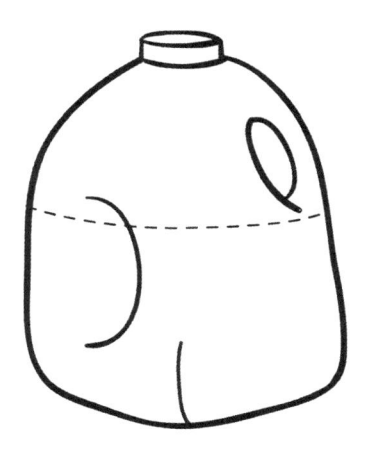

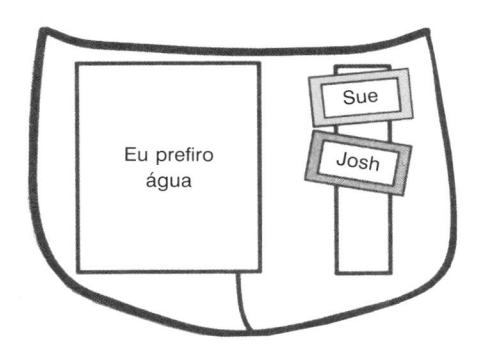

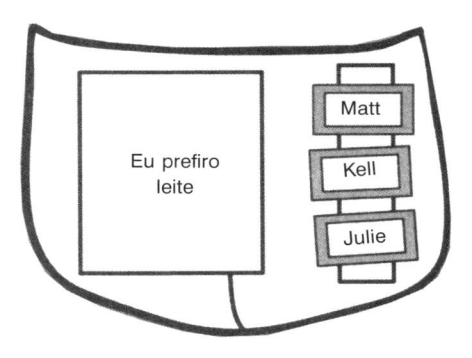

Padrões e relações entre números

O que são...?

Padrões são sequências que se repetem. O mais simples é ABAB. Os padrões estão à nossa volta, nas configurações e exibições naturais que vemos, como em pisos ou ladrilhos, ou nos números que usamos. Com frequência, quanto mais de perto olhamos, mais padrões encontramos. Para as crianças pequenas, é importante procurar e reconhecer padrões.

Por que é importante reconhecer padrões?

Reconhecer padrões é essencial para a formação do pensamento crítico e da capacidade de predição. Se o cérebro encontra um padrão, a predição torna-se possível. Sem padrões, as soluções são meramente palpites ou fragmentos recuperados da memória. Se uma criança pequena não consegue ver o padrão, ela não conseguirá predizer o que vai acontecer. Por exemplo:

- "O que vem em seguida (na rotina)?"
- "Que número vem depois do dois?"
- "Complete a sequência: bloco de madeira grande, prego grande, bloco de madeira pequeno, prego pequeno; bloco de madeira grande, prego de tamanho ___?"
- "Complete a disposição da mesa: prato, copo, faca, garfo e colher; prato, copo, ___, ___, ___?"
- "Se eu calço um sapato de número ___ e é pequeno demais, qual é o próximo número?"

O que são...?

Relações entre números são os padrões inerentes aos números. Por exemplo, nosso sistema numérico de base dez é cheio de padrões. Os mais básicos são um, dois, três e assim por diante, e 10, 20, 30, 40 e assim por diante. Crianças pequenas aprendem o que vem em seguida em cada série e como descobrir o que vem depois.

Pode-se dizer o mesmo em relação à contagem salteada. Trata-se de um padrão de relação entre os números. Dois exemplos são 2, 4, 6, 8, 10, 12, __? E 5, 10, 15, 20, 25, 30, __? O que vem em seguida?

No nosso sistema de base dez, o número "dez" é uma "ponte" de contagem que se repete em um padrão: os dez são guardados e as unidades são acumuladas. Existem nove

Usando xícaras pequenas

◆ Xícaras pequenas são ótimas para serem usadas em atividades práticas envolvendo padrões para crianças de 3 e 4 anos. Um conjunto de oito xícaras postas em ordem segundo o tamanho, da menor à maior, por exemplo, ensina *seriação*. *Seriação* é o arranjo de objetos ou números segundo um padrão.

◆ A educação voltada à primeira infância trabalha com medidas padronizadas e não-padronizadas. Xícaras pequenas ilustram medidas padronizadas, pois o sistema para agrupá-las e separá-las reside nas próprias xícaras. Por outro lado, quando as crianças se ordenam segundo o tamanho, do mais baixo ao mais alto, estão usando medidas não-padronizadas, e também estão aprendendo a seriar.

unidades (de 1 a 9); quando acabam as unidades, acrescenta-se um 10, e você começa a contar as unidades novamente. Por exemplo: um, dois, três, quatro, cinco, seis, sete, oito, nove 10, 10 mais um, 10 mais dois, 10 mais três e assim por diante. As crianças pequenas aprendem a acumular as unidades e uns poucos dez. Deixamos os outros números para séries escolares mais avançadas!

Buscando padrões

Queremos que as crianças pequenas busquem padrões à sua volta e os reconheçam nos números. Essa busca dá sentido aos eventos aparentemente aleatórios e propiciam uma maneira para as crianças interpretar e pensar o que veem.

As habilidades de reconhecimento de padrões dão às crianças um meio para explicar e dar sentido a eventos. Os que buscam padrões têm sucesso na aprendizagem e são persistentes na solução de problemas. Eles aprendem que reconhecer padrões ajuda-os a achar respostas. Quando as crianças tiverem desenvolvido habilidades de reconhecimento de padrões, suas mentes passarão a se mover com mais flexibilidade do todo às partes do todo e vice-versa. Essa liberdade de pensamento faz a acomodação de informações novas mais fácil para elas.

Quando as crianças alcançam esse estágio no desenvolvimento, escolhem maneiras preferidas ou favoritas de agrupar elementos. Por exemplo, uma criança pode precisar ver um padrão inteiro primeiro para depois entender sua natureza, enquanto outra pode preferir ver as partes e então juntar o todo em que elas se encontram.

A matemática é o estudo dos padrões. À medida que evolui o aprendizado das crianças pequenas, habilidades ligadas a padrões se estendem para mais e mais observações que podem ser expressas em "códigos" padronizados, como ABABCABABC. A mente lê o código e entende não só ele próprio, mas também expressões futuras que tenham códigos semelhantes.

Habilidades de padronização ensinam crianças pequenas a reconhecer, descrever, combinar, completar, estender e criar padrões. Acontece a mesma coisa quando elas combinam, separam e agrupam segundo atributos e aprendem a reconhecer formas geométricas. Essas atividades fornecem a base para as habilidades de padronização. Habilidades de padronização são também habilidades pré-algébricas.

As atividades de reconhecimento de padrões devem começar na esquerda e se mover para a direita, assim como um texto padrão em português. Quando for ensinar às crianças um padrão ao colocar objetos em ordem de A a B, por exemplo, certifique-se de falar qual é o padrão enquanto põe os objetos em ordem.

Depois que as crianças entendem o padrão de A a B na forma horizontal, passe para a vertical. Essa mudança pode ser um desafio para as crianças, porque os olhos e o cérebro preferem trabalhar em uma linha horizontal. Sondar o horizonte em busca de comida ou para ver se não tem nenhum perigo se aproximando é a forma como os humanos evoluíram, então, é mais fácil na horizontal.

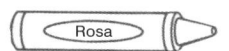

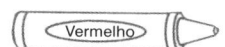

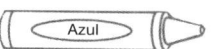

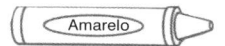

Níveis de habilidades de reconhecimento de padrões

1. A criança reconhece padrões grosseiramente **dissimilares** de objetos reais. Se você estabelece um padrão ABAB (abóbora, maçã, abóbora, maçã) e pergunta à criança o que ela vê, ela conseguirá descrever o padrão corretamente.
2. A criança reconhece padrões AB de objetos reais que são **similares**, como sapatos. Se você estabelecer um padrão ABAB de sapatos (tênis, sandália, tênis, sandália), a criança pode entender o padrão.

3. A criança **continua** padrões simples. No exemplo de padrão ABAB de sapatos citado acima, a criança continua o padrão de sapatos sem pistas ou ajuda verbal.
4. A criança **cria** um padrão. É neste nível que queremos que as crianças trabalhem. Trabalhando com sapatos, por exemplo, as crianças conseguem fazer seus próprios padrões AB baseadas em características que elas escolhem.

As atividades que se seguem ajudarão você a construir habilidades de reconhecimento de padrões em ambientes naturais ou na sala de aula. Isso quer dizer que você não precisa mudar o que está fazendo, apenas reconheça as oportunidades que surgem naturalmente a partir do que já está acontecendo. Quanto menos planejadas forem as atividades, mais eficazes serão.

Atividades para se ensinar habilidades de padronização e relações entre números

Estala, Bate Palma, Estala, Bate Palma

Materiais

Cartões-padrão (faça cópias dos cartões no Apêndice, página 205)

Papel-cartão

Objetivos em matemática para satisfazer os parâmetros

As crianças aprenderão a:

1. reproduzir padrões usando som e movimento físico.
2. usar padrões para predizer o que vai acontecer logo em seguida.
3. replicar padrões.

Matemática em Minutos | 145

Como fazer

- Esta é uma ótima atividade para se fazer quando tiver cinco minutos livres ou antes da hora de arrumar a sala.
- Comece estalando os dedos e batendo palmas. Veja se as crianças pegam o jeito. Inicialmente use o padrão ABABAB.
- Diga as palavras e acrescente os movimentos corporais: "palma, pisa, palma, pisa, palma, pisa" ou "cabeça, ombro, cabeça, ombro, cabeça, ombro", tocando as partes do corpo ao mesmo tempo em que diz as palavras.
- Encoraje as crianças a inventar seus próprios padrões AB de palavras com movimentos correspondentes. Elas podem criar alguns bem interessantes.
- Depois que as crianças tiverem conseguido seguir padrões AB, passe para o ABC e, depois, ABCD.
- Quando as crianças entenderem os movimentos, faça cartões como os mostrados na ilustração no Apêndice, página 205. Recorte, plastifique e cole-os em papel-cartão.
- Ponha os cartões no Centro de Matemática. Convide as crianças a copiar e continuar os padrões, criar os seus próprios com os cartões ou compartilhando e copiando o padrão uma da outra, o que é muito divertido para elas!

Conte com isto

Quando as crianças desafiam um amigo com cartões-padrão para movimentos, elas inventam alguns padrões bem interessantes. A criança desafiada vai se esforçar bastante para repetir os padrões. Muitas crianças gostam de competir, outras podem se sentir frustradas. A frustração geralmente significa que elas estão tentando trabalhar em um nível alto demais. Encoraje-as a ter sucesso em outro nível com outra criança que está trabalhando neste nível.

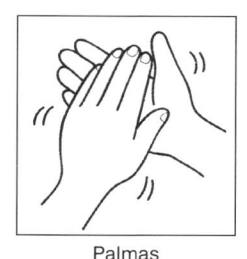

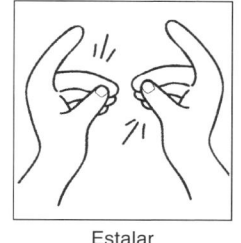

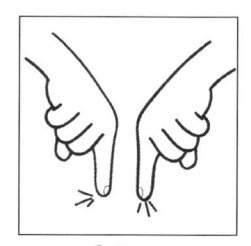

| Palmas | Estalar | Pisar | Cutucar |

Objetivos em matemática para satisfazer os parâmetros

As crianças aprenderão a:

1. reconhecer padrões no mundo físico.
2. reconhecer, descrever, continuar e criar uma variedade de padrões.

Jogo do Padrão "Menino, Menina, Menino, Menina"

Materiais

Não são necessários materiais

Como fazer

- Esta é outra boa atividade para se fazer quando estiver indo para algum lugar ou tiver alguns minutos livres.
- Peça às crianças que façam fila para brincar com o padrão "menino-menina".
- Explique a brincadeira e comece chamando: "menino, menina, menino, menina", passando pela fila para tocar cada criança no ombro.
- Como alternativa, chame as crianças pelos nomes: "Michael, Mary, Sam, Susan, Victor."
- Peça às crianças que deem um nome ao padrão.
- Molde suas atividades segundo os padrões que quer seguir. Por exemplo, use cores de cabelo (ruivo, castanho, loiro e moreno) para fazer padrões ABCDABCD. Faça um padrão baseado no número de bolsos na roupa (nenhum, dois e cinco para um padrão ABCABC).
- Quando as crianças entenderem o jogo do padrão, deixe que cada uma faça os chamados.

Padrões de Fora

Materiais

Padrões, matemática é uma grande brincadeira, de Ivan Bulloch, Studio Nobel e outro livro com fotografias e padrão na natureza e desafios com padrões

Papel-cartaz e pincel atômico

Papel e lápis de cor ou pincéis atômicos

Câmera digital

Objetivos em matemática para satisfazer os parâmetros

As crianças aprenderão a:

1. reconhecer padrões no mundo físico.
2. reconhecer, descrever, continuar e criar uma variedade de padrões.

Como fazer

- Mostre para as crianças o livro na hora do conto.
- Estenda a atividade por vários dias, ficando em cada página por muito tempo. O livro inclui atividades que podem ser desenvolvidas com os alunos.
- Cada página é um convite para se encontrar padrões. Fale sobre que padrões estão ali e sobre como eles se repetem no mundo natural. Também há várias oportunidades para se falar sobre padrões como formas geométricas.
- Mais tarde, antes que as crianças saiam, peça a elas que busquem padrões no *playground* e na escola.
- Faça uma lista coletiva dos padrões que elas forem identificando.
- Depois que elas voltarem para a sala, ajude-as a somar os padrões à lista que está na parede da sala. Encoraje as crianças a fazerem desenhos dos padrões que viram.
- Se for possível, de vez em quando, use a câmera digital para fotografar um padrão que possa desaparecer em um ou dois dias, como uma flor ou uma borboleta.

Objetivos em matemática para satisfazer os parâmetros

As crianças aprenderão a:

1. reconhecer padrões no mundo físico.
2. reconhecer, descrever, estender e criar uma variedade de padrões.
3. usar padrões para predizer o que virá logo em seguida.

Como fazer

- Esta é uma boa atividade para se fazer quando você estiver andando com as crianças, especialmente pelos corredores e por diferentes partes do prédio.
- Desafie as crianças a buscar padrões no carpete, no papel de parede, nas pinturas na parede, em azulejos, vidraças, números das salas, organização das mesas, cores, luzes do teto, sons ouvidos, piso da quadra de esportes, nos assentos da quadra de esportes e na fila da cantina.
- Anote os padrões que as crianças acharem em uma prancheta para registrar o processo de coleta de dados.
- À medida que crianças aprenderem a escrever individualmente, divida com elas a responsabilidade de registrar os padrões observados.
- Transfira os dados para um cartaz na sala de aula para ser ilustrado pelas crianças.
- Ponha o cartaz do lado do cartaz feito na atividade anterior, "Padrões de fora". O uso de cartazes complementares leva a comparações e discussões interessantes.

Padrões de Dentro

Materiais

Crianças movendo-se em ambientes diferentes

Prancheta e lápis

Papel-cartaz e pincéis atômicos

Objetivos em matemática para satisfazer os parâmetros

As crianças aprenderão a:

1. reconhecer, descrever, continuar e criar uma variedade de padrões.
2. usar padrões para predizer o que virá logo em seguida.

Como fazer

- O calendário oferece muitas oportunidades de se buscar padrões.
- Escolha um padrão para cada semana. Com as crianças de 4 ou 5 anos, concentre-se nos padrões dos

Padrões de Calendário

Materiais

O calendário do Trabalho em Grupo do turno da manhã

dias da semana. Com as de 5 e 6 anos, concentre-se principalmente nos números.

- O que vem depois do seis em: um, dois, três, quatro, cinco, seis, __?
- Quais são alguns padrões que se repetem?
- O que vem depois do seis em: dois, quatro, seis, ___?
- O que vem depois do sete em: um, três, cinco, sete, __?
- O que vem depois do 15 em: 5, 10, 15, __?
- O que vem depois do 21 em: 1, 3, 6, 10, 15, 21, __?
- Quais são alguns padrões numéricos na diagonal? E na vertical?
- Qual é o padrão dos dias da semana em que vimos à escola?
- Qual é o padrão de semanas em um mês? E de meses em um ano?

Padrões no Geoplano

Materiais

Geoplanos e elásticos (ver a atividade "Geoplanos" no Capítulo 5)

Papel-cartão

Fichas de arquivo

Pincéis atômicos

Tesoura

Cola

Cesta

Papel adesivo transparente

Objetivos em matemática para satisfazer os padrões

As crianças aprenderão a:

1. replicar um padrão.
2. reconhecer, descrever, estender e criar uma variedade de padrões.

Como fazer

◆ Deixe as crianças explorarem o geoplano e os elásticos para ver como usá-los.
◆ Desenhe várias formas em cartões e desafie as crianças a duplicarem esses padrões no geoplano. Comece com formas básicas como círculos e triângulos, mas à medida que as crianças forem se sentindo mais confortáveis com a atividade, proponha formas mais difíceis, como estrelas. Os desenhos com elástico podem ser sobrepostos um ao outro, indo de um quadrado simples a polígonos e a outras formas multifacetadas irregulares.
◆ Comece fazendo várias cópias de desenhos básicos e acrescentando outros desenhos. Use cores diferentes para desenhar os elásticos nos cartões-padrão para que as crianças possam ver através das várias camadas de desenhos.
◆ Os elásticos não precisam combinar, mas as diferentes camadas de cores precisam aparecer nos cartões.

◆ Cole papel-cartão atrás dos cartões e plastifique-os para que durem bastante.
◆ Crianças menores podem precisar de ajuda para perceberem o que fazer nesta atividade auto-orientada.

Aumente um nível

Faça com que as crianças desenhem seus próprios cartões-padrão e desafiem uma à outra a fazer seus desenhos.

Além disso

Na minha experiência, as crianças de 4 a 5 anos usam os elásticos com responsabilidade. Uma conversa rápida sobre uso seguro pode ser útil. Reoriente comportamentos inaceitáveis. O uso indesejável que mais aparece é mastigar as tiras. Parece que não importa o fato de elas não terem um gosto bom. O melhor que você poderá fazer é reduzir as ocorrências.

Cartões Padrão para Blocos

Objetivos em matemática para satisfazer os parâmetros

As crianças aprenderão a:

1. reproduzir um padrão.
2. reconhecer, descrever, continuar e criar uma variedade de padrões.

Como fazer

◆ Esta atividade de combinação de padrões funciona melhor no Centro de Blocos. Como atividades envolvendo blocos têm fim aberto e como as crianças podem pôr muitas de suas ideias em prática, esta atividade é muito atraente.
◆ Corte aproximadamente quinze tiras de 20 x 90 cm do papel gessado e use-as para fazer cartões-padrão para blocos.
◆ Trace os esboços de várias formas de blocos nos cartões. Crie padrões para blocos do tipo AB, ABC e ABCD neles, como na ilustração a seguir.
◆ Pinte as silhuetas dos blocos de marrom. Plastifique-as para que durem bastante.

Materiais

Papel gessado

Tesoura

Pincéis atômicos e lápis de cor marrons

Papel adesivo transparente

- ◆ Ponha os cartões plastificados no Centro de Blocos.
- ◆ As crianças escolhem um padrão, encontram os blocos que combinam com as silhuetas e colocam os blocos em cima dos cartões.
- ◆ Depois disso, desafie as crianças a combinarem os padrões de blocos sem colocar os blocos nos cartões padrão ou colocando os blocos do lado dos cartões.

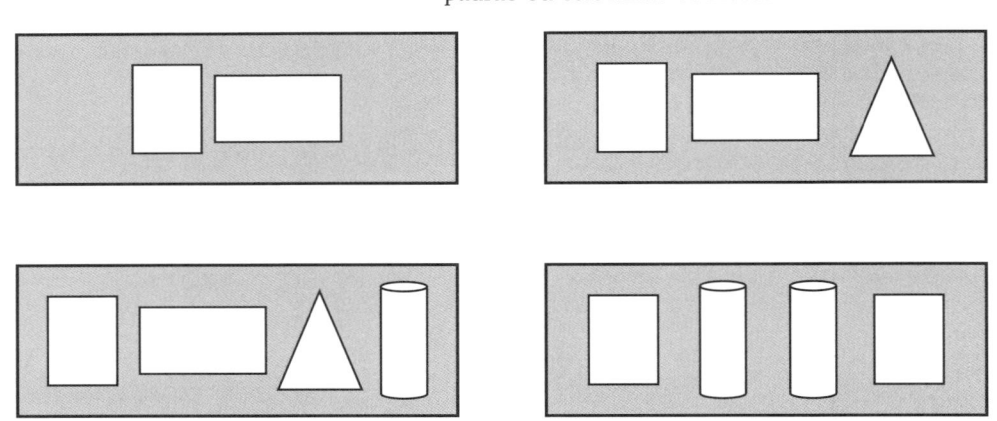

Aumente um nível

Ponha os cartões-padrão para blocos na bandeja de giz em uma sequência aleatória ou prenda-os com um alfinete no mural da sala. Peça às crianças que combinem os blocos com que estão brincando no chão com os padrões que veem na bandeja de giz ou no mural.

Jogo do "Complete o Padrão"

Materiais

Adesivos
Sacos de papel pardo
Pincéis atômicos

Objetivos em matemática para satisfazer os parâmetros

As crianças aprenderão a:

1. usar padrões para predizer o que virá logo em seguida.
2. reproduziu um padrão.
3. identificar os elementos que faltam em um padrão repetido.

Como fazer

- ◆ Coloque um saco de cabeça para baixo, com a dobra virada para cima e cole adesivos ao longo de sua linha central em um padrão AB, da extremidade aberta do saco até a de cima com a dobra.
- ◆ Desenhe um ponto de interrogação na dobra e faça um quadrado em volta dele (ver ilustração a seguir).

Matemática em Minutos | 151

- Faça um segundo e um terceiro saco com padrões ABC e ABCD em cada um, respectivamente.
- Cole os adesivos para o jogo em um quarto saco.
- Recorte os adesivos, deixando a borda de papel pardo.
- Levante a dobra do saco e cole o adesivo com a resposta sob ela.
- As crianças usam os adesivos para estender os padrões que você começou. Elas checam suas respostas olhando debaixo do saco.
- Guarde os adesivos no saco.

Aumente um nível

Deixe que as crianças façam suas próprias versões do jogo.

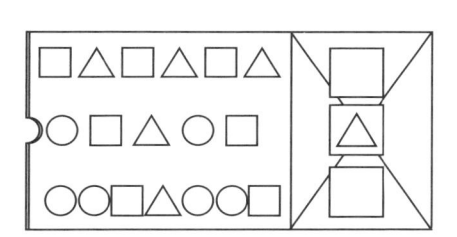

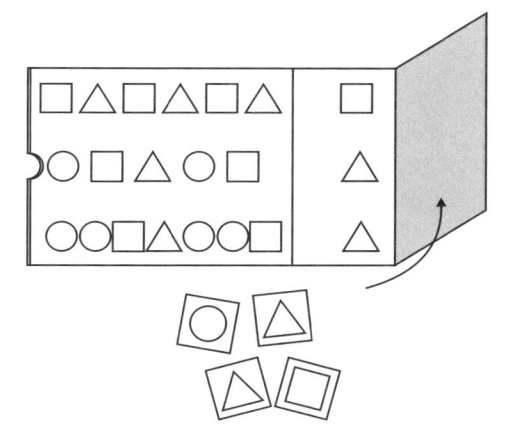

Objetivos em matemática para satisfazer os parâmetros

As crianças aprenderão a:

1. usar padrões para predizer o que virá logo em seguida.
2. identificar os elementos que faltam em um padrão repetido.
3. reproduzir um padrão.

Como fazer

- Siga as instruções do Apêndice da página 190 que explica como fazer o estande. Como vai ser necessário uma bandeja mais comprida para se trabalhar nesta atividade, use folhas de papelão de 22,5 x 30 cm e faça dois estandes.

Jogo do Padrão em Cartas de Baralho

Materiais

Baralho

Dois estandes de matemática, cada um feito com folhas de papelão de 22,5 x 30 cm

Tesoura

Cola

Cesta

- ◆ Use as cartas de baralho para estabelecer um padrão na plataforma. Por exemplo, estabeleça o dois de copas, dois de espadas e rei de copas (AAB).
- ◆ Faça com que as crianças continuem o padrão até que não haja mais espaço na plataforma.
- ◆ Faça mais uns dois padrões enquanto a turma está toda junta e então leve a atividade para os Centros de Matemática ou de Jogos e Quebra-Cabeças.
- ◆ Ponha as cartas na cesta perto das bandejas para que as crianças possam trabalhar de forma independente para formar padrões.
- ◆ Encoraje as crianças a convidarem um amigo para jogar jogos de extensão de padrões simples com cartas.

Aumente um nível

Encoraje as crianças a desenhar os padrões das cartas em papel.

Padrões de Fotografias

Materiais

Corda para pendurar roupas
Cesta
Prendedores de roupa
Fotografias de todas as crianças (ver "Foto-gráfico" na página 130)

Objetivos em matemática para satisfazer os parâmetros

As crianças aprenderão a:

1. reconhecer padrões no mundo físico.
2. reconhecer, descrever, ampliar e criar uma variedade de padrões.

Como fazer

- ◆ Instale uma corda para prender roupas parecida à vista na ilustração da página 37.
- ◆ Prenda, com os prendedores de roupa, as fotografias das crianças na corda em um padrão simples.
- ◆ Não ponha a última foto no padrão que está usando.
- ◆ Deixe que as crianças tenham tempo para examinar o padrão, e refletir sobre a melhor fotografia para se usar, e completá-lo.
- ◆ Repita padrões AB, AAB, ABB várias vezes até que as crianças entendam a ideia. Quando entenderem, deixe que elas trabalhem de forma independente e desafiem os amigos a completar, copiar ou ampliar padrões que fizeram.
- ◆ Aqui temos alguns padrões de fotografias que podem ser usados:

- Menino, menina, menino, menina, ___
- Cabelo comprido, cabelo curto, cabelo comprido, ___
- Camisa de manga comprida, camisa de manga curta, camisa de manga comprida, ___
- Olhos castanhos, olhos azuis, olhos castanhos, ___

Aumente um nível

Faça com que as crianças desenhem a si mesmas e então use os desenhos para criar e estender os padrões.

Além disso

Uma corda de prender roupa feita com mechas amarradas pode deixar a atividade mais interessante. Ponha ao longo do canto da sala na altura das crianças quando estão sentadas no chão. Prenda as fotografias com os prendedores para que as crianças façam padrões. Será uma atividade irresistível, então, você vai precisar de uma lista de espera em uma prancheta para ter certeza de que todos terão uma chance de fazer padrões com as fotografias.

Padrões com Botões

Objetivos em matemática para satisfazer os parâmetros

As crianças aprenderão a:

1. usar padrões para predizer o que virá logo em seguida.
2. separar e classificar objetos concretos por um ou mais atributos.
3. seriar objetos.

Materiais

Botões do "Gráfico de botões" da página 127
Tiras de papel
Recipiente
Pincel atômico

Como fazer

- ◆ Desenhe círculos 2,5 cm de diâmetro separados entre si por 1,25 cm, como mostrado na ilustração a seguir.
- ◆ O uso da tira com a frase mantém a atividade organizada.
- ◆ Demonstre como fazer padrões simples nos círculos das tiras, como AB, AAB, ABC e ABAB, ABCABC.
- ◆ Continue até o fim da tira.
- ◆ Deixe as crianças ajudarem a decidir qual padrão criar com os botões.

- Esta é uma atividade com final aberto onde quase todos os padrões são aceitáveis, se puderem ser explicados.
- Ponha esta atividade no Centro de Matemática para trabalho independente.

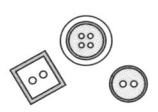

Padrões com Esponjas

Materiais

Três grandes esponjas para cada criança que for participar da atividade

Três pequenas bandejas de isopor com pequenas quantidades de tinta têmpera de cores diferentes para cada criança que participar da atividade

Jornal para cobrir a área de trabalho

Toalhas de papel para uma limpeza urgente

Três prendedores de roupa para cada criança que participar da atividade

Folhas de papel de 22,5 x 30 cm

Cesta

Conte com isto

Papel para cavalete, pincéis e recipientes de tinta têmpera são ferramentas para a criatividade. As crianças começam e terminam, mas a diversão está no meio.

Objetivos em matemática para satisfazer os parâmetros

As crianças aprenderão a:

1. reconhecer, descrever, continuar e criar uma variedade de padrões.

Como fazer

- Introduza esta atividade durante o Trabalho em Grupo e demonstre com vários padrões para que as crianças entendam o que fazer. Esta é uma ótima atividade para se levar à Sala de Artes quando as crianças souberem como fazê-la.
- Esta atividade é potencialmente bagunceira, mas existem várias coisas para se fazer para diminuir a bagunça.
- Cubra um local de trabalho com jornal e distribua as pequenas bandejas com tinta têmpera em cima do local.
- Ponha as esponjas e os prendedores de roupa dentro da cesta.
- Dê a cada criança um pedaço de papel e desafie todas a usarem os prendedores para pegar um pompom, mergulhá-lo na tinta para fazer uma mancha.
- Depois de fazer a mancha, faça com que as crianças devolvam os prendedores ainda com as esponjas à bandeja de tinta para que esponjas ser usados novamente com um mínimo de bagunça.
- Encoraje as crianças a mergulhar esponjas alternadamente em tintas de cores diferentes para fazer uma fila de padrões (ver ilustração a seguir).

Matemática em Minutos | 155

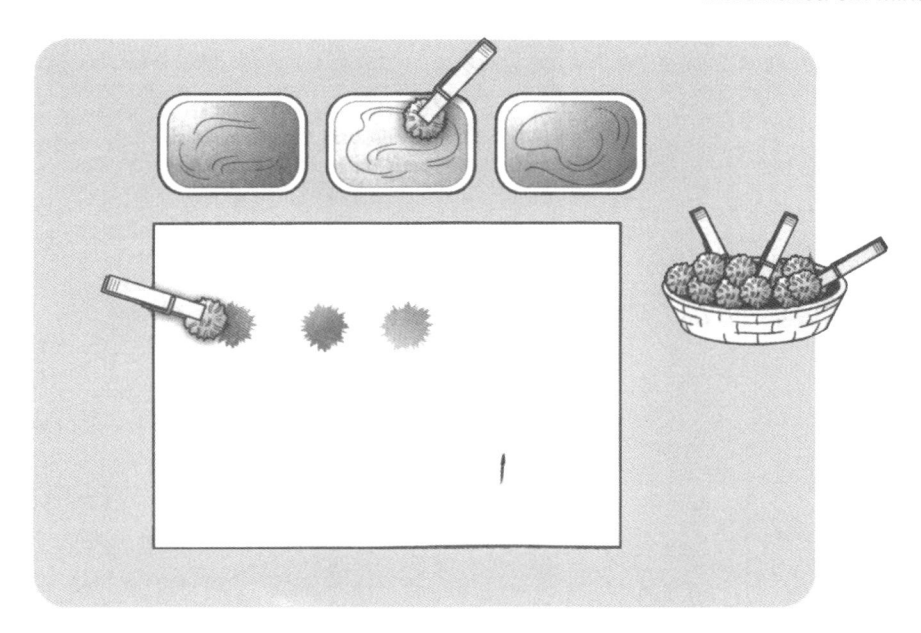

Objetivos em matemática para satisfazer os parâmetros

As crianças aprenderão a:

1. reconhecer, descrever, continuar e criar uma variedade de padrões.
2. reproduzir um padrão.

Como fazer

- ◆ Faça esta atividade na biblioteca para que as crianças possam trabalhar de forma independente após você ter explicado a atividade ao grupo.
- ◆ Com as crianças, recite o poema a seguir, ou cante-o como canção.
- ◆ Encoraje as crianças a aprenderem o poema e, depois que tiverem aprendido, escreva as palavras em um cartaz.
- ◆ Demonstre as ações correspondentes a cada verso para as crianças.
- ◆ Dê a cada uma dois copos.
- ◆ Deixe o cartaz e o desenho visíveis a todas as crianças, de forma que possam acompanhar o poema com os gestos, usando os desenhos como guia.
- ◆ Depois que as crianças estiverem familiarizadas com os padrões, livre-se do cartaz e peça a elas que façam seus próprios padrões de bater copos.

Padrões em "Bate-Copo"

Materiais

Dois copos de papel ou plástico (de 150 ou 300 ml) para cada criança

Cartaz e estande

Pincel atômico

O que é...?

Simetria
Propriedade das figuras simétricas. Distinguem-se a simetria axial e a simetria central. Há também a chamada *simetria de rotação*. Veja o caso do pentágono regular: um giro de 72° em torno de seu centro não altera a figura; ela fica igualzinha e na mesma posição. Por isso, dizemos que o pentágono regular tem simetria de rotação ou *simetria 72° rotacional*.

Bate-copo (adaptado da canção "Cup Tapping", de Sharon MacDonald, presente no cd *Watermelon Pie and Other Tunes!*)

Estes copos (bata os fundos dos copos horizontalmente)
São para bater (bata as bocas dos copos horizontalmente)
É um jogo legal (bata os fundos dos copos horizontalmente)
Que inventei pra jogar (bata as bocas dos copos horizontalmente)

Bato aqui (bata os fundos dos copos horizontalmente)
Bato lá (bata as bocas dos copos horizontalmente)
Venha cá (bata as bocas dos copos horizontalmente)
Para jogar (bata os fundos dos copos horizontalmente)

Pra dentro e pra fora (bata os lábios do copo de forma que um fique dentro do outro)
E pra dentro e pra fora (bata os lados verticalmente)
Pra baixo, e pra baixo e pra baixo. (bata as bocas dos copos no chão)

Bate pra cima, (bata as bocas dos copos juntas verticalmente)
Embaixo, (bata os fundos dos copos juntos verticalmente)
Na cabeça (bata as bocas dos copos dos lados da cabeça)

E bata ao redor de todo o corpo (bata os copos ao longo de todo o corpo)

Simetria e Blocos

Materiais

Blocos
Tiras de papel colorido de 90 cm

O que é...?

Existe a **simetria** – de rotação ao redor de um eixo – na roda de um triciclo que gira. Na sala de aula, a simetria radial é reproduzida quando blocos são rodados ao redor de um eixo que passa pelo centro do padrão dos blocos.

Objetivos em matemática para satisfazer os parâmetros

As crianças aprenderão a:

1. identificar os elementos que faltam em um padrão que se repete.
2. demonstrar ter consciência da ideia de simetria.
3. replicar um padrão.

Como fazer

◆ Esta é uma atividade para ser feita por grupos pequenos no Centro de Blocos. Demonstre durante o Trabalho em Grupo ou em grupos de três ou quatro crianças à medida que chegam no Centro de Blocos.
◆ Faça com que as crianças sentem-se em duas cadeiras, uma de frente para a outra. Ponha uma tira de papel de 90 cm no chão entre as duas crianças. Dê a cada uma cinco ou seis blocos.
◆ Uma criança lidera a outra. O líder dispõe um bloco no seu lado da fita, e a criança do lado oposto dispõe seu bloco na mesma posição, oposto ao primeiro bloco.
◆ Encoraje o líder a dispor o primeiro bloco na linha da fita no sentido de dentro para fora de uma for-

ma em que todos os blocos se toquem. Desta maneira, a simetria fica mais clara. O líder pode ficar bem valorizado depois!
- Quando todos os blocos tiverem sido dispostos, as crianças ficam sobre a estrutura de blocos para ver a simetria. Depois que todos estiverem colocados, faça com que as crianças mudem de papéis e continuem.

Objetivos em matemática para satisfazer os parâmetros

As crianças aprenderão a:

1. identificar os elementos que faltam em um padrão que se repete.
2. demonstrar ter consciência da idéia de simetria.
3. reproduzir um padrão.

Como fazer

- Cole pequenas folhas de papel laminado, um pouco menor que 10 x 15 cm em três pedaços de cartolina para fazer dois pequenos espelhos.
- Passe a fita em volta das extremidades para prender os espelhos de papel laminado à cartolina. Prenda os dois espelhos junto, deixando uma lacuna de mais ou menos 0,6 cm entre eles, de forma que possam ser dobrados com facilidade.
- Copie duas metades de uma maçã na ilustração do Apêndice, página 206 nas fichas.
- Em uma ficha grande ou pedaço de papel-cartão, crie um cartão de orientação com uma figura (também chamado de cartão de tarefa), que consiste em uma representação, através de uma figura, dos passos da atividade. Isso dá às crianças a possibilidade de fazer a atividade independentemente.
- Demonstre durante o Trabalho em Grupo como usar os espelhos para refletir objetos concretos e desenhados e explorar relações entre parte e todo.
- Ponha o cartão com as figuras de maçã, o cartão com a orientação e os espelhos em uma cesta no Centro de Matemática para que as crianças explorem a experiência de se fazer objetos inteiros partindo de metades.
- Use outros objetos, figuras e desenhos que sejam necessários para manter o interesse das crianças e continuar a explorar a simetria.

Simetria e Espelhos de papel laminado

Materiais

Um espelho de duas faces flexível feito com papel laminado

Um espelho simples feito com papel laminado

Cartolina

Fita crepe ou isolante

Objetos para serem refletidos

Folha da maçã (ver ilustração no Apêndice, página 206)

Fichas de arquivo

Fichas grandes ou papel-cartão

Pincéis atômicos

Cesta

Simetria de Pintura com Barbante

Materiais

Quatro pedaços de barbante de 30 cm

Quatro bandejas de isopor (como as usadas para guardar carne e outros produtos) de 10 x 20 cm com tintas têmpera de diferentes cores

Quatro bandejas de isopor (como as usadas para guardar carne e outros produtos) de 15 x 30 cm limpas onde vão ser depositadas as bandejas com as tintas

Fita adesiva

Jornal

Toalhas de papel

Papelão branco (22,5 x 30 cm)

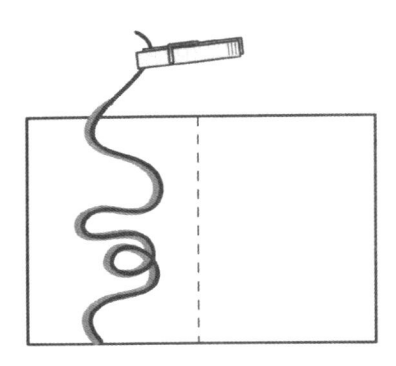

Objetivos em matemática para satisfazer os parâmetros

As crianças aprenderão a:

1. demonstrar consciência da ideia de simetria.
2. representar frações usadas com frequência ([!, ¼, S!, ½).

Como fazer

- Demonstre a atividade durante o Trabalho em Grupo, então, leve-a para o Centro de Artes para trabalho independente.
- Cubra a área de trabalho com jornais.
- Cole com fita adesiva os barbantes em forma de laço para criar alças que as crianças usarão para remover os barbantes da tinta.
- Ponha as bandejas de isopor menores com tinta dentro das maiores.
- Ponha um barbante em cada uma das quatro bandejas de tinta. Deixe a alça pendurada para fora da bandeja.
- Para fazer a atividade, peça que uma criança pegue uma folha de papel branco, dobre-a ao meio e desdobre-a em seguida.
- Peça a alguma das crianças que retire o barbante da bandeja de tinta e coloque-o em um lado do papel, dobre o papel sobre o barbante com a alça saindo e aperte-o contra o barbante para deixar uma marca.
- Peça à criança que abra a folha de papel, retire o barbante pela alça e ponha-o de volta na bandeja de forma que a alça fique para fora, pronta para ser usada por outra criança.
- Ponha as marcas simétricas para secar e então as exiba para que todas as crianças possam ver os diferentes desenhos.

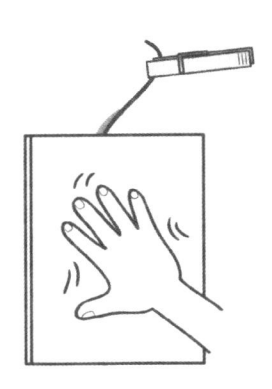

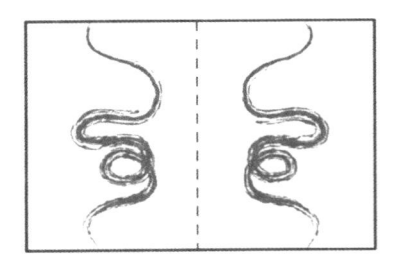

Quebra-Cabeça da Simetria

Objetivos em matemática para satisfazer os parâmetros

As crianças aprenderão a:

1. demonstrar consciência da ideia de simetria.

Como fazer

- Ponha duas folhas de papel-cartão uma em cima da outra.
- Faça um desenho, começando na extremidade esquerda das folhas e voltando a ela.
- Recorte o desenho.
- Separe as folhas e cole-as em uma terceira folha para criar um desenho simétrico (ver ilustração no Apêndice, página 207).
- Recorte a folha com o desenho como peças de quebra-cabeça, em uma quantidade que você ache que será desafiadora para as crianças.
- Plastifique as peças para que durem.
- Ponha a atividade no Centro de Jogos e quebra-cabeças para explorações individuais.

Materiais

Três folhas de papel-cartão de diferentes cores
Tesoura
Pincel atômico
Cola
Papel adesivo transparente

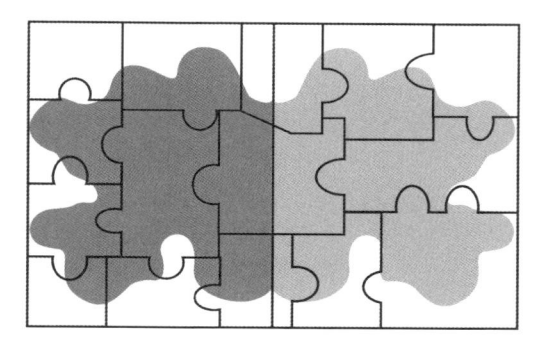

Reflexões sobre Simetria

Objetivos em matemática para satisfazer os parâmetros

As crianças aprenderão a:

1. identificar os elementos que faltam em um padrão repetido.
2. demonstrar consciência da ideia de simetria.

Como fazer

- *Cadê a metade?* e *Brincando com o espelho* são livros obrigatórios em uma sala de aula voltada à primeira infância. Use-os na hora do conto. É necessário pouca introdução – apenas mostre a capa do livro e comece a virar as páginas para explorar as simetrias.
- Em *Cadê a metade?* elas poderão usar o espelho do encarte para encontrar a parte que falta em cada figura.

Materiais

Cadê a metade?, de Denise Kracochansky
Brincando com o espelho, de Nilson José Machado, Ed. Scipione

- Deixe os livros disponíveis na biblioteca para exploração depois de ter lido durante o Trabalho em Grupo. Serão livros populares.

Aumente um nível

Desafie as crianças a desenhar uma reflexão.

CAPÍTULO 8

Resolução de problemas e raciocínio

O que é...?

Resolução de problemas é encontrar soluções e formular perguntas. Crianças pequenas chegam a ela com facilidade, pois são naturalmente curiosas e entusiastas em relação a novas experiências. A curiosidade as leva a explorar diferentes qualidades e características de objetos, sendo algumas delas mensuráveis. A primeira infância é uma ótima época para se ajudar as crianças a começar a reunir as ferramentas de que precisam para entender o mundo. Não surpreende que crianças pequenas não adquiram imediatamente habilidades de resolução de problemas. Leva tempo para que estas se desenvolvam, e já que as crianças entram na escola com vários níveis de entendimento da matemática, a avaliação é um desafio.

A coisa mais importante que um professor pode fazer para desenvolver habilidades de resolução de problemas e raciocínio é utilizar como oportunidades de ensino situações normais que ocorrem na sala de aula todos os dias. Essas situações não são planejadas – ocorrem o tempo todo.

As atividades deste capítulo vão lhe guiar por eventos que realmente aconteceram em sala de aula. Estas atividades buscam respostas à pergunta: "Como posso deixar que as crianças encontrem soluções para mais problemas e frustrações com que se confrontam em suas interações diárias com seus pares?" ao fornecer um caminho para a resolução de problemas em vez das próprias soluções.

Como as crianças podem resolver problemas? Elas usam habilidades de raciocínio, assim como os adultos.

O que é...?

Raciocínio significa pensar, explicar os próprios pensamentos e sugerir um plano. O raciocínio é uma abordagem sistemática e flexível.

As crianças raciocinam a partir de suas próprias experiências e confiam em suas habilidades de raciocínio para que as guiem às suas soluções individuais em várias situações. Muitas de suas realizações com base no pensamento não são percebidas, pois, com frequência, os adultos não dão crédito às habilidades que elas possuem. As crianças de fato têm meios individuais para resolver problemas, e esses meios se desenvolvem a partir de seus próprios pontos de vista.

Nas aulas voltadas à primeira infância, podemos incutir nas crianças uma inclinação à flexibilidade, à observação e à criação de abordagens sistemáticas para resolução de problemas. A clássica fábula de Esopo "O corvo e o jarro" apresenta um belo exemplo de resolução de problemas da vida real – observação e pensamento antes da ação. Leia-a com seus alunos.

As fábulas de Esopo são maravilhosas histórias para se contar – elas ensinam lições quando as inserimos em experiências diárias. O aprendizado flui da experiência, e é especialmente importante que as crianças pequenas aprendam de um modo parecido ao modo como o corvo aprende na fábula.

O processo de resolução de problemas

Aqui temos um exercício de resolução de problemas da vida real envolvendo maçãs.

Uma tigela cheia de maçãs vermelhas é uma curiosidade momentânea no dia de uma criança. Um dia, no entanto, eu fiz circular uma tigela com maçãs pela sala e perguntei às crianças: "Quantas maçãs há na tigela?" Cada criança sugeriu um número. A aula terminou antes que todas pudessem dar seus palpites, e elas estavam indo para as outras aulas antes que eu tivesse a resposta.

Seguindo a atividade, pedi a quatro crianças que formassem a nossa equipe de "pesquisa" para descobrir quantas maçãs havia na tigela (enquanto o resto das crianças estava em outros Centros). Elas aceitaram. Eu dei a cada membro da equipe um cartão e um lápis para escrever as respostas. Observei e tomei notas mentais sobre o processo.

Elas tentaram contar as maçãs na tigela fechada. Houve uma discussão. As respostas que obtive foram: 3, 16, 50 e 39. Bem diferentes! Uma das crianças sugeriu tirar a tampa e contar as maçãs. Foi o que fizeram. As maçãs rolaram por todo lado. As crianças foram até cada uma das maçãs que tinham caído e as contaram onde haviam caído, em seguida, recontaram a quantidade total. Mais uma vez, tivemos respostas bem diferentes.

Outra criança sugeriu juntar todas as maçãs. Foi o que fizeram. Logo tinham um grupo de maçãs. Elas juntaram todas em um círculo e as contaram: 120 maçãs. "É demais", disseram, "a pilha não era tão grande". Finalmente, uma das crianças começou a formar uma fila com as frutas. O resto se juntou a ela e chegaram ao total de 12. Elas vibraram. Mas como se escreve "12"? Ninguém sabia ao certo. Uma delas decidiu ir até o Centro de Ciências para conseguir uma reta numerada. Ela colocou a reta no chão e as maçãs sobre ela. Lá estava, "12", ali mesmo na reta numerada. Houve um suspiro de alívio e uma pequena comemoração quando elas escreveram "12" em seus cartões.

Elas ficaram andando impacientes, como professores universitários mirins, enquanto esperavam o resto da turma chegar para relatar seus achados. Orgulhosamente, exibiram o "12" em cada um de seus cartões quando reportaram os achados: "12 maçãs na tigela!". Todas as estimativas anteriores foram verificadas em relação à contagem correta pela equipe de pesquisa. Depois que elas compartilharam suas respostas, a equipe descreveu o modo como descobriu a resposta. A partir de então, a maioria das crianças na turma passou a conhecer o "12" e a contar objetos usando a reta numerada. E o que aconteceu com a reta? Passou a ter um novo significado para todas as crianças: tornou-se uma ferramenta.

Essa história relata o modo como os métodos de resolução de problemas contidos no que as crianças já estão fazendo funcionam como oportunidades poderosas e agradáveis de aprendizagem. A equipe de pesquisa passou por um processo lógico e ordenado que levou a uma solução. O processo foi:

- **Formular a pergunta ou o problema:** Quantas maçãs há na tigela?
- **Propor uma solução:** Contar as maçãs na tigela.
- **Solução #1 revisada:** Contá-las espalhadas pelo chão.
- **Solução #2 revisada:** Contá-las em fila.
- **Postular um problema novo, relacionado ao primeiro:** Como se escreve "12"?
- **Propor uma nova solução:** Pôr as maçãs em uma linha numérica e contá-las, então, usar o último número, "12".

Queremos que as crianças resolvam problemas usando um processo estruturado semelhante ao mostrado acima: decidir o que querem saber e então sugerir seus próprios passos para a resolução baseada em sua própria avaliação das informações de que precisam.

O professor ajuda se der às crianças uma "cutucada" na direção certa, quando elas se afastam dela, e oferecendo sugestões quando elas estiverem confusas. No entanto, é importante que as crianças tenham liberdade para "desenvolver" os problemas por si próprias. Depois que usarem os passos, e revisá-los se os resultados não conferirem, queremos que chequem os resultados para ver como fizeram.

Na educação da primeira infância, o **processo** que as crianças usam para resolver problemas é mais importante que as respostas a que chegam.

Crianças pequenas precisam de centenas de experiências em resolução de problemas para se transformarem boas solucionadoras. Com o tempo, os problemas vão se tornando mais complicados. Problemas resolvidos matematicamente podem exigir de início que as crianças contem. Mais tarde, será exigido que somem e passem por vários passos, usando qualquer quantidade de ferramentas matemáticas.

O processo de resolução de problemas

1. Formular a pergunta ou o problema.
2. Propor uma solução.
3. Revisar a primeira solução.
4. Revisar a solução novamente.
5. Postular um problema novo, relacionado ao primeiro.
6. Propor uma nova solução.

Um bom solucionador de problemas formula as perguntas certas, organiza as informações que obteve, faz estimativas razoáveis, checa o trabalho, chega a conclusões e faz predições sobre situações futuras semelhantes ao problema em que se está trabalhando no momento.

As atividades que se seguem são exemplos de problemas que fazem parte das atividades e experiências diárias das crianças e oferecem oportunidades de resolução de problemas em que elas podem usar um processo estruturado, semelhante ao da atividade da maçã discutida anteriormente. Você pode criar situações parecidas para que as crianças respondam perguntas diferentes, dependendo do que a sua turma quer saber.

Atividades para se ensinar resolução de problemas e raciocínio

A Plantinha que Conseguiu

Materiais
Plantas para criar desde a semeadura
Água
Janela por onde entre a luz de fora
Régua
Papel-cartaz e pincel atômico

Objetivos em matemática para satisfazer os parâmetros

As crianças aprenderão a:

1. postular o problema ou pergunta.
2. traçar um plano passo por passo para resolver o problema.
3. seguir um plano de coleta de dados.
4. organizar informações para resolver problemas e responder perguntas.

Pano de fundo e solução das crianças

Estávamos estudando uma unidade de ciências na qual as crianças plantavam sementes e observavam plantas crescendo ao longo do tempo. Uma criança, Jason, se convenceu de que sua planta não estava crescendo como as das outras crianças. Ele queria ver grandes mudanças no tamanho da planta já de início. As crianças e eu propusemos a pergunta: "Como podemos saber se a planta de Jason está crescendo?". Elas tiveram algumas ideias sobre como responder a pergunta.

Enquanto discutiam e sugeriam soluções, anotei suas ideias em um cartaz. As crianças sugeriram:

◆ Usar uma régua para medir a planta todos os dias.

◆ Manter registros em uma linha de tempo para mostrar quanto a planta estava crescendo.

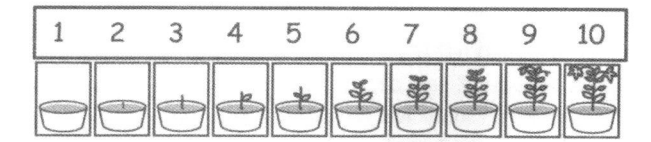

◆ Fotografar a planta a cada sexta-feira.
◆ Contar nos dedos para ver quão alta ela estava.

Votamos e combinamos soluções. A mensuração com uma régua ganhou, mas a medimos uma vez por semana (ver ilustração a seguir).

A cada sexta-feira preenchíamos uma coluna no gráfico mostrando o crescimento da planta (ver ilustração a seguir). Jason se sentiu aliviado ao ver que sua planta estava crescendo de verdade e que, talvez algum dia, pudesse ficar tão grande quanto as das outras crianças. Curiosamente, ele parou de perceber que as plantas de outras crianças estavam maiores. Estava feliz com a sua. Chamamos a planta de "a plantinha que conseguiu".

Se você tem interesse em ter uma experiência parecida na sala de aula, ou que uma situação como essa ocorra naturalmente:

◆ Quando as crianças expressarem interesse em saber o quanto suas plantas estão crescendo, ou se estão crescendo de fato, deixe que elas sugiram meios para medir o crescimento, como pôr uma régua no vaso da planta, como mostrado na ilustração à esquerda.
◆ Para manter um registro do crescimento da planta de forma organizada, crie um gráfico, como aquele já mostrado na página anterior.
◆ A cada sexta-feira, ajude as crianças a registrarem os aumentos nos tamanhos das plantas nos gráficos.

Objetivos em matemática para satisfazer os parâmetros

As crianças aprenderão a:

1. decidir se há informações suficientes para se resolver o problema.
2. escolher e usar ferramentas matemáticas adequadas.
3. seguir um plano para coletar informações.
4. escolher e aplicar uma estratégia de resolução de problemas.

Quantos vão Almoçar?

Materiais

Gráfico de saco do sim e não (ver página 133)

Papel-cartão

Tesoura

Pano de fundo e solução das crianças

A cada manhã em nossa escola, o pessoal da cantina precisava que as turmas declarassem, às 10h, quantas crianças iriam almoçar ali. Repassar essa atividade para as crianças pareceu uma boa ideia, pois iria me dar mais tempo livre e oferecer a elas uma oportunidade de aprender habilidades de resolução de problemas. Durante o Trabalho em Grupo, perguntei às crianças se elas conseguiam pensar em uma outra maneira de fazer a contagem das crianças para o almoço sem que eu perguntasse a cada uma todos os dias.

Propomos o problema "Quem vai almoçar na escola?", e eu o escrevi em uma tira fina de papel-cartão. Começamos a falar sobre como poderíamos fazer. Aqui estão algumas sugestões:

- ◆ Assinar nossos nomes em um pedaço de papel fixado à porta.
- ◆ Usar o gráfico de saco do sim e não.
- ◆ Fazer com que o líder da turma de cada dia use uma prancheta e faça um sinal ao lado do nome de cada criança.
- ◆ Usar nossas tabelas de garrafa.

O *Gráfico de saco do sim e não* venceu. Para usá-lo com este propósito, coloquei velcro nas costas de uma fita de papel-cartão com a nossa pergunta, "Quem vai almoçar?", anotada e coloquei o cartão no topo do saco. A cada dia eu colocava cartões com os nomes das crianças escritos perto do saco. À medida que entravam a cada manhã, as crianças colocavam seus nomes na coluna do *sim* ou do *não*. O líder da turma de cada dia contava os sim, anotava o número em uma ficha de arquivo e levava à cantina. Depois disso, retirei a etiqueta com o "Quem vai almoçar" para que pudéssemos usar o gráfico de saco para outras atividades.

Se você tem interesse em ter uma experiência parecida na sala de aula, ou que uma situação como essa ocorra naturalmente:

- ◆ Desafie as crianças a descobrir maneiras de se determinar que número enviar ao pessoal da cantina.
- ◆ Ajude-as a determinar qual seria o método mais eficaz (provavelmente será algo parecido com a situação acima) e ajude-as a implementá-lo.
- ◆ Escolha uma criança para ser o líder da turma e ajude-a a determinar o número e levar o resultado à cantina.

Objetivos em matemática para satisfazer os parâmetros

As crianças aprenderão a:

1. propor o problema e formular a pergunta.
2. fazer um plano passo a passo para resolver o problema.
3. seguir um plano.
4. explicar a racionalidade de uma solução.
5. representar frações usadas com frequência ([!, ¼, S!, ½).
6. entender relações entre todo e parte.

Pano de fundo e solução das crianças

As crianças estavam aprendendo sobre partes, todo e sobre a fração de um meio (½). Estavam com dificuldades para entender que duas metades formam um todo. Eu criei esta atividade para ajudá-las a entender. Antes que as crianças chegassem à escola, coloquei copos com geleia sobre uma bandeja, algumas facas de plástico em um copo de plástico alto e uma fatia de pão em cada um dos pratos de papel das crianças. Depois empilhei os pratos de papel com os pães perto da mesa de trabalho.

Durante o Trabalho em Grupo, falamos sobre sanduíches e suas partes (topo, meio, parte de baixo) Discutimos as origens do sanduíche (ver **Além disso** a seguir). Já que tínhamos apenas uma fatia de pão para cada criança, expliquei que elas teriam de fazer seus sanduíches com uma fatia só. Então, tínhamos uma pergunta: como podemos fazer um sanduíche com apenas uma fatia de pão?

As crianças foram à mesa de trabalho no período em que estavam no centro, pegaram seus pratos com suas fatias de pão, escreveram seus nomes nos pratos e pegaram um copo de geleia e uma faca de plástico cada. Algumas cortaram suas fatias ao meio com a faca, enquanto outras partiram o pão ao meio com a mão, outras, ainda, o dobraram. Descobrimos que era preciso ter metades mais ou menos iguais de pão para se fazer um sanduíche. Elas aprenderam mais sobre a fração de um meio (½) e a relações entre parte e todo. No final, cada criança fez um sanduíche, jogou o copo e a faca fora e colocou o sanduíche em seu prato. Todos iríamos lanchar juntos.

Cada criança inventou um plano e o implementou. Depois da hora do lanche, falamos sobre como fizemos os sanduíches. Algumas das crianças desenharam os passos necessários para isso. Outras conseguiram descrever o processo em voz alta.

Como Se Faz um Sanduíche de Geleia com uma Fatia de Pão?

Materiais

Copos de 30 ml, um para cada criança

Geleia (coloque nos copos [faça uma pesquisa para ver quais serão usadas])

Fatia de pão (uma para cada criança)

Faca de plástico (uma para cada criança)

Prato de papel pequeno (um para cada criança)

Bandeja para os copos com geleia

Além disso

O nome "sanduíche" vem de Fourth Earl of Sandwich (1718-1792), um nobre inglês. Ele gostava de jogos de mesa (aliás, ele era um jogador insaciável, mas as crianças provavelmente não vão precisar saber disso). Ele não queria parar de jogar para comer, então ele exigia que a refeição fosse servida no meio de duas fatias de pão. Assim, ele podia comer com uma mão e jogar com a outra! Expliquei às crianças que metade do corpo de Earl queria jogar enquanto a outra metade queria comer. Elas entenderam bem.

Se você tem interesse em ter uma experiência parecida na sala de aula, ou que uma situação como essa ocorra naturalmente:

◆ Durante o Trabalho em Grupo, fale com as crianças sobre as diferentes partes de um sanduíche de geleia e a história do sanduíche e pergunte como elas podem fazer um sanduíche com apenas uma fatia de pão.
◆ Dê a cada criança um prato de papel, ajude-as a escrever seus nomes nos pratos, prepare as facas e o copo com geleia e desafie-as a fazer o sanduíche com uma fatia de pão.
◆ Depois que as crianças tiverem terminado de fazer e comer seus sanduíches, peça a elas que descrevam as diferentes maneiras como fizeram os sanduíches.
◆ Encoraje as crianças a desenhar os passos, se quiserem.

Onde está Sarah?

Materiais

Sala de aula e crianças (Sarah poderia ser qualquer uma das crianças)

Objetivos em matemática para satisfazer os parâmetros

As crianças aprenderão a:

1. identificar maneiras alternativas de resolver problemas verbais e escritos.
2. decidir se há informações suficientes para resolver o problema.
3. definir o problema e formular a pergunta.

Pano de fundo e solução das crianças

Nota: esta atividade é parecida com "Percurso com obstáculos", no Capítulo 5, mas aqui está posto como um problema a ser resolvido na atividade. Um dia, quando as crianças estavam em outras atividades, eu interrompi a aula e perguntei: "Onde está Sarah?" (sua localização física na sala de aula).

Quando as crianças a localizaram na sala, eu as encorajei a descrever como a encontraram. Algumas das sugestões foram:

◆ Medir com uma fita métrica.
◆ Contar as lajotas ao longo do chão até chegar a ela.
◆ Caminhar até onde ela estava e contar os passos.
◆ Todos segurarem as mãos até chegar a ela.
◆ Falar sobre a mobília e os equipamentos perto dela.

A solução preferida foi contar as lajotas. Eu comecei a caminhar por fora das lajotas de um lado da sala até o centro, mas não estava próxima de Sarah. As crianças ficaram confusas. Discutimos o modo como poderíamos começar em qualquer ponto da sala de aula, mas notamos que contar as lajotas em uma linha reta não nos levaria necessariamente a Sarah. Além disso, simplesmente dizer que Sarah estava a uma certa quantidade de lajotas a partir da parede também não ajudaria outras crianças a saberem onde estava Sarah na sala de aula. O que se poderia fazer? Decidimos que tínhamos que contar para o lado da sala e depois para cima/para baixo até Sarah.

O líder da turma daquele dia anotou em uma prancheta, por exemplo, "10 para o lado e 7 para cima" até Sarah. Eu desenhei um mapa em uma grade do chão da sala, de forma que as crianças poderiam computar os passos e ver o que haviam feito. Falamos sobre como nosso primeiro plano teve que ser mudado e como fizemos um novo. A partir de então as crianças acharam tudo na sala de aula contando a quantidade de lajotas no chão: para o lado e depois para cima/para baixo. Elas começaram a jogar umas com as outras, desafiando cada uma a localizar diferentes objetos na sala. Muito divertido!

Se você tem interesse em ter uma experiência parecida na sala de aula, ou que uma situação como essa ocorra naturalmente:

◆ Aponte para um certo objeto ou criança na sala e desafie as crianças a pensar em meios para se mapear a localização.
◆ Depois que elas tiverem achado um meio de indicar onde está a criança ou o objeto na sala de aula, ajude-as a recriar em papel o método que usaram.

Objetivos em matemática para satisfazer os parâmetros

As crianças aprenderão a:

1. explorar e resolver problemas simples.
2. definir o problema e formular a pergunta.
3. fazer um plano passo por passo para resolver o problema.
4. observar padrões para predizer uma solução.

Pano de fundo e solução das crianças

Os balanços estão rareando nos *playgrounds* de muitas escolas; ainda assim, as crianças querem balançar. Isso com frequência resulta em filas congestionadas para o balanço na hora do recreio. O melhor jeito de se assegurar de que todas as crianças que quiserem possam brincar no balanço é fazer com que cada uma tenha direito a uma volta. Mas

Quantas Balançadas Fazem uma Volta?

Materiais

Balanços do *playground*

Cronômetro (um que faça "tique-taque" e dispare quando pára)

como se faz isso? Nenhuma criança quer ser a segunda ou terceira, pois cada volta demora muito.

Durante o Trabalho em Grupo, eu falei com as crianças sobre quanto tempo poderia levar uma volta no balanço, já que as crianças pequenas ainda estão desenvolvendo uma concepção de tempo: se estão esperando, um minuto pode durar uma eternidade; se estão brincando, um minuto pode passar em um estalar de dedos. Todas concordaram em que uma volta deveria ser mais que um minuto, "se você está se divertindo".

Eu perguntei se elas conseguiam pensar em quantas balançadas fazem uma volta. Anotei o problema em um cartaz: "Quantas balançadas fazem uma volta?". Eu queria que elas pensassem sobre o problema até o dia seguinte e disse que o discutiria no Trabalho em Grupo.

No dia seguinte, voltamos à pergunta: quantas balançadas fazem uma volta? As crianças sugeriram várias soluções:

◆ Pergunte ao diretor (ele vai saber).
◆ Empurre o balanço, observe e conte.
◆ Coloque alguém no balanço, empurre e conte para uma volta.
◆ Coloque alguém no balanço e empurre de forma que o balanço não vá tão alto (as crianças que vão mais alto no balanço geralmente demoram mais).
◆ Use o cronômetro.

Discutimos como poderíamos juntar vários planos para responder a pergunta e chegamos à seguinte solução: uma criança sentaria no balanço, e outra iria empurrar de forma que o balanço subisse à mesma distância. Uma outra criança se senta e observa o cronômetro e as balançadas, outra tabula, e todo o resto contaria as balançadas no momento da subida, em voz alta.

Foi uma experiência maravilhosa. As crianças ficaram totalmente concentradas na tarefa e no momento em que ela estava acontecendo. Quando perceberam que cabiam várias balançadas em um minuto, decidiram que um minuto era bastante tempo.

Por várias semanas, as crianças levaram o cronômetro para fora para cronometrar as balançadas. Depois elas passaram apenas a contar. Já estavam bem ajustadas, acharam. Ainda mais tarde, elas "só sabiam" quanto durava um minuto e desciam do balanço para dar a vez à próxima criança. Envolver as crianças funcionou. Problema resolvido!

Por sinal, se dá mais ou menos 30 balançadas a cada minuto. A sua "quilometragem" pode variar.

Se você tem interesse em ter uma experiência parecida na sala de aula, ou que uma situação como essa ocorra naturalmente:

- ◆ Pergunte às crianças quanto tempo deveria durar a volta de uma criança no balanço. Encoraje-as a ir para casa e pensar sobre a resposta durante a noite.
- ◆ Se uma criança não sugerir usar o cronômetro, sugira você, ou mostre um relógio com cronômetro e pergunte às crianças de que forma elas poderiam usá-lo para determinar a duração de uma volta no balanço.
- ◆ Depois que as crianças determinarem uma duração apropriada para uma volta, diga a elas que testem a sugestão.
- ◆ Quando as crianças forem para fora, leve o cronômetro com elas e encoraje-as a trabalhar juntas, escolhendo uma criança de cada vez para cuidar do cronômetro, uma para balançar e outra para empurrar o balanço.

Quantas Latas e Caixas?

Objetivos em matemática para satisfazer os parâmetros

As crianças aprenderão a:

1. explorar e resolver problemas simples enunciados oralmente.
2. encontrar e descrever a pergunta no problema.
3. fazer um plano passo a passo para resolver o problema.
4. observar padrões para predizer uma solução.
5. escolher e aplicar uma estratégia para resolver um problema.

Materiais

Loja de materiais de construção (ou um supermercado perto da escola)

Prateleiras

Algumas caixas e latas pequenas (para simular prateleiras de um supermercado)

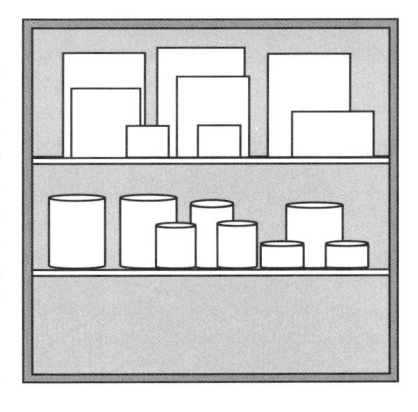

Pano de fundo e solução das crianças

Os pais levaram caixas de cereais, bolo, arroz e biscoitos vazias e latas, também vazias, de vários tamanhos, ainda com os rótulos. Eu coloquei as caixas e latas em uma cesta de roupas e a deixei no "canto da casa". Para começar, expliquei que as caixas e latas precisavam ser colocadas afastadas nas prateleiras para que tudo ficasse visível e fácil de manejar. Quando as crianças se reuniram no centro, dei a cada qual uma ou duas latas ou caixas. Deixei que elas descrevessem os meios de organizar as prateleiras. As sugestões foram:

- ◆ Ponha as caixas em uma prateleira e todas as latas em outra.
- ◆ Ponha as caixas atrás e as latas na frente.
- ◆ Ponha as caixas nas prateleiras de baixo e as latas nas de cima.

- Ponha todas as caixas em uma prateleira com as mais altas atrás e as menores na frente; faça o mesmo com as latas.

Votamos. "As mais altas atrás" ganhou. Colocamos todas as caixas de cereais altas juntas e então comparamos os tamanhos das outras caixas (bolo, arroz e biscoitos) até termos tamanhos diferentes de caixas seriados na prateleira (ver ilustração anterior). Adotamos o mesmo procedimento com as latas. Quando as crianças olharam as prateleiras, podiam ver todas as caixas e latas, pois usamos altura como critério de organização.

Se você tem interesse em ter uma experiência parecida na sala de aula, ou que uma situação como essa ocorra naturalmente:

- Mande um recado agendado para as casas das crianças pedindo aos pais que levem caixas de cereais, bolo, arroz e biscoitos e latas vazias de vários tamanhos.
- Desafie as crianças a encontrar uma maneira de organizar as caixas e latas nas prateleiras para que tudo fique visível.
- Uma vez que as crianças tiverem dado várias ideias, faça uma votação ou escolha uma combinação de várias boas ideias e comece a implementá-las.
- Quando as crianças tiverem terminado, faça com que olhem as prateleiras. Elas devem conseguir ver todas as caixas e latas devido à maneira como foram organizadas.

O Que Está Perto, O Que Está Longe?

Materiais

Um corredor que leve a vários lugares, tais como o banheiro, a cantina e a biblioteca

Objetivos em matemática para satisfazer os parâmetros

As crianças aprenderão a:

1. escolher e aplicar uma estratégia de resolução de problemas.
2. explorar e resolver problemas simples enunciados oralmente.
3. encontrar e descrever a pergunta no problema.
4. fazer um plano passo a passo para resolver o problema.

Os problemas do cotidiano e a solução das crianças

Durante um ano letivo, uma criança, Michael, quebrou a perna e, logo, a engessou. O médico avisou que Michael só poderia caminhar distâncias curtas. Ele teria que andar em uma cadeira de rodas se precisasse percorrer longas distâncias. Michael relatou as condições que o médico impôs em relação a caminhar e passear ao resto das crianças quando voltou à escola com a perna engessada e em uma cadeira de rodas empurrada por sua mãe.

As crianças não tinham ideia sobre o que era uma distância longa e uma distância curta, mas queríamos fazer uma lista para Michael, para que todos soubessem o que fazer e como ajudar. Era simples decidir a maioria dos lugares até onde Michael podia ir a pé. Ele poderia caminhar até qualquer lugar na sala de aula. Ele poderia ir até o banheiro. Esses lugares estavam próximos. A biblioteca ficava um pouco mais longe, mas chegava a ser uma distância longa? A cantina ficava longe, mas quanto? Formulamos as perguntas: o que é uma distância curta, o que é uma distância longa e o que se pode fazer para descobrir?

As crianças propuseram os seguintes planos para descobrir:
- Medir a distância com uma fita métrica;
- Perguntar ao guarda;
- Caminhar até um local distante e contar os passos;
- E ver quantos passos são necessários para ir até o banheiro, e depois para a cantina e então quantos mais para a biblioteca. Somar tudo.

Escolhemos o último plano de ação, "quantos passos". Escolhemos duas crianças para caminhar até o banheiro e contar os passos. Uma vez determinada a distância, relataram seus achados às crianças. Juntas, todas caminharam até a cantina, pois elas não conseguiam contar todos os passos necessários para ir tão longe. Depois que voltamos à sala de aula, eu relatei a distância a todas. Finalmente, tínhamos alguns totais com os quais trabalhar: 31 passos até o banheiro, 85 até a cantina e 40 até a biblioteca.

A partir das informações que as crianças reuniram, fizemos uma lista para Michael de todos os lugares aos quais ele poderia ir a pé. Ele poderia andar pela sala de aula, até o banheiro e a biblioteca, mas ele teria que ir de cadeira de rodas até a cantina. Todas as crianças se ofereceram para empurrar a cadeira. Como administramos tudo isso foi outro problema que tivemos que resolver.

Se você tem interesse em ter uma experiência parecida na sala de aula, ou que uma situação como essa ocorra naturalmente:

- Pergunte às crianças o que elas acham que constitui uma distância "próxima" e uma "distante". Considere a ideia de usar os exemplos acima: a entrada da sala é perto ou longe, o banheiro é perto ou longe? A biblioteca e a cantina ficam perto ou longe? Use outros locais em sua escola que você acha que fazem sentido.

- ◆ Peça às crianças que pensem em meios de se determinar que distâncias estão próximas e distantes.
- ◆ Desafie as crianças a experimentar os melhores exemplos que sugerirem e registre os resultados.
- ◆ A partir das informações que as crianças obtiveram, faça uma lista de todos os lugares que ficam perto e longe.

Quantos Dias até o Dia de Ação de Graças?*

Materiais

Calendário

Conte com isto

Para diminuir a ansiedade das crianças, demonstrada nas perguntas sobre "Quando vai ser a festa?", dê a elas algo visual para contar ou marcar. Ela vão ficar bem menos ansiosas, e você vai ter que responder menos perguntas.

Objetivos em matemática para satisfazer os parâmetros

As crianças aprenderão a:

- ◆ escolher e usar ferramentas matemáticas adequadas.
- ◆ explicar a racionalidade das soluções.
- ◆ escolher e aplicar estratégias para se resolver um problema.
- ◆ decidir se há informações suficientes para resolver um problema.

Pano de fundo e solução das crianças

As turmas da educação infantil teriam uma festa de Ação de Graças, e cada uma ficou responsável por trazer um dos pratos. As crianças ficaram bastante animadas com isso e perguntavam todos os dias – e quando eu digo "todos os dias", é todos os dias mesmo – "Quando vai ser a festa de ação de graças?".

Decidi que já tinha ouvido a pergunta vezes demais. Coloquei todas as crianças sentadas juntas e apontei para o calendário da turma. "Que dia vamos celebrar a festa de Ação de Graças?", perguntei. As crianças encontraram o peru que eu tinha desenhado no calendário e perceberam que a data era uma quinta-feira, 25 de novembro. Falamos sobre a ideia de fazer a festa um dia antes. "Que dia é esse?", perguntei. Elas responderam. Eu perguntei às crianças como elas poderiam contar quantos dias faltavam até a festa.

O plano: contar a quantidade de dias no calendário, separando aquele dia e o dia com o peru desenhado.

Essa foi a única sugestão dada pelas crianças. Começamos contando no dia 11 de novembro. Faltavam 14 dias até o Dia de Ação de Graças, logo, 13 dias até nossa festa. No final de cada dia, as crianças queriam marcar no ca-

---

*N. de T. O dia de Ação de Graças é um feriado típico e muito importante nos Estados Unidos. Para fins de fidelidade ao texto original, optamos pela tradução literal. No Brasil, a atividade poderia ser feita com a festa junina.

lendário e, então, contar novamente os dias para ver quantos faltavam. Foi uma boa sugestão; então, no final de cada dia, o líder do dia marcava no calendário e nós contávamos o novo número que representava a quantidade de dias antes do de Ação de Graças.

Se você tem interesse em ter uma experiência parecida na sala de aula, ou que uma situação como essa ocorra naturalmente:

◆ Escolha um dia especial que está para chegar e desafie as crianças a descobrir maneiras de saber quantos dias faltam até que ele chegue.
◆ Estabeleça um calendário e ajude as crianças a organizar um meio de marcar os dias.

Além disso

A seguir mostramos perguntas adicionais que as crianças podem usar para resolver problemas:

◆ Quantas pessoas estão faltando hoje?
◆ Que número não pertence?
◆ Quão rápido o gelo derrete?
◆ Que peça de quebra-cabeça cabe neste espaço?
◆ Como podemos fazer com que a sala pareça maior?
◆ Que outros números funcionam?
◆ Até que ponto o *hamster* vai crescer? Como podemos descobrir?
◆ De que tamanho são os copos de que precisamos para o suco? Por quê?
◆ Quais objetos são maiores? Como se pode saber?
◆ Quão quente está ao lado da janela?
◆ Quão alta é a árvore? Como podemos descobrir? Podemos descobrir com exatidão?
◆ Quantas maçãs são necessárias se todos vão comer uma metade (½) de maçã?
◆ Quantas semanas faltam para o próximo mês?
◆ Como podemos descobrir a cor de que os passarinhos mais gostam?
◆ Qual é a abóbora mais pesada? E qual a menos? E quais têm o mesmo peso?
◆ Quanto tempo falta para a aula de música?
◆ Quantas cartas você consegue jogar no chapéu?

Capítulo 9

Juntando tudo: uma unidade de estudo de *pizza*

Este capítulo junta todas as habilidades matemáticas em uma unidade de estudo exclusiva de *pizza*. *Pizza* é um prato que muitas crianças gostam como parte de seus mundos cotidianos, então, aprender matemática por meio de *pizza* é divertido e significativo para elas. As crianças comem *pizza* e desenvolvem as habilidades matemáticas como "acompanhamento", por assim dizer. É muito parecido com a seguinte história humorística sobre como os hambúrgueres foram "-inventados".

Hambúrgueres foram inventados para fazer as crianças comerem salada – você sabe, alface, tomate, pepino. A maioria das crianças não gosta de salada, até na Alemanha. Bom, uma mãe esperta colocou ingredientes de salada entre dois pedaços de pão redondos com uma fatia de carne moída e voilà: a salada estava disfarçada de hambúrguer. Ela o chamou salad burguer. *Bom, quando nenhuma criança queria um* salad burguer, *ela mudou o nome para hambúrguer, em homenagem à cidade alemã de Hamburgo, onde essa mãe esperta vivia. A ideia do hambúrguer se espalhou ao redor de todo o mundo. As crianças comiam a carne e o pão que adoravam nos hambúrgueres e também comiam alimentos saudáveis, como salada, escondidos.*

Se você não acredita nessa história, tudo bem. Fica melhor com matemática e *pizza* mesmo!

As atividades que se seguem explicam as habilidades e objetivos a que se dirigem e também indicam em que capítulos anteriores podemos achá-las. A habilidade matemática específica que você quer ensinar dependerá da sua ênfase.

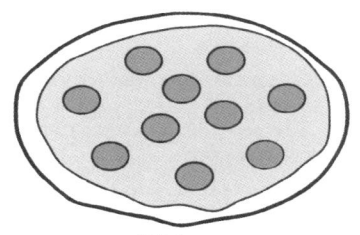

Calabresa

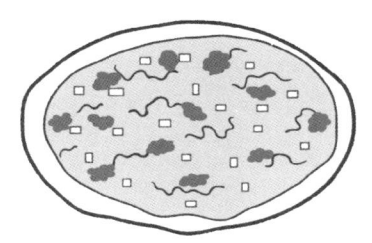

Queijo e tomate

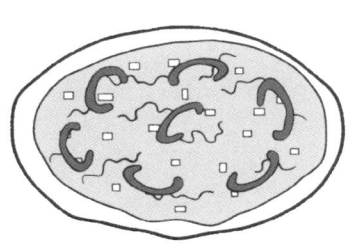

Frango com catupiry

"Cinco *Pizzas* Redondinhas"

Materiais

Chapéu de mestre-cuca

Forma para *pizza*

Pizzas de papel com uma fita magnética atrás (ver ilustração no Apêndice, página 208)

Dinheiro de papel com fitas magnéticas atrás (ver ilustração no Apêndice, página 208)

Cinco *pizzas* redondinhas

(adaptado da letra "Five round pizzas", de Sharon MacDonald. Canção: "Five Little Honey Buns")

Cinco *pizzas* redondinhas lá na pizzaria,
Bem grandinhas com queijo em cima; quem não comeria?
Logo veio a (o) (nome da criança) e tinha um real.
Comprou a *pizza* redondinha, levou e disse "tchau".

Quatro *pizzas* redondinhas lá na pizzaria,
(repita os últimos três versos da primeira estrofe)

Três *pizzas* redondinhas lá na pizzaria,
(repita os últimos três versos da primeira estrofe)

Duas *pizzas* redondinhas lá na pizzaria,
(repita os últimos três versos da primeira estrofe)

Uma *pizza* redondinha lá na pizzaria,
(repita os últimos três versos da primeira estrofe)

Nenhuma *pizza* redondinha lá na pizzaria
Bem grandinhas com queijo em cima; quem não comeria?
Logo veio a (o) (nome da criança) e tinha um real.
Mas já não tinham mais *pizza*, então ele (a) só deu "tchau".

Objetivos em matemática para satisfazer os parâmetros

As crianças aprenderão a:

1. fazer correspondência de um a um (Capítulo 2).
2. somar e subtrair números inteiros (Capítulo 3).
3. explorar o uso e o sentido das cédulas de dinheiro e das moedas (Capítulo 4).
4. descrever e comparar objetos do mundo real com formas não-planas (Capítulo 5).
5. coletar e organizar dados sobre si mesmas, seus arredores e experiências significativas (Capítulo 6).
6. usar padrões para predizer o que vem em seguida (Capítulo 7).
7. explorar e resolver problemas simples, formulados oralmente (Capítulo 8).

Como fazer

◆ Esta é uma atividade para se fazer durante o Trabalho em Grupo.

◆ Leia o poema ao lado com as crianças, encorajando-as a interpretar os papéis mencionados nele, tais como a pessoa que está comprando a *pizza* e o *pizzaiolo*.

◆ Usando as ilustrações da *pizza* e do dinheiro no Apêndice, página 208, faça cinco *pizzas* de papel e seis notas de R$ 1,00 para as crianças usarem na dramatização da história. São fáceis de fazer.

◆ Coloque todas as *pizzas* na bandeja e dê uma nota de R$ 1,00 a cada uma de seis crianças. Dê o chapéu de mestre-cuca para uma sétima criança e faça com que ela se sente em uma cadeira com a bandeja de *pizzas*, como se fosse o *pizzaiolo*. Essa criança receberá o dinheiro.

◆ À medida que as crianças vão recitando o poema, cada uma das que têm R$ 1,00 se aproxima do *pizzaiolo*, pega uma *pizza* e deixa o dinheiro.

◆ Quando a última criança chegar com o seu R$ 1,00 e descobrir que não há mais *pizzas*, desafie as outras a decidirem o que fazer. (Geralmente elas decidem que a criança com o dinheiro passa a ser o *pizzaiolo* e vende as *pizzas* na próxima rodada.)

◆ Todas as crianças na turma participam; quando não estão dramatizando a história, encoraje-as a recitar.

Objetivos em matemática para satisfazer os parâmetros

As crianças aprenderão a:

1. comparar a quantidade de objetos (Capítulo 2).
2. somar e subtrair números inteiros de um a 10 usando objetos concretos (Capítulo 3).
3. reconhecer, nomear, descrever, comparar e fazer formas básicas (Capítulo 5).
4. separar e classificar materiais a partir de um ou mais atributos (Capítulo 6).
5. escolher e aplicar uma estratégia para resolver um problema (Capítulo 8).

Como fazer

- ◆ Em papel pardo, escreva os nomes de diferentes tipos de *pizza* com letra grande. Cole figuras de *pizzas* perto dos nomes das bordas, se as crianças não conseguirem ler as palavras.
- ◆ Faça uma coleção de figuras de diferentes tipos de bordas de *pizza* recortadas de jornais, revistas e propagandas como panfletos e menus de divulgação de pizzarias.
- ◆ Durante o Trabalho em Grupo, exiba o cartaz.
- ◆ Passe várias figuras de *pizza* para as crianças.
- ◆ Encoraje as crianças a olhar cada figura e concluir que tipo de borda ela mostra.
- ◆ Prepare uma cola em bastão e faça com que as crianças colem as imagens das *pizzas* sob o nome de tipo de borda correto no cartaz.
- ◆ Depois que elas tiverem terminado de colar as figuras das *pizzas* no cartaz, peça às crianças que tentem algumas das seguintes opções:
  - Ler as propagandas para descobrir e relatar o preço de cada *pizza*.
  - Contar as figuras em cada tipo de *pizza*; anotar o total de cada grupo.
  - Pensar em outra maneira de sortir as figuras de *pizzas* (além de tipo).
  - Fazer um gráfico com as bordas de *pizzas*.
  - Votar na borda favorita.

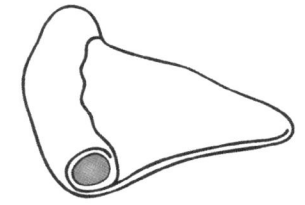

Bordas de *Pizza*

Materiais

Figuras ou fotos de propagandas de *pizzas* com bordas diferentes, tiradas de jornal, revista ou folhetos de pizzarias

Cola em bastão

Folha de papel pardo

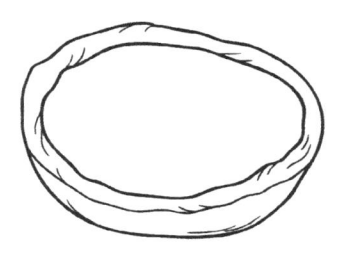

Pizza grossa

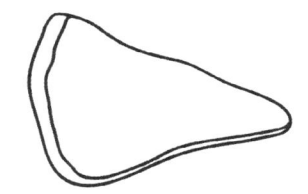

Massa fina

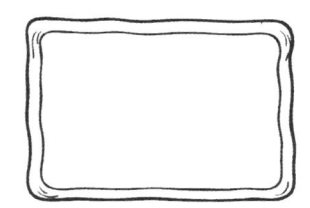

Borda retangular

Borda recheada

Pesquisa sobre *Pizzas*

Materiais

Papel em uma prancheta e um lápis

Figuras de propagandas de *pizzas* com diferentes sabores tiradas de jornais e revistas

Além disso

Pizza significa *torta* em italiano. Existem *pizzas* há mais de 2 mil anos. As primeiras eram cobertas com óleo de oliva e ervas; mais tarde, foram adicionados vegetais. A variedade de sabores de *pizzas* de hoje se expandiu na América, com as pizzarias tentando superar umas às outras.

Objetivos em matemática para satisfazer os parâmetros

As crianças aprenderão a:

1. entender que números representam a mesma quantidade (Capítulo 2).
2. usar vocabulário ligado à mensuração (maior que/menor que/tanto quanto) (Capítulo 4).
3. reunir dados de experiências familiares contando e tabelando (Capítulo 6).
4. fazer um plano passo a passo para resolver um problema (Capítulo 8).

Como fazer

- ◆ Cole figuras de *pizzas* diferentes no lado esquerdo da folha de papel anexada à prancheta.
- ◆ Desenhe linhas horizontais que perpassem toda a folha de papel sob cada figura de *pizza* (ver o exemplo no Apêndice, página 209).
- ◆ Dê a prancheta ao líder da turma do dia e faça com que ele ande pela sala mostrando as figuras e perguntando às outras crianças de quais *pizzas* elas gostam mais. Ele tabela os resultados na prancheta.

Calabresa		
Muzzarella		
Frango com *catupiry*		
Palmito com queijo		
Bacon		
Portuguesa		

Objetivos em matemática para satisfazer os parâmetros

As crianças aprenderão a:

1. usar números para descrever quantos objetos existem em um conjunto (Capítulo 2).
2. interpretar e usar informações de gráficos para responder perguntas (Capítulo 6).
3. reconhecer padrões para predizer causa e efeito (Capítulo 7).
4. organizar informações para responder a pergunta ou resolver o problema (Capítulo 8).

Como fazer

- ◆ Faça um gráfico das *pizzas* preferidas. Durante o Trabalho em Grupo, exiba a tabulação dos dados, na página 209.
- ◆ Faça com que as crianças transfiram as informações a uma grade como a exibida na ilustração no Apêndice da página 210 e pintem os *boxes* apropriados para criar um gráfico de barras.
- ◆ Fale com as crianças sobre o modo como tanto a tabulação quanto o gráfico mostram as mesmas informações, mas de formas diferentes.
- ◆ Explique que, às vezes, as informações são melhor exibidas em forma de gráfico e, às vezes, em forma de tabela. Existem outras maneiras também. Assim como ocorre com muitas coisas, existem muitas maneiras de se mostrar informações. A melhor coisa que as crianças podem saber é que elas têm opções para tentar resolver problemas e responder perguntas. Por exemplo, "Como eu posso conseguir as informações de que preciso para responder a pergunta X e como posso apresentá-las para que sejam compreendidas com facilidade?".

Gráfico de *Pizzas*

Materiais

Grade desenhada em papel pardo
Lápis de cor
Tabela da atividade anterior

Objetivos em matemática para satisfazer os parâmetros

As crianças aprenderão a:

1. entender e usar um vocabulário da matemática (Capítulo 2).

Como Se Faz *Pizza*?

Materiais

Um pedaço de papel para cada criança
lápis de cor ou pincéis atômicos

Além disso

Uma vez pediram a um famoso dono de *pizzaria*, Raffaele Esposito, que fizesse uma *pizza* para a rainha Marguerita, da Itália (1851-1926). Ele pôs queijo *muzzarella*, tomates e tempero verde para combinar com as cores da bandeira italiana. O queijo *muzzarella* original usado por ele foi feito a partir de leite de búfalo da Índia. No entanto, não há explicação de como se ordenhou búfalos da Índia.

2. combinar e separar grupos de objetos para criar novos grupos (Capítulo 3).
3. sequenciar eventos de acordo com a duração (Capítulo 4).
4. identificar formas geométricas básicas no mundo físico (Capítulo 5).
5. comparar e contrastar objetos (Capítulo 6).
6. reconhecer padrões no mundo físico (Capítulo 7)
7. escolher e usar ferramentas matemáticas apropriadas (Capítulo 8).

Como fazer

◆ Esta atividade é para pequenos grupos, é melhor quando feita com três ou quatro crianças de uma só vez, enquanto as outras estão em outras aulas.
◆ Antes de ler livros sobre *pizza* ou falar sobre como se fazer uma, dê folhas de papel e pincéis atômicos (ou lápis de cor) e peça que escrevam suas próprias receitas de *pizza*.
◆ À medida que as crianças dão os nomes dos ingredientes, pergunte a elas quanto de cada ingrediente será usado na *pizza*. Comece com a borda e vá até o molho e coberturas.
◆ As crianças darão várias respostas interessantes de como se fazer uma *pizza*. Uma das minhas favoritas foi "Visite a *Pizza Hut*", uma sugestão de Edward, um dos meus alunos de 4 anos mais inteligentes. Foi sua ideia resolver o problema pedindo a outra pessoa que o fizesse.
◆ Quando todas as receitas estiverem completas, copie todas as páginas e reúna-as em vários livros de receitas para que as crianças levem para casa. Os pais adoram as receitas. Alguns chegam até a usá-las (com pequenas modificações).

O Que Há em Uma Cara de *Pizza*?

Materiais

A receita de *pizza* árabe, que está no livro *Brink Book com as crianças na cozinha* de Gilda Aquino e Estela Schauffert ou outra receita de *pizza*.

Objetivos em matemática para satisfazer os parâmetros

As crianças aprenderão a:

1. reconhecer números de 1 a 10 e frações ½, ¼ (Capítulo 2).
2. somar e subtrair números inteiros de 1 a 10 usando objetos concretos (Capítulo 3).
3. entender os benefícios de se usar medidas padronizadas (Capítulo 4).
4. identificar formas no mundo físico (Capítulo 5).

5. separar e classificar objetos reais e figuras de objetos reais e explicar como foi feito o sortimento (Capítulo 6).
6. fazer um plano passo a passo para resolver um problema (Capítulo 8).

Como fazer

- Faça esta atividade após a anterior, "Como se faz *pizza*?". Compare receitas e fale sobre outros sabores para *pizzas*.
- Pergunte às crianças que cara elas fariam só com os sabores de *pizza* de que gostam.
- As receitas de *pizza* podem incluir ingredientes de que as crianças não gostem. Elas se sentem aliviadas quando têm a chance de "Fazer uma *pizza* diferente". Por exemplo, a maioria das crianças não gosta de azeitonas, salame, cebola, pimenta vermelha e abacaxi em suas *pizzas*. Elas ficam exultantes quando descobrem que não vão ter que comer a *pizza* do livro.

Conte com isto

Crianças pequenas têm gostos e aversões fortes. Estão estabelecendo fronteiras que as ajudam a definir quem são. É por isso que é tão importante para elas ter escolhas e tomar decisões. Também é importante ajudá-las a aliviar ansiedades em relação a experiências que elas podem não querer ter, tais como comer *pizza* de que elas não gostam. Então, certifique-se de que eles sabem adiantadamente quais são suas expectativas, discuta-as bastante com as crianças.

Objetivos em matemática para satisfazer os parâmetros

As crianças aprenderão a:

1. usar números para descrever a quantidade de objetos e nas frações ½ e ¼ (Capítulo 2).
2. combinar e separar grupos de objetos para criar novos grupos (Capítulo 3).
3. comparar tamanho, comprimento, distância e tempo (Capítulo 4).
4. identificar formas geométricas básicas no mundo físico (Capítulo 5).
5. separar e classificar materiais segundo uma ou mais características (Capítulo 6).
6. escolher e aplicar estratégias para resolver problemas (Capítulo 8).

Como fazer

- Escolha o tamanho da sua *pizza* (que será o tamanho do círculo de cartolina ou panela que escolheu para a sua "borda" de *pizza*).
- Decidir sobre a quantidade de pedaços que você quer de cada ingrediente e cortá-los em feltro. Guarde os pedaços em sacos plásticos diferentes.
- As ilustrações no Apêndice, página 211 mostram ingredientes típicos de *pizza* cortados em feltro. Corte os seguintes:

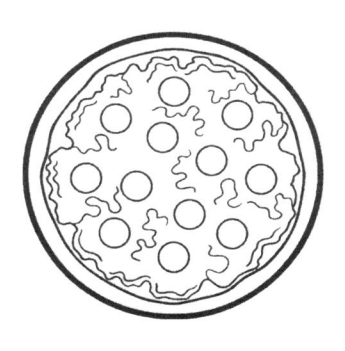

Pizza de Feltro?

Materiais

Feltro, em diferentes cores, para combinar com as cores dos ingredientes da *pizza* (ver ilustrações no Apêndice, página 211)

Pequenas sacolas plásticas

Pizza e uma caixa de *pizza*

Círculo de cartolina que caiba na panela ou caixa

Várias cópias de um formulário de pedido de *pizza* (ver ilustrações no Apêndice, página 212)

Cesta

Pedido

1 pizza de
frango com catupiry

Pedido

1 pizza de muzzarella

Pedido

- um pedaço de tomate,
- dois pedaços de azeitonas,
- três rodelas de cebola,
- quatro pedaços para o molho de tomate,
- oito pedaços de frango,
- nove fatias de linguiça calabresa
- e dez fatias de queijo.

◆ Escreva a quantidade de pedaços de cada ingrediente do lado de fora das sacolas plásticas em que estão guardados.
◆ Apresente a *pizza* com todos os ingredientes de feltro durante o Trabalho em Grupo.
◆ Encoraje as crianças a se aproximarem e montarem a *pizza*.
◆ Depois que elas tiverem se familiarizado com o processo de fazer a *pizza*, devolva os pedaços às sacolas.
◆ Se for apropriado, mostre às crianças uma cópia de um formulário de pedido, como o da ilustração no Apêndice, página 212 e mostre às crianças como fazer e como copiar um pedido de *pizza*.
◆ Pegue uma criança de exemplo para mostrar como se pede *pizza* e, depois, mostre a todos como o formulário de pedido combina com o próprio pedido que a criança vai fazer.
◆ Leve a atividade para o Centro de Matemática.
◆ Ponha uma pilha de formulários de pedido em uma cesta com os ingredientes de feltro.
◆ Desafie as crianças a escreverem pedidos e faça com que outras completem os pedidos usando os ingredientes de feltro.
◆ Para facilitar o pedido, pregue alguns pedidos simples em uma parede que estiver próxima.
◆ Aqui tem um pedido fácil de se atender:
 – *Pizza* com molho de tomate, uma azeitona, duas fatias de tomate, cinco fatias de linguiça calabresa e sete fatias de queijo.
◆ Aqui tem alguns pedidos *mais difíceis* de se atender:
 – *Pizza* com molho de tomate, três azeitonas em uma metade da *pizza* e cinco fatias de cebolas na outra. Coloque 10 fatias de queijo em toda a *pizza*.
 – *Pizza* com molho de tomate, ¼ da pizza com nove fatias de linguiça calabresa, ¼ com duas azeitonas, ¼ com sete fatias de cebola e ¼ com oito pedaços de frango. Ponha 10 fatias de queijo em toda a *pizza*.

Objetivos em matemática para satisfazer os parâmetros

As crianças aprenderão a:

1. usar a correspondência um a um (Capítulo 2).
2. usar números para fazer predições, estimativas e palpites razoáveis (Capítulo 3).
3. usar medidas não-padronizadas (Capítulo 4).
4. entender os benefícios de se usar medidas padronizadas (Capítulo 4).
5. entender o tempo em períodos de meia hora usando um relógio analógico ou digital (Capítulo 4).
6. descrever e comparar objetos da vida real a formas geométricas sólidas (Capítulo 5).
7. comparar e contrastar objetos (Capítulo 6).
8. reconhecer padrões no mundo físico (Capítulo 7).
9. fazer um plano passo a passo para resolver problemas (Capítulo 8).

Como fazer

◆ Faça uma *pizza* pequena para cada criança. Siga a receita abaixo:

1. Coloque todos os pedaços de pão ou discos de *pizza* nas bandejas, acrescente uma fatia de *muzzarella* a cada pão e espalhe meia concha de molho de tomate sobre o queijo (**Nota:** acrescentar o molho de tomate *depois do* queijo evita que o pão fique molhado.)
2. Acrescente ingredientes escolhidos pelas crianças à vontade. Jogue um punhado de queijo ralado sobre as *pizzas*.
3. Asse a 230° por mais ou menos 20 minutos (ou até que as bordas estejam douradas e o queijo estiver fervendo).

◆ Antes de fazer as *pizzas*, prepare-se para uma festa escrevendo as receitas de *pizza* em um cartaz. Acrescente figuras ou fotografias de anúncios ao lado de cada ingrediente.
◆ Deixe o cartaz fora de vista até discutir como fazer *pizza* com as crianças durante o Trabalho em Grupo.
◆ Anote algumas das ideias das crianças para preparar *pizza*.
◆ Depois que as crianças trocarem ideias sobre como se fazer *pizza*, exiba o cartaz com as receitas e leia-o com as crianças.
◆ Depois de ler o cartaz, deixe as crianças eliminar ou acrescentar ingredientes que quiserem.

Festa da *Pizza*

Materiais

Receita de *pizza* escrita em um grande cartaz exposto na sala

Uma fatia de pão de forma para cada criança

Molho de tomate

Queijo *muzzarella* ralado

Um pedaço de queijo *muzzarella* para cada criança

Linguiça calabresa fatiada (é bastante popular, mas opcional)

Cebolas, azeitonas, manjericão, ovos picados (opcional)

Duas bandejas para forno (para cozinhar as *pizzas* de pão de forma)

Acesso a um forno

Além disso

Curious George and the Pizza, de Margaret Rey

"Hi, Pizza Man!", de Virginia Walters

Little Nino's Pizzeria, de Karen Barbour

One Pizza, One Penny, de K. T. Hao

Pizza Counting, de Christina Dobson

Pizza Party!, de Grace Maccarone (texto simples)

A Pizza the Size of the Sun, de Jack Prelutsky

Sam's Pizza, de David Pelham

What Do You Want on Your Pizza?, de William Boniface

◆ Quando as crianças souberem como fazer a *pizza* e o que vão usar, peça a elas para ajudar a fazer uma lista de supermercado com os ingredientes e faça uma estimativa de quanto dinheiro vai ser necessário para comprar todos os ingredientes. As estimativas delas vão variar entre "uns dez centavos" e "um milhão de reais".

◆ Quando estiver pronta para a festa da *pizza*, faça a primeira diante das crianças, então divida-as em grupos pequenos de três ou quatros e faça com que elas preparem as *pizzas* juntas.

◆ A quantidade de ingredientes usados será o maior problema, pois as crianças vão querer pôr mais coisas na *pizza* do que é possível.

◆ À medida que as crianças preparam suas *pizzas*, faça perguntas: quanto de um certo ingrediente vão usar, quantos ingredientes no total, quanto tempo leva para assar a *pizza*?

◆ Deixe tiras de alumínio à mão, para que as crianças coloquem seus nomes nelas, e as ponham sobre cada *pizza* antes de começar.

◆ Asse todas as *pizzas* juntas, fazendo diferentes atividades enquanto as *pizzas* esfriam.

◆ É sempre difícil esperar para comer, então, enquanto as crianças esperam, leia alguma história sobre *pizzas* para elas. Escolha da lista abaixo. Quando as *pizzas* estiverem prontas, comece a festa!

Ferramentas para *pizza*

Materiais

Bandeja grande

Rolo de massa

Concha

Colher grande

Assadeira

Colher de madeira

Cortador de *pizza*

Faca de plástico

Tábua para cortar

Ralador de queijo

Concha para sorvete

Objetivos em matemática para satisfazer os parâmetros

As crianças aprenderão a:

1. separar e classificar objetos reais e figuras de objetos reais e explicar como foi feito o sortimento (Capítulo 6).

Como fazer

◆ Durante o Trabalho em Grupo, mostre uma bandeja com várias ferramentas para se fazer *pizza* para que as crianças vejam.

◆ Fale com elas sobre as ferramentas que são apropriadas ou não para se fazer *pizza*. Por exemplo, se você quiser linguiça calabresa na sua *pizza*, você precisa de uma faca de plástico para cortar a linguiça. Se não quer queijo ralado, não precisa de um ralador de queijo.

- Fale sobre o que fazer com cada ferramenta e como cada uma é usada para se fazer a *pizza*.
- Faça com que as crianças lhe digam quais ferramentas não serão necessárias para elas fazerem a *pizza*, pois não vão usar os ingredientes que tornam tais ferramentas necessárias. Deixe que elas expliquem o porquê.
- Ensine às crianças o texto abaixo, *Pizza de calabresa*, como poema ou canção. Use com frequência durante suas aulas sobre *pizza*.

Pizza de calabresa (adaptado da canção *Pepperoni Pizza*, de Sharon Macdonald, presente no cd *Watermelon Pie and Other Tunes!*)

Faça minha *pizza*
Por favor, de calabresa
Com fatias de linguiça
E muito queijo, já pra mesa!

Faça a minha de calabresa
e outra *pizza* bem quentinha
você come toda a sua,
E eu como toda a minha.

E eu não me importo com a borda
Grossa ou fininha
Não, eu não me importo com a borda
Mas a calabresa é minha.

Então, faça a minha *pizza*
Por favor, de calabresa.
Com fatias de linguiça
E muito queijo, já pra mesa!

Faça a minha de calabresa
e outra *pizza* bem quentinha
você come toda a sua,
E eu como toda a minha.

Sim, faça a minha de calabresa
e outra *pizza* bem quentinha
você come toda a sua,
Mas a calabreeeeeeeeeeeeeeeesa é minha!

Apêndice

Ilustrações e gráficos

Construção de Cartões para Blocos

Construa com 3 ▷ e 2 ◯

Construa com 6 ▭ e 6 ▭

3   3

5   2

190 | Sharon MacDonald

**Como Construir um
Estande de Matemática**

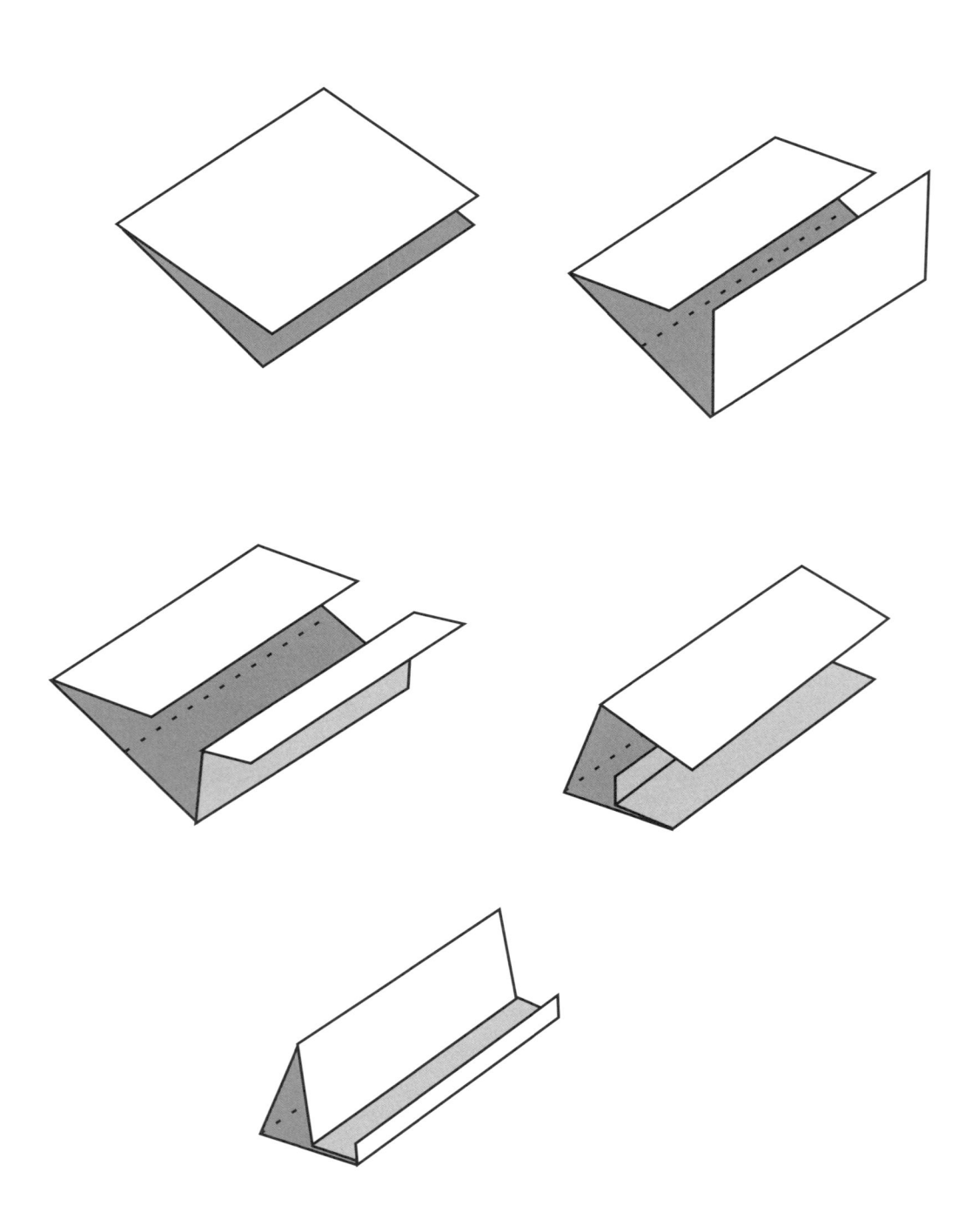

Matemática em Minutos | 191

Exemplo de Uso de um Estande de Matemática

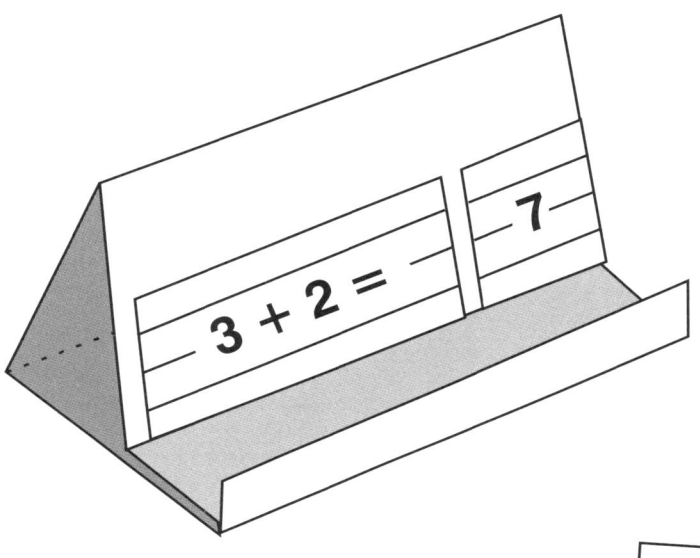

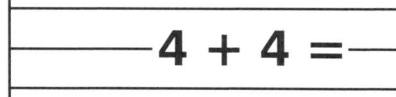

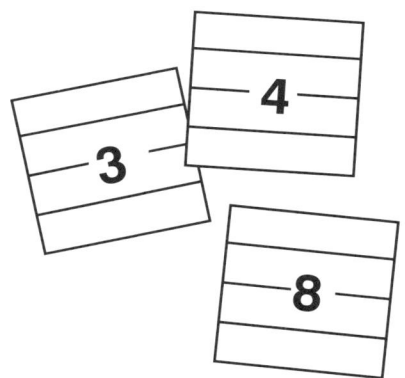

3 + 2 =
7

6 - 2 =

4 + 4 =

3
4
8

Termômetro Externo

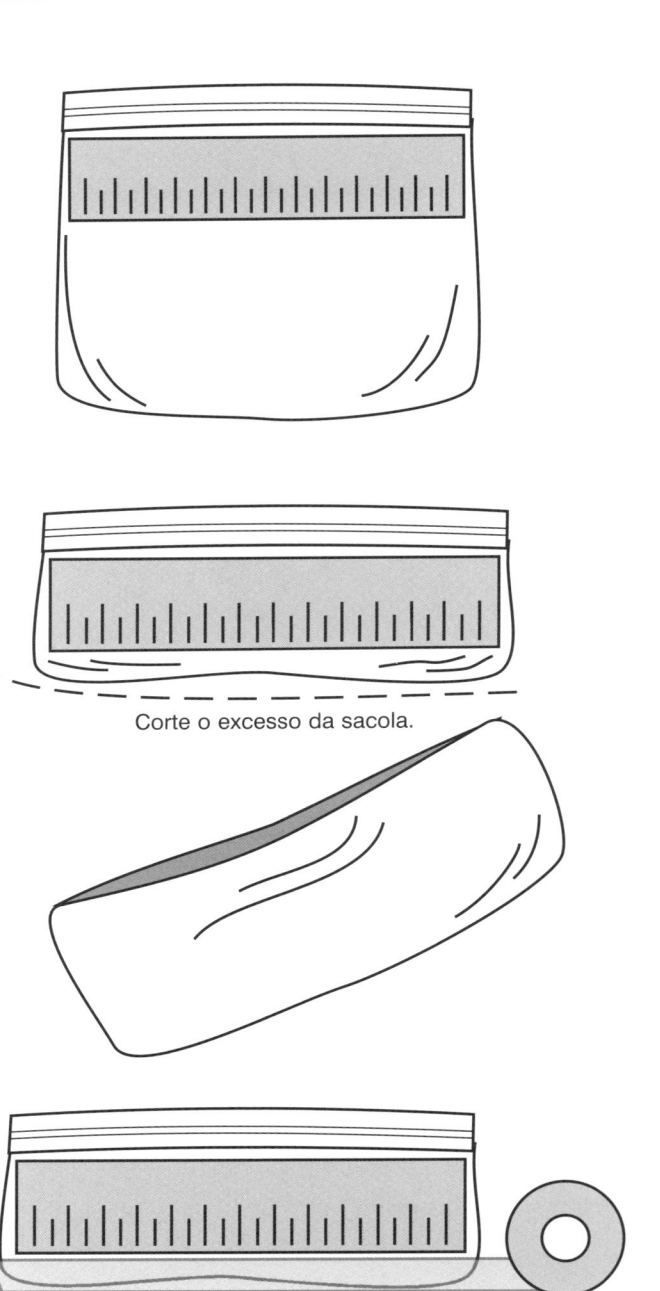

100
95
90
85
80
75
70
65
60
55
50
45
40
35
30
25
20
15
10
5
0
-5
-10
-15
-20

Corte o excesso da sacola.

Cole com fita a sacola.

Matemática em Minutos | 193

Ilustrações de Moedas e Cédulas de Real

Cartões para "Tilintam no meu bolso"

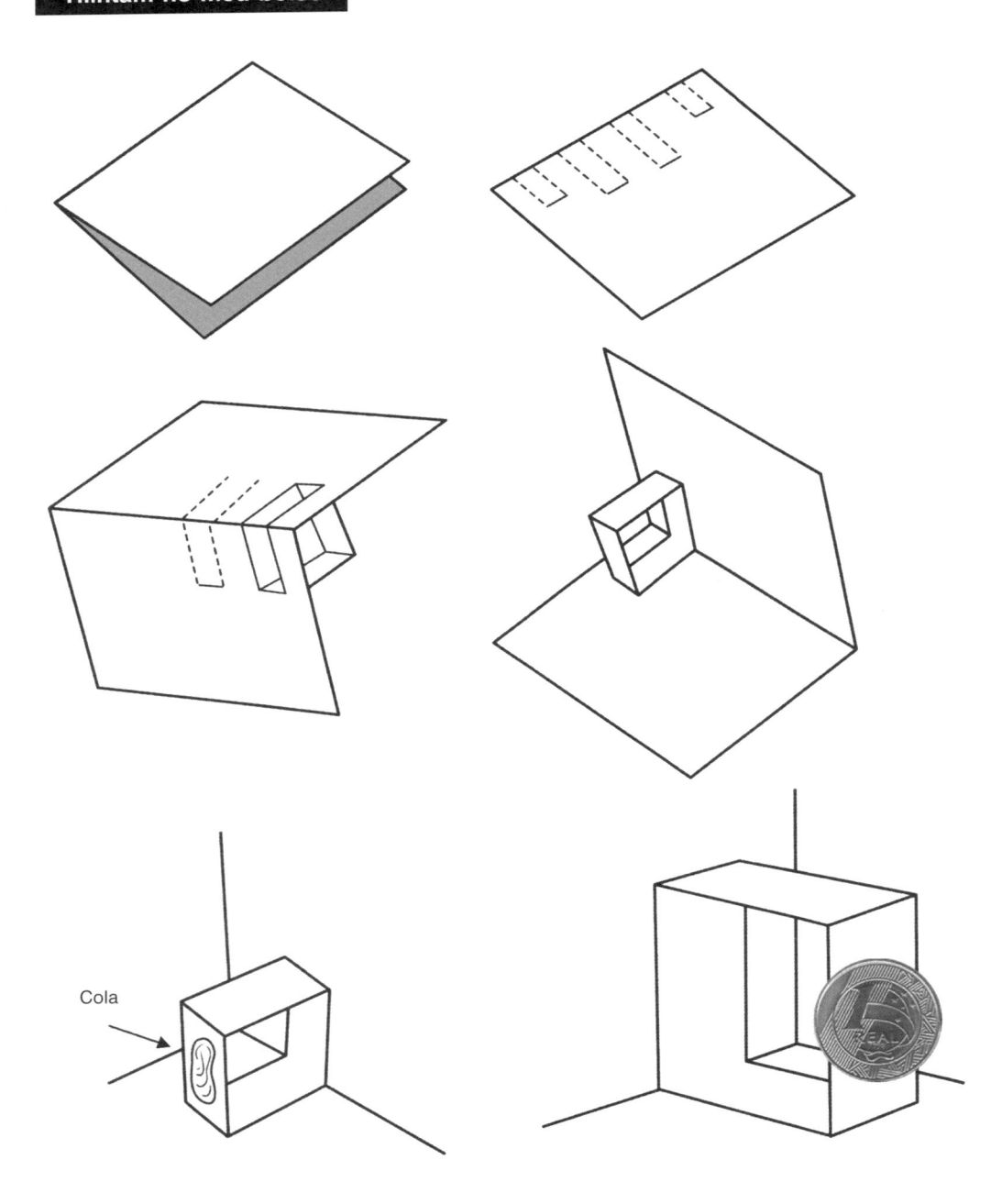

Cola

Matemática em Minutos | 195

Silhuetas para Unidades de Blocos

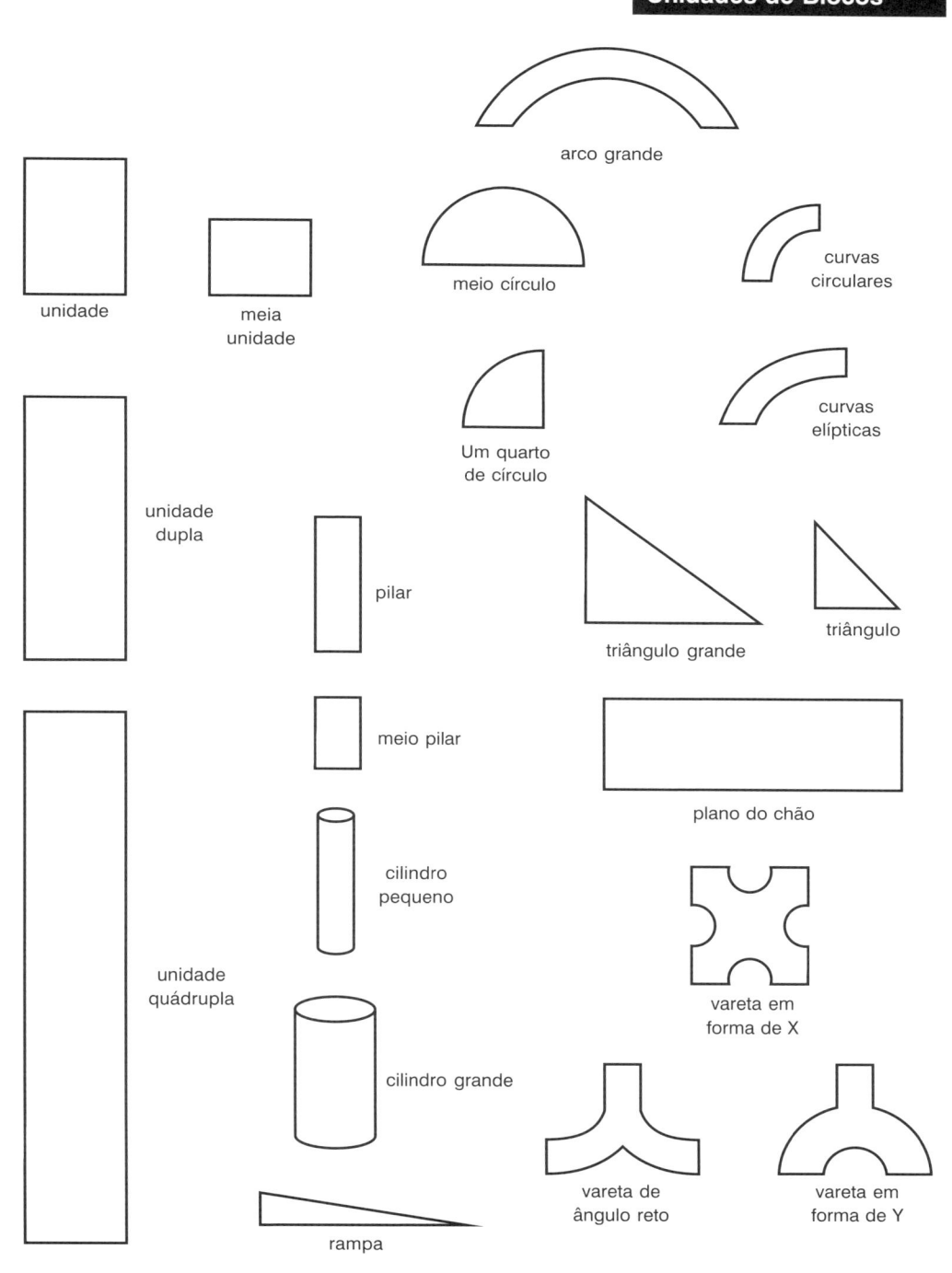

- unidade
- meia unidade
- arco grande
- meio círculo
- curvas circulares
- unidade dupla
- Um quarto de círculo
- curvas elípticas
- pilar
- triângulo grande
- triângulo
- meio pilar
- plano do chão
- cilindro pequeno
- unidade quádrupla
- vareta em forma de X
- cilindro grande
- vareta de ângulo reto
- vareta em forma de Y
- rampa

196 | Sharon MacDonald

**Geometria de CD –
Amostra de Figuras**

Matemática em Minutos | 197

Geometria de CD – Formas

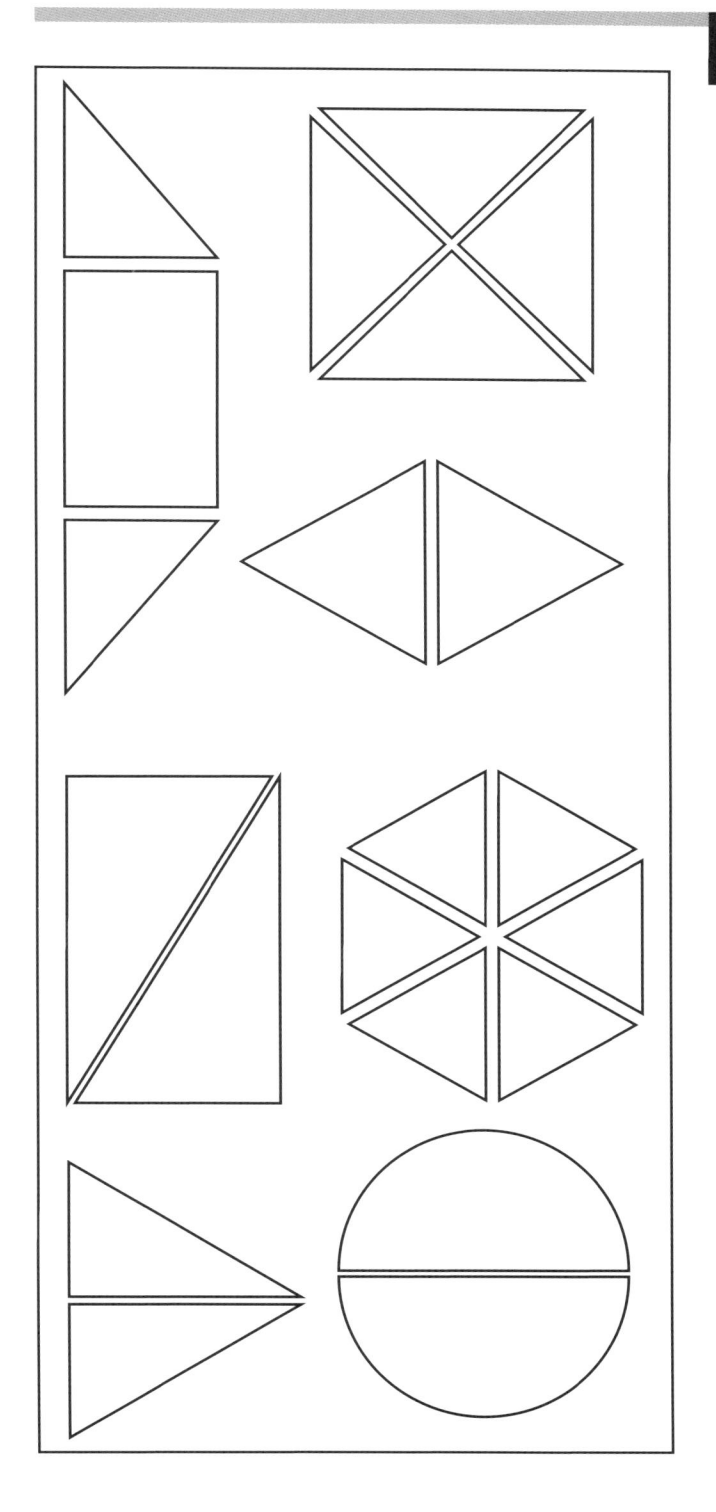

Geometria de CD – Capa da Caixa

O que você pode fazer?

Matemática em Minutos | **199**

Sapatos Variados

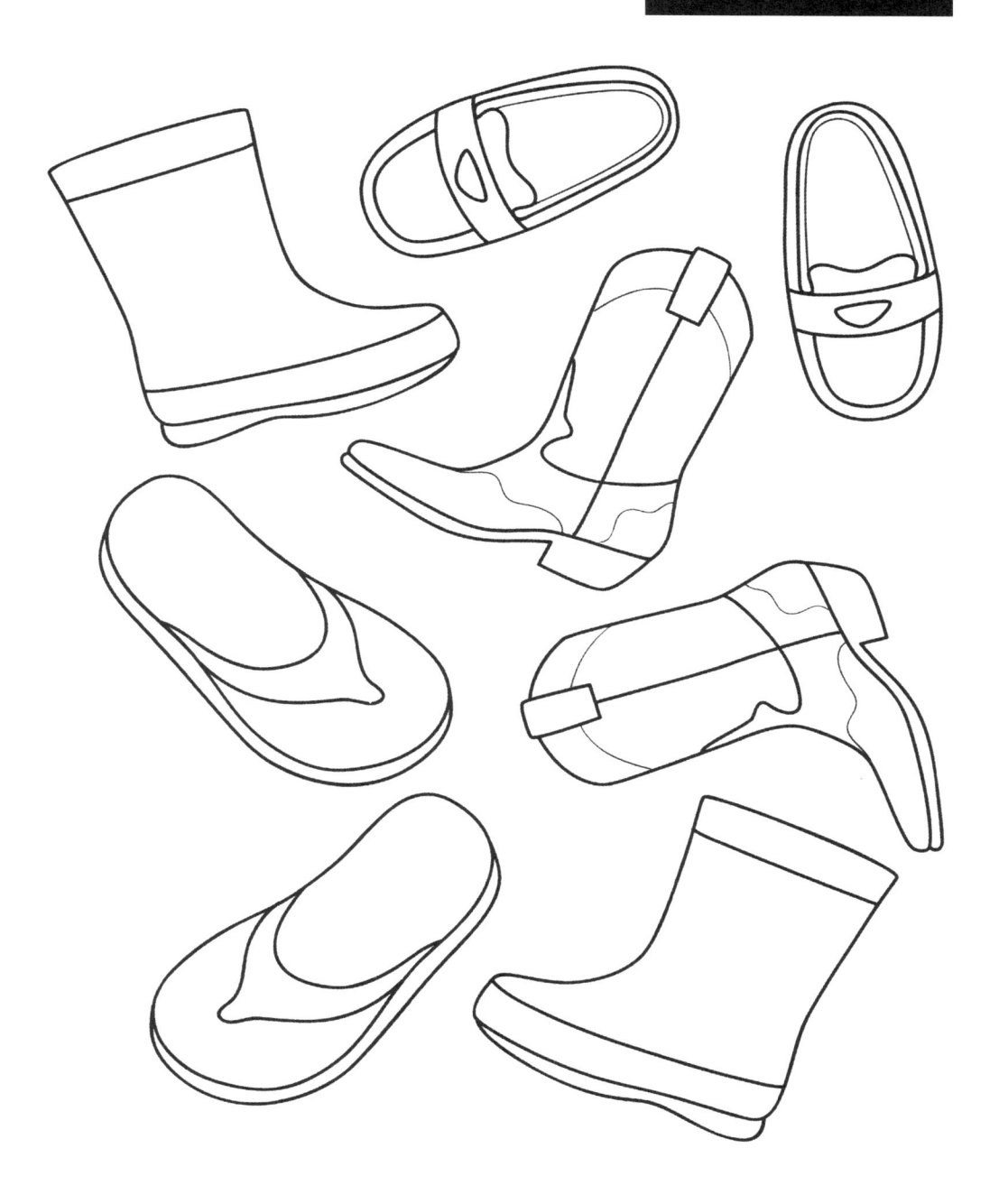

Sapatos Variados

Matemática em Minutos | 201

Gráfico em Barras para Sapatos

Gráfico em Barras para Cores de Lápis

6	Amarelo
5	
4	Azul / Rosa
3	Vermelho / Vermelho
2	
1	

Gráfico do Tempo

		Total de Dias
Ensolarado		
Ventoso		
Chuvoso		
Nublado		
Frio		

Legenda
Sol = amarelo
Chuva = azul escuro
Nuvens = preto
Neve = azul claro

Folha de Tabulação – Lançamento de Moeda

Coroa	Cara

Matemática em Minutos | 205

Estala, Bate Palmas, Estala, Bate Palmas

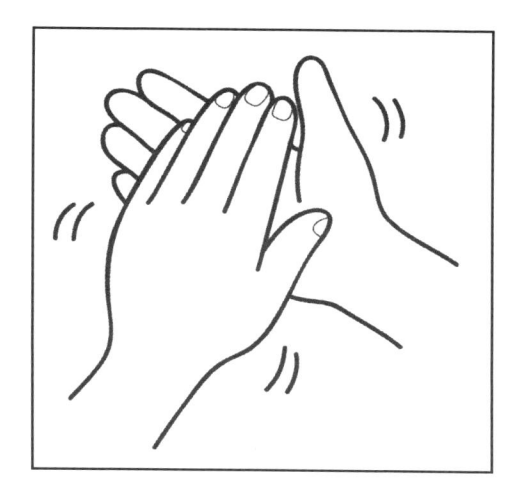

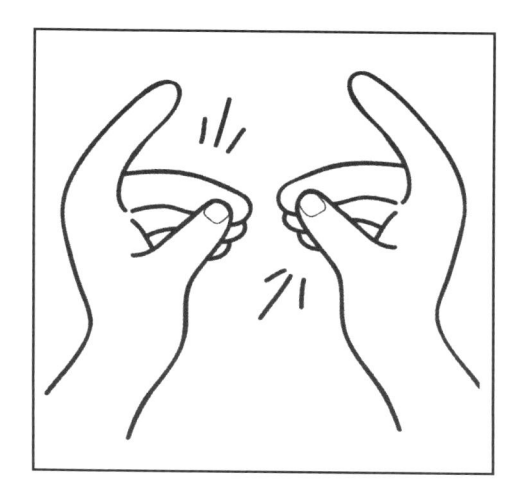

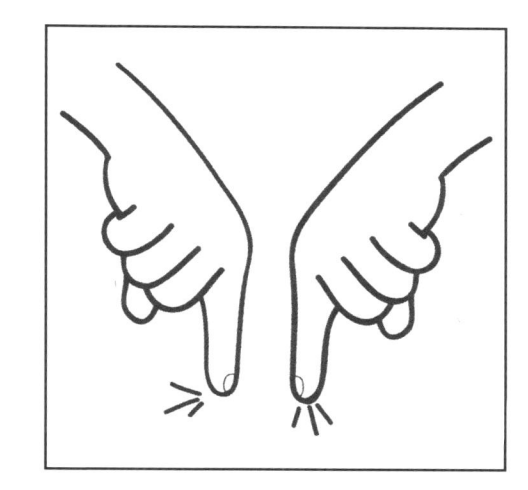

Simetria e Espelhos de papel laminado

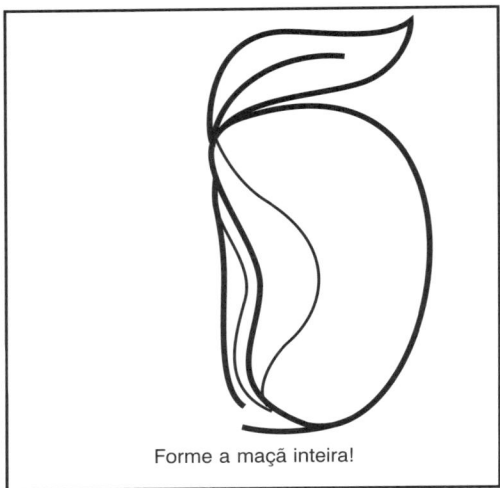

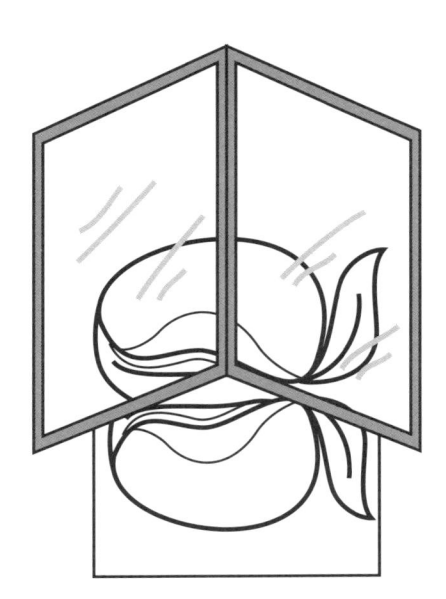

Forme a maçã inteira!

Forme a maçã inteira!

Matemática em Minutos | **207**

Quebra-Cabeça da Simetria

**Real de Papel
e *Pizza* de Papel**

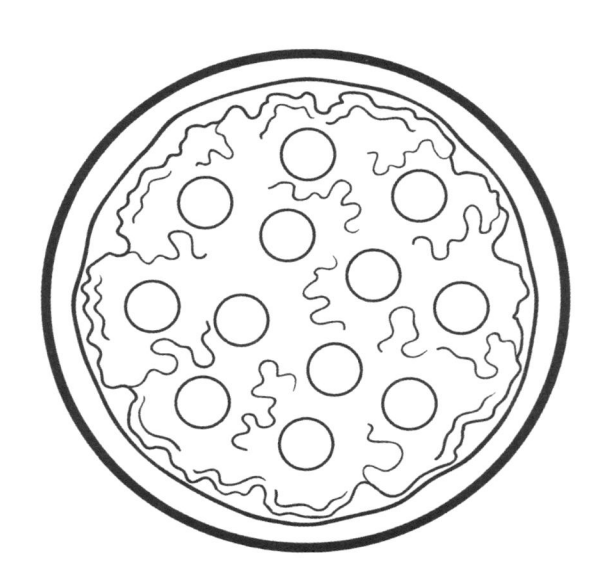

Pesquisa sobre *Pizzas*

Calabresa	
Muzzarella	
Frango com *catupiry*	
Palmito com queijo	
Bacon	
Portuguesa	

Gráfico de Pizzas

Portuguesa	Calabresa	Frango com *catupiry*	Palmito com queijo	*Muzzarella*	Bacon

Ingredientes de *pizza*

Molho de tomate

Fatia de tomate

Azeitona verde

Fatia de cebola

Pimentão

Abacaxi

Fatias de linguiça calabresa

Queijo

Frango

Cogumelo

Formulário de Pedido de *Pizza*

Pedido

1 pizza de frango com catupiry

Pedido

1 pizza de muzzarella

Pedido

Parâmetros do NCTM

1. Números e operações
As crianças vão:

a) Entender números, meios de representar números, relações entre números e sistemas de numeração.
b) Entender os significados das operações e o modo como se relacionam entre si.
c) Calcular fluentemente e fazer estimativas razoáveis.

2. Pensamento algébrico
As crianças vão:

a) Entender padrões, relações e funções.
b) Representar e analisar situações e estruturas matemáticas usando símbolos matemáticos.
c) Usar modelos matemáticos para representar e entender relações quantitativas.
d) Analisar mudanças em vários contextos.

3. Medida
As crianças vão:

a) Entender atributos mensuráveis dos objetos e as unidades, sistemas e processos da medição.
b) Aplicar técnicas, ferramentas e fórmulas adequadas para determinar medidas.

4. Geometria
As crianças vão:

a) Analisar características e propriedades de formas geométricas de duas e três dimensões e desenvolver argumentos matemáticos sobre relações geométricas.
b) Especificar localizações e descrever relações espaciais usando geometria coordenada e outros sistemas representacionais.
c) Aplicar transformações e usar simetria para analisar situações matemáticas.
d) Usar visualização, raciocínio espacial e representação geométrica para resolver problemas.

5. Análise de dados e probabilidade
As crianças vão:

a) Formular perguntas que possam ser abordadas com dados e coletar, organizar e exibir dados relevantes para respondê-las.

b) Escolher e usar métodos estatísticos adequados para analisar dados.
c) Desenvolver e avaliar inferências e predições baseadas em dados.
d) Entender e aplicar conceitos básicos de probabilidade.

6. Padrões de resolução de problemas

As crianças vão:

a) Construir conhecimento matemático por meio de resolução de problemas.
b) Resolver problemas que surgem em matemática e outros contextos.
c) Aplicar e adaptar uma variedade de estratégias adequadas para resolver problemas.
d) Monitorar e refletir sobre o processo de resolução de problemas matemáticos.

7. Representação

As crianças vão:

a) Criar e usar representações para organizar, registrar e comunicar ideias matemáticas.
b) Escolher, aplicar e transitar entre representações matemáticas para resolver problemas.
c) Usar representações para demonstrar e interpretar fenômenos sociais, físicos e matemáticos.

8. Comunicação

As crianças vão:

a) Organizar e consolidar o pensamento matemático por meio da comunicação.
b) Comunicar pensamento matemático de forma coerente e clara a pares, professores e outros.
c) Analisar e avaliar o pensamento e as estratégias matemáticos dos outros.
d) Usar a linguagem da matemática para expressar ideias matemáticas com precisão.

9. Raciocínio e prova

As crianças vão:

a) Reconhecer raciocínio e prova como aspectos fundamentais da matemática.
b) Fazer e investigar conjecturas matemáticas.
c) Desenvolver e avaliar argumentos e provas matemáticas.
d) Escolher e usar vários tipos de raciocínio e métodos de prova.

Sugestões de literatura infanto-juvenil para utilizar em aula – língua inglesa

1 Hunter by Pat Hutchins – contagem
12 Ways to Get to 11 by Eve Merriam – combinations
26 Letters and,gg Cents by Tana Hoban – moeda
365 Penguins by Jean-Luc Fromenthal – contagem
Amelia's Road by Linda Jacobs Altman – attributes and classification
Anno's Counting Book by Mitsumasa Anno – contagem
Architecture Counts by Michael J. Crosbie and Stephan Rosenthal – geometria
Arlene Alda's 1 2 3 by Arlene Alda – number recognition
Baby Rattlesnake by Te Ata – medidas
Bears in Pairs by Niki Yektai – pares
Benjamin's 365 Birthdays by Judi Barrett – medidas (tempos)
Benny's Pennies by Pat Brisson – cálculo moeda
Beware of Boys by Tony Blundell – resolução de problemas
Bunches and Bunches of Bunnies by Louise Mathews – multiplicação/divisão
Bunny Money by Rosemary Wells – moeda
The Button Box by Margarette S. Reid – separação/classificação
Clocks and More Clocks by Pat Hutchins – medidas (tempo)
The Coin Counting Book by Rozanne Lanczak Williams – contagem
Cookie Count by Robert Sabuda – contagem
Count on Your Fingers African Style by Claudia Zaslavsky – contagem (com os dedos)
The Crayon Counting Book by Pam Munoz Ryan and Jerry Pallotta – counting by 2s (odd and even)
Domino Addition by Lynette Long – adição
Duckie's Ducklings by Frances Barry – contagem
Each Orange Had 8 Slices by Paul Giganti – adição
Eating Fractions by Bruce McMillan – relação parte-todo
Eggs for Tea by Jan Pienkowski – counting backwards
The Doorbell Rang by Pat Hutchins – dozen
The Dot and the Line by Norton Juster – geometria
The Father Who Had 10 Children by Benedicte Guettier – contagem até 10
The Giant's Toe by Brock Cole – medidas e estimativas
The Great Pet Sale by Mick Inkpen – moeda
The Grouchy Ladybug by Eric Carle – medidas (tempo)
How Big Is a Foot? by Rolf Myller – medidas
Inch by Inch by Leo Lionni – medidas
Jelly Beans for Sale by Bruce McMillan – moeda
Just a Minute! by Yuyi Morales – contagem
Just Enough Carrots by Stuart J. Murphy – medidas
Let's Count by Tana Hoban – contagem de l a 100
The Little Red Hen Makes a Pizza by Philemon Sturges – medidas
M&M Counting Book by Barbara Barbieri McGrath – contagem
Make a Pizza Face by David Drew – sequence of step-by-step plan
Math Curse by Jon Scieszka – resolução de problemas

Miss Bindergarten Celebrates the loath Day of Kindergarten by Joseph Slate – contagem
More or Less a Mess by Shelia Keenan – separação
The Mouse and the AppLe by Stephen Butler – correspondência um a um
Much Bigger Than Martin by Steven Kellogg – medidas (comprimento)
Museum Shapes by The (NY) Metropolitan Museum of Art – padrões
One Fish Two Fish Red Fish BLue Fish by Dr. Seuss – contagem
One Some Many by Marthe Jocelyn and Tom Slaughter – medidas
Ovals by Jennifer Burke-geometry – geometria plana
Over in the Meadow by Olive A. Wadsworth – contagem
Over Under by Marthe Jocelyn and Tom Slaughter – medidas, senso especial
The Patchwork Quilt by Valerie Flournoy – padrões
Pattern Bugs by Trudy Harris – padrões
Pigs Will Be Pigs by Amy Axelrod – moeda
RectangLes by Jennifer Burke – geometria plana
Shoes from Grandpa by Mem Fox – numeração
Spunky Monkeys on Parade by Stuart J. Murphy – skip counting
Squares by Jennifer Burke – geometria plana
Stars by Jennifer Burke – geometria plana
Ten, Nine, Eight by Molly Bang – padrões
Tortillas and Lullabies/Tortillas y candoncitas by Lynn Reiser and Valientes Corazones – geometria plana
Two of Everything by Lily Toy Hong – pares
Two Ways to Count to Ten by Ruby Dee – counting by 2s
What Is Square? by Rebecca Kai Dotlich – geometria plana
Who Sank the Boat? by Pamela Allen – medidas e seriação
Yertle the Turtle and Other Stories by Dr. Seuss – medidas

Sugestões de *sites* para professores

www.joumal.naeyc.orgjbtj
www.nctm.org
www.standards.nctm.org
www.mathperspectives.com
www.kll1.k12.il.usjkingjmath.htm
http://pbskids.org/cyberchase/games
www.kidzone.wsjmath
http://home.att.netj-cinetwork/math.htm
http://countdown/Luc.edu
www.sharonmacdonaLd.com
www.drjean.org
www.rainbowsymphony.com
www.officepLayground.com
www.headstartinfo.org
www.mathforum.org
www.pfot.com

Sugestões de literatura infanto-juvenil para utilizar em aula – língua portuguesa

A arte de cozinhar. MaryAnn F. Khol e Jean Potter. Artmed, 2005 – Grandezas e medidas (capacidade e massa)
A girafa e o mede palmo, de Lúcia Pimentel Goes.
A peteca do pinto. Nilson José Machado, editora Scipione. – Grandezas e medidas (tempo)
Aqui está tão quentinho, de Jong Seon Hye.
As aventuras das figuras geométricas. Pablo Maestro. Ed Salesiana, 2008 – Formas geométricas
Brincando com os alimentos. Juliana Augusto Sanches Bonato. Editora Metha Ltda, 2006. – Grandezas e medidas (capacidade e massa)
Camilão o comilão. Ana Maria Machado, ed salamandra, 1996. – Números e operações
Contando de um a dez. Nilson José Machado, ed Scipione. – Contagem
Descubra um segredo, de Mèrcè Arànega da editora Salesiana, 2008.
Eram cinco. Ernst Jandal e Norman Junge. CosacNaif, 2006. – Contagem
Minha mão é uma régua. Kim Seong-Eun e Oh Seung-Min. Callis, 2007. – Grandezas e medidas (comprimento)
Na venda tem. Nye Ribeiro. Roda e Cia editora. 2008. – Grandezas e medidas (sistema monetário); classificação
O que cabe na mochila? Yoo Young-So e Na Ae-Kyung, ed Callis, 2007 – Grandezas e medidas (comparação de quantidades e tamanhos)
Os animais do mundinho. Ingrid Biesemeyer Bellinghausen. DCL, 2007. – Figuras geométricas
Os meses do ano. Amir Piedade. Cortez editora, 2007 – Grandezas e medidas (tempo)
Padrões, matemática é uma grande brincadeira, de Ivan Bulloch.
Que bicho será que a cobra comeu? Angelo Machado, ed Nova Fronteira, 1995. – Resolução de problemas
Quem é? Quem é? Anna Claudia Ramos. Ed Salesiana, 2008 – Resolução de problemas
Quem faz os dias da semana? Lucia Pimentel Góes. Larousse Jr. 2008 – Grandezas e medidas (tempo)
Quem vai ficar com o pêssego? Yoon Ah-Hae e Yang Hye-Won. Callis, 2007 – Grandezas e medidas (comparação de tamanhos)
Ratilda. Mabel Pierola. Ed Salesiana, 2008 – Números
Sopa de bruxa. Jeong Hae-Wang e Oh Seung- Min. Callis, 2008 – Ordenação e classificação.
Tico e os lobos maus. Valeri Gorbachev. Brinque Book, 2002. – Contagem e ordenação
Tô dentro, tô fora. Alcy, Formato. 2007. – Localização espacial.
Tocaram a campainha. Pat Hutchins. Ed Moderna, 1998. – Números e operações (divisão)
Um amor de confusão. Dulce Rangel, ed Moderna, 1997. – Contagem e adição.
Uma festa bem-bolada. Shin Soon-Je e Kim Min-Jeong. Ed Callis, 2008 – Números e operações; classificação
Uma incrível poção mágica. Sin Ji-Yun e Choi Hye-Yeong. Callis, 2008. – Formas geométricas
Vamos criar com botões, Sabene Lohf, DCL livros.

Índice

A

Adesivos circulares, 28-29, 132, 165-166
Adesivos, 33-34, 150-151
Adição, 14-15, 43, 45-57, 172-173, 178-179, 182-184
Álgebra
    parâmetros do NCTM, 213
Altura, 66-67, 74-75, 77
Análise de dados, 121-122, 178, 185-186
    parâmetros do NCTM, 213
Anéis de espiral de caderno, 26-28, 36-37, 104-105
Aprendizado interativo, 24
Atividades de final aberto, 18-19
Atividades de transição, 60-62
Atividades para dias chuvosos, 23
Atividades que ocorrem fora da sala, 23, 104-105, 147-148, 169-170
Atributos, 77, 119-121, 129-137, 153-154, 179, 183-184

B

Balanças de banheiro, 73-74
Balanças, 59-60
    de banheiro, 73-74
    de cozinha, 72-73
Bandejas, 46-47, 58, 78-79, 93-94, 98-99, 101-102, 125, 167, 186-187
    de almoço, 46-47
    de forno, 185-186
    de gelo, 33-34
    de isopor, 98-99, 154-155, 158
    de metal, 98-99
    de plástico, 109-110
Bebês, 13-14, 21-22
Biblioteca, 50-51, 106-108, 128-129, 155-156, 159-160
Blocos (unidades), 115-116
    formas, 97-98, 195
Blocos, 35-36, 52-53, 69-70, 72-73, 113-115, 117-118, 156-157
    centro de, 52-53, 113-116, 149-150, 156-157
    cilíndrico, 66-67
    unidade, 115-116
Bolas, 66-67, 71-72

Bonecos, 66-67
    mobília de brinquedo, 117-118
    sapatos, 135-136
Botões, 26-27, 36-37, 45-47, 54-55, 59-60, 72-73, 126-128, 153-154

C

Cabides, 36-37
Cadeiras, 66-67
Caixas de leite (ou de suco), 105-106, 131-132
Caixas, 59-60, 62, 66-67, 101-102, 105-106, 113-114
    de presentes, 47-48
    de sapatos, 46-47
    para comida, 171-172
Cálculo, 14-15, 43-57, 60-62, 172-173, 178-179, 181-184
    parâmetros do NCTM, 213
Calendários, 26-27, 31-32, 72-73, 84-85, 147-148, 173-174
Câmeras digitais, 113-114, 145-146
Câmeras, 80-81, 84-85, 104-105
    digitais, 112-113, 145-146
Canções
    "Bate-copo", de Sharon MacDonald, 155-156
    "Cinco abóboras redondinhas", de Sharon MacDonald, 57
    "Cinco *pizzas* redondinhas", de Sharon MacDonald, 178
    "Em cima e embaixo", de Sharon MacDonald, 114-115
    "Folhas estão caindo", de Sharon MacDonald, 23
    "Mexe, dobra, escorrega e ondula", de Sharon MacDonald, 118
    "Os sapatos de quem anda descalço, de Sharon MacDonald, 123-124
    "*Pizza* de calabresa", de Sharon MacDonald, 186-187
    "Tilintam no meu bolso", de Sharon MacDonald, 89-91, 194
Cantigas
    "Ely e os cinco porquinhos", de Sharon MacDonald, 40-41
Canudos, 28-29, 109-110
Carpete, 125, 173-174

Cartas de baralho, 36-37, 38-40, 55-56, 110-112, 151-153
Cartaz de papelão, 70-71, 81-82, 90-91
Cartazes, 87, 155-156, 185-186
Cartões padrão, 144-145
Cartões, 24, 27-28, 35-37, 52-53, 55-56, 73-74, 80-81, 88, 90-91, 148-149, 156-157
   cartas de baralho, 36-40, 55-56, 110-112, 151-153
   de catálogos de cores, 77
   padrão, 144-145
Cartolina, 156-157, 183-184
   relógios, 81-82
Catálogos, 114-115
Categorização, 78-80
Centro de artes, 54-57, 101-102, 106-108, 158
Centro de jogos, 45-46, 113-114, 159-160
Centro de materiais de construção, 171-172
Cestas, 24, 35-40, 46-47, 49-50, 51-53, 46-60, 69-70, 75-76, 99-102, 106-108, 110-112, 115-116, 125, 129-130, 137-138, 148-149, 151-157, 183-184
Chapéu de mestre-cuca, 178
Charlesworth, R., 22
Circunferência, 66-67
Classificação, 14-15, 84-85, 119-139, 153-154, 179, 181-184, 186-187
Clima, 70-72, 128-129
   gráficos, 128-129, 203
Clipes de papel, 26-27, 36-37, 47-48, 59-62, 77, 137-138
   elos de, 186-187
Cola, 38-40, 45-47, 52-53, 80-81, 87-88, 90-92, 104-106, 113-115, 122-123, 129-134, 148-149, 151-153, 159-160
   de bastão, 26-27, 31-32, 179
   pistolas de, 31-32, 98-99
Colagens, 17-18, 26-28
Combinação/associação, 24, 26-27, 31-37, 52-53, 119-120
Comparação, 17-18, 25-26, 33-34, 67-68, 70-73, 106-112, 179, 181-182, 185-186
Comprimento, 65-67, 75-76, 183-184
Comunicação, 17-18
   parâmetros do NCTM, 213-214
Congruência, 95, 102-103, 105-106
Conjuntos, 14-15, 43, 45-48, 54-55, 183-184
Contagem de rotina, 12-15, 161
Contagem ordinal, 13-14, 37-40, 37-41
Contagem racional, 12-13, 22
Contagem, 14-15, 17-19, 26-37, 49-50, 52-53, 62, 70-73, 87, 137-138, 168-174, 180
   de rotina, 12-15
   de trás para a frente, 14-15, 28-29, 36-37
   níveis desenvolvimentais, 21-22
   ordinal, 13-14, 37-40, 37-41

   por múltiplos, 14-15, 23-24, 27-28, 141-142
   racional, 12-13, 22
Contas, 31-32
   de colar, 45-46
   numeradas, 31-32
Copos (ou xícaras), 59-60
   de 500 ml, 167
   de papel, 105-106, 155-156
   de plástico, 32-33, 45-46, 155-156
   pequenos, 142-143
Copos de papel, 105-106, 155-156
Correspondência de um para um, 12-15, 22-28, 32-37, 178, 185-186
Cotovelos de PVC, 45-46
Cronômetros, 65-68, 79-80, 169-170
Cubos Unifix, 69-70
Cubos, 69-70, 101-102
Curiosidade natural, 11-12

D

Dado, 47-48, 101-102
Demonstração, 69-70
Diagramas de Venn, 11-12, 121-122, 136-137
Dinheiro de brinquedo, 92-93
Dinheiro, 14-15, 17-18, 67-68, 87-94, 178
   parâmetros do NCTM, 190-191
Distância, 183-184
Dominó, 46-47

E

Envelopes de biblioteca, 52-53
Escrevendo numerais, 51-52
Espelhos de papel laminado, 156-157
   parâmetros, 206
Esposito, R., 182-183
"Estala, bate palma" – folha de padrões, 205
Estandes de matemática, 55-56, 110-112, 151-153
   construção, 190
   uso, 191
Estandes para cartaz, 155-156, 185-186
Estantes para livros, 66-67
Estatística
   parâmetros do NCTM, 193
Estimativa, 14-15, 17-18, 22, 44, 56-57, 59-63, 185-186
   estação, 59-61, 63
   parâmetros do NCTM, 189

F

Fantoches, 114-115
Fichário com três anéis, 135-136
Fichas de arquivo, 24, 27-28, 35-37, 52-53, 55-56, 73-74, 80-81, 88, 90-91, 148-149, 156-157

coloridos, 52-53
Figuras, 83-84, 104-105
    de crianças, 129-130, 151-153
    porquinhos, 40-41
    sapatos, 122-123
Fita adesiva para caixas, 47-48, 70-71, 74-75, 87, 98-99
    rolos, 28-29
Fita colorida, 125, 156-157
Fita crepe, 156-158
    colorida, 28-29
    rolos vazios, 28-29
Fita de máquina registradora, 11-12, 25-26, 31-32, 74-75
Fita, 28-29, 72-73, 131-132
    adesiva para caixas,47-48, 70-71, 74-75, 87, 98-99
    colorida, 28-29, 125, 156-157
    crepe, 28-29, 156-158
    isolante, 156-157
Fita, 70-71, 80-81
Fitas métricas, 45-46, 66-67, 69-70, 73-75, 172-173
Folhas, 23, 59-62, 66-67, 77
Formas, 13-15, 95-113, 178-186
    amostras, 196-198
    cartões padrão, 110-112
Frações, 158-160, 167, 182-184

G

Geometria, 95-113, 178-179, 181-186
    amostras de padrões, 196-198
    parâmetros do NCTM, 213
    vocabulário, 114-118
Geoplanos, 110-112, 148-149
Giz, 23, 60-61
    bandeja de, 149-150
Globos, 93-94
Gráfico, 11-12, 17-19, 120-139, 164-166, 179-182, 201
    padrões NCTM, 212
Gravetos, 62, 66-67

H

Hambúrguer, 177, 185-186
Histórias
    "O corvo e o jarro", de Esopo, 162-163
Hora do conto, 35-36, 159-160
Hora do lanche, 35-36, 109, 167, 185-186

I

Inclusão numérica, 25-26
Isopor
    bandejas de, 98-99, 154-155, 158
    bolinhas de, 131-132

J

Janelas, 164-165
    persiana, 129-132
Jean, Dr.
    site, 216
Jornal, 30, 154-155, 158, 179-180

L

Laminar, 31-32, 58, 85-86, 106-108, 113-114, 122-123, 148-150, 159-160
Lápis de cor, 36-37, 56-57, 59-61, 66-67, 69-73, 84-85, 99-102, 106-108, 122-124, 128-129, 135-136, 149-150, 181-182
    gráfico de barras para cores, 128-129, 202
Lápis, 58, 62, 66-67, 72-73, 77, 137-138, 147-148, 180
Latas, 66-67, 171-172
Lente de aumento, 93-94
Letramento, 13-14
    e matemática, 16
Lind, K. K., 22
Língua de sinais, 72-73
Linhas numéricas, 11-13, 23, 25-26, 58, 71-72, 80-81
Livros com páginas em branco, 84-85
Lixa, 66-67, 77, 101-102
Lógica, 14-15, 18-19

M

Maçãs, 35-36, 59-60, 66-67, 109
    folhas, 156-157
MacDonald, S.
    site, 216
Mapeamento, 168-170
Matemática, 189
    alfabeto, 16
    definição, 11-13
    e letramento, 16
    ferramentas, 165-166, 173-174, 181-182
    padrões, 17-19
    sala de, 31-32, 46-47, 77-80, 92-94, 98-99, 101-102, 106-108, 125-129, 136-137, 144-145, 153-154
    símbolos, 51-52, 55-56
    sites, 216
    vocabulário, 13-16, 37-38, 46-47, 62, 181-182
Mensuração, 17-18, 65-66, 69-76, 142-143, 164-165, 168-169, 172-173, 180, 182-186
    parâmetros do NCTM, 213
    vocabulário, 69-76, 78-79, 180

Miller, K., 22
Moedas de um centavo, 87, 93-94, 137-138
Moedas, 60-62, 87-94, 137-138, 178
    de cartolina, 88, 91-92, 137-138, 193
    de outros países, 204
    tabela, 93-94
Murais, 112-113, 149-150
Música gravada
    Jingle in My Pocket!, de Sharon MacDonald, 57, 118, 123-124
    Watermelon Pie and Other Tunes!, de Sharon MacDonald, 114-115, 155-156, 186-187

N

National Association for the Education of Young Children, 22
National Council of Teachers of Mathematics, 22
    pontos focais curriculares, 18-19
    parâmetros, 17-19, 213
    site, 19-20
    objetivos curriculares, 12-14
No Child Left Behind, 13-14
Notas de real, 90-91, 178
    ilustrações, 193, 208
Notas de segurança, 28-29, 112-114, 148-149
Numeração, 21-22, 23-41, 180
    parâmetros do NCTM, 213
Números, 21-22, 25-41, 52-53, 181-186
    escrita, 51-52

O

Objetivos curriculares, 12-14
Objeto numerado, 31-33
Office Playground, 67-68, 216
Ordem numérica, 28-29, 31-32, 37-38

P

Palavras de direção, 13-14
Palavras numéricas, 25-27, 32-33, 36-37
Palavras posicionais, 14-15, 17-18, 113-118
Palavras relacionais, 13-14
Palitos de picolé, 52-53, 89
Papel adesivo, 28-29, 85-86, 90-91, 106-108, 148-150, 159-160
Papel de cavalete, 98-101, 106-108, 115-116, 154-155
Papel de construção, 23, 26-27, 30, 45-46, 58, 71-72, 78-79, 83-84, 87, 91-92, 112-113, 131-132, 151-153, 158
Papel do tipo "cardstock", 38-40, 55-56, 58, 78-79, 88, 91-92, 104-108, 112-114, 122-123, 129-130, 132-134, 137-138, 144-145, 148-149, 156-157, 159-160, 165-166
Papel gessado, 98-99, 149-150
Papel, 50-52, 56-58, 62, 74-75, 78-79, 90-91, 99-108, 115-116, 123-124, 127-128, 132-138, 145-146, 154-155, 180-182
    cartaz, 49-50, 73-76, 98-99, 118, 123-124, 145-148, 164-165, 179, 181-182
    de cavalete, 98-101, 106-108, 115-116, 154-155
    de construção, 23, 40-41, 43, 45-46, 58, 71-72, 78-79, 83-84, 87, 91-92, 112-113, 131-132, 151-153, 158
    gessado, 98-99, 149-150
    máquina registradora, 11-12, 25-26, 31-32, 74-75
    quadriculado, 127-128
Papel-cartaz, 49-50, 73-76, 98-99, 118, 123-124, 145-148, 164-165, 179, 62
Parâmetros, 13-15, 40-41, 109-113, 141-160, 169-172, 178, 181-182, 185-186
    parâmetros do NCTM, 194
Pedras, 36-37, 59-61, 72-73, 77
Pedrinhas, 26-27, 31-32, 58, 62
Penas, 59-60, 66-67
Pequeno fichário, 24, 85-86
Peso, 66-67, 72-74, 77
PFOT – *site*, 216
Pincéis atômicos permanentes, 37-38, 47-50, 54-55, 70-71, 129-130, 132-134
Pincéis atômicos, 24-26, 32-33, 35-37, 46-47, 49-53, 58, 62, 66-67, 73-76, 78-82, 88, 90-92, 99-101, 106-108, 123-124, 135-136, 145-151, 153-157, 159-160, 164-165, 181-182
    caneta marca-texto, 51-52
    permanente, 37-38, 47-50, 54-55, 70-71, 129-130, 132-134
Pincéis, 99-101, 154-155
Pinos, 45-46, 60-61
Pizza, 177
    caixas, 183-184
    cortadores, 186-187
    folha com ingredientes, 210
    folha para pesquisa, 210
    formas, 178, 183-184
    formulários de pedido, 183-184, 212
    gráfico, 209
    receitas, 185-186
    tampas de caixas, 66-67
Pizzas de papel, 178
    padrão, 208
Placas de carro, 56-57
Plantas, 66-67, 84-85, 164-165
Plástico
    animais de, 62
    bandejas de, 109-110
    copos de, 32-33, 45-46, 155-156
    facas de, 167, 186-187

formigas de, 60-61
potes de, 58, 62
recipientes de, 58
sacolas com zíper de, 62, 70-71, 98-99, 113-114, 122-123
sacolas de, 80-81, 183-184
tigelas de, 31-32
Pompons, 32-34, 60-62, 66-67, 72-73, 75-76, 78-79, 125, 154-155
Porta-copos, 11-12, 32-33
Post-its, 31-32, 46-47
Potes, 59-61, 66-67
    de maionese, 91-92
    de plástico, 58, 62
Prancha, 77
Pranchetas, 147-148, 153-154, 169-170, 180
Pratos de papel, 167, 91-92
Predição, 14-15, 44, 58-62, 79-80, 141-142, 144-145, 147-148, 150-154, 169-172, 178, 181-182, 185-186
Pré-escolar, 13-15, 21-22
Prendedores de roupa, 32-33, 36-40, 81-84, 151-155
Probabilidade, 121-139
    parâmetros do NCTM, 213
Problemas com resposta certa, 18-19
Prova
    parâmetros do NCTM, 213-214

Q

Quadro interativo, 24
Quebra-cabeças, 13-15, 17-18, 91-92, 113-114, 159-160

R

Raciocínio, 17-19, 161-175, 178-186
    parâmetros do NCTM, 213-214
Rainbow Symphony Store, 67-68, 216
Recipientes, 33-34, 58, 93-94, 105-106, 153-155
Réguas de carpinteiro, 45-46
Réguas, 164-165
Relações entre números, 141-142, 159-160
    parâmetros do NCTM, 194
Relógio despertador, 83-84
Relógios, 81-82, 85-86, 185-186
    de cartolina, 81-82
    despertador, 83-84
Representação
    parâmetros do NCTM, 213-214
Resolução de problemas, 12-13, 18-19, 22, 161, 174-175, 178-186
    parâmetros do NCTM, 213-214
Revistas, 30, 117-118, 179-180

Rolo de massa, 98-99, 186-187

S

Saco de papel pardo, 25-27, 46-47, 50-51, 89, 97-98, 137-138, 150-151
Saco
    de papel pardo, 25-27, 46-47, 50-51, 89, 97-98, 137-138, 150-151
    de presente, 46-47, 52-53, 101-102, 132-138, 165-166
    plásticos com zíper, 62, 70-71, 98-99, 113-114, 122-123
    plásticos, 80-81, 183-184
Sacolas de presente, 46-47, 52-53, 101-102, 132-138, 165-166
Sala de música, 24
Sala de redação, 98-99
Sapatos, 66-67
    gráfico de barras, 201
    padrões, 199-200
Saquinhos de sementes, 66-67
Schiller, P., 22
Senso espacial, 96, 113-118
    parâmetros do NCTM, 191-192
Senso numérico, 21-41, 180
    parâmetros do NCTM,
Sentenças numéricas, 45-55
Sequenciação, 77-85, 87-88, 93-94, 181-182
Seriação, 65-67, 77-86, 142-143, 150-154, 156-157, 171-172
Símbolos, 12-15, 24-27, 43, 51-52, 128-129
Simetria radial, 156-157
Simetria, 95-96, 102-103, 105-106, 155-160
    quebra-cabeça, 207
    radial, 156-157
Site do Fórum de Matemática, 216
Sortimento, 13-15, 18-19, 36-37, 84-85, 105-106, 117-139, 153-154, 179, 182-184, 186-187
Subtração, 43, 45-57, 178-179, 182-184

T

Tachinhas, 58, 72-75, 101-102, 115-116
Tamanhos, 14-15, 65-67, 97-98, 109-110, 112-113, 183-184
Tecido, 66-67, 77
Temperatura, 70-71, 77
Tempo, 13-14, 65-66, 78-88, 93-94, 181-186
    parâmetros do NCTM, 190
    vocabulário, 66-68, 78-81, 84-85
Termômetros, 70-71
    externos, 70-72, 192
Tesoura, 26-27, 30, 46-47, 50-52, 81-82, 88, 90-92, 99-101, 104-108, 113-114, 122-123,

129-134, 137-138, 148-153, 159-160, 165-166
Texturas, 66-67, 77
Tigelas, 31-32, 125-127
Tinta têmpera, 98-101, 154-155, 158
Tinta
    cartões de catálogo, 77
    spray, 46-47,
    têmpera, 98-101, 154-155, 158
Tira de borracha, 110-112, 148-149
Tiras com frases, 24, 85-86, 153-154
Tiras magnéticas, 178
Toalhas de papel, 154-155, 158
Tomates, 109, 185-186
Trabalhos em Grupo, 45-46, 57, 71-72, 87, 93-94, 101-102, 106-108, 115-116, 123-124, 126-127, 129-130, 136-137, 147-148, 154-158, 167-170, 178, 182-183, 186-187

U

Unidade de amostra, 177
    parâmetros do NCTM, 194

V

Varal, 32-33, 38-40, 151-153
Velcro, 52-53, 90-91, 132-134, 137-138, 165-166
Village Coin, 87, 93-94